지금까지 깊이 있게 교제하고 진지한 동역의 경험을 나눠본 사람들 중 김현회 목사만큼 복음의 본질을 선명히 파악하고 명쾌하게 설명하는 일꾼이 또 있었을까 싶다. 그래서 그가 반드시 건강을 회복해서 양질의 책들을 써주고 더 많은 이들에게 그 탁월한 깨달음을 강론해주기 바라며 기도해왔다. 목회현장에서 진리로 성도들을 일깨우려는 그의 간절함과 더불어 타협 없는 올곧음, 오직 하나님의 영광을 저어하는 그의 충정이 물씬 배인 이 글들을 모든 이들에게 강력히 추천한다.

정민영 선교사(위클리프 선교회 은퇴선교사)

김현회 목사님이 쓰신 짧지만 깊이 있는 칼럼들이 책으로 엮어졌다. 이 책에는 하나님을 향한 그의 신앙고백, 예수 그리스도께서 피 값으로 사신 교회를 향한 그의 사랑, 그리고 '다른 복음, 반쪽 복음, '반(anti) 복음'을 거부하고 진리이신 예수 그리스도에 대한 그의 헌신이 담겨 있다. 하나님의 말씀을 사랑하고 하나님 앞에서 신실한 성도가 되길 원하는 모든 성도들에게 김현회 목사님의 '성도다운, 교회다운' 책을 적극 추천한다.

노창수 목사(남가주 사랑의 교회)

김현회 목사님은 깊이 있는 신학적 내용을 성도들의 눈높이로 풀어주는 탁월한 재능을 가지고 계신다. 이 책은 신앙생활에서 맞닥뜨리는 기본 주제와 의문들을 양들을 위한 '목자'의 심정으로 차근차근 풀이하고 있다. '종교생활'이 아닌 참된 '신앙생활'을 구하는 모든 분들에게 이 책은 꼭 필요한 길잡이가 되리라 믿는다.

강동인 박사(북미주 코스타 간사)

투 썸즈 업! 저는 오래 전 김현회 목사를 한 스터디그룹에서 처음 뵈었다. 그때 나는 어떤 주제에도 막힘이 없고, 신학적 박식함과 더불어 교회와 세상을 보는 그분의 균형감각에 감탄하였다. 이 탁월한 책을 읽으며 다시금 그때의 회상과 감동이 물밀 듯이 밀려옴을 느낀다. 이 책의 일독을 적극 권장한다.

민경엽 목사(나침반 교회)

드디어 김현회 목사의 글이 책으로 출간되어 기쁨을 감출 수가 없다. 그의 신학은 예수님과 사도들로부터 오늘날까지 이어지는 정통 기독교 신앙의 선상에 올곧게 서 있다. 성경에 뿌리를 둔 신앙의 지혜를 원하는 모든 이에게 이 책을 강추한다.

박경범 교수(Taylor 대학교 성경학교수)

이 책은 저자가 목회했던 질그릇교회에서 썼던 칼럼들이다. 설교는 아니지만 깊이 있는 성찰로 교우들의 믿음에 대해 건네려 했던 마음을 모았다. 이 칼럼들을 하나하나 다시 읽어가면서 글쓴이의 마음을 통해 독자들의 마음도 하나님에게로 모아지기를 소망한다.

김재영 교수(ITS 신학교)

책을 내는 것이 쉬운 세상이 되었다. 그러나 좋은 책을 쓰는 일은 성실과 정직이 없이는 할 수 없다. 좋은 소재라도 한두 번 쓰다가 마는 글은 힘이 없고, 화려한 문체라도 정직하지 않으면 감동이 없기 때문이다. 그래서 나는 10년 동안 매주 성도들을 향해 쓰신 성실과 정직이 담긴 글들을 추려서 내신 김현회 목사님의 「성도다운, 교회다운」을 기쁜 마음으로 추천할 수 있어 감사하다.

이정엽 목사(LA 온누리교회, 전 두란노서원 「생명의삶」 편집장)

우선은 김현회 목사님께서 진실하게 목회의 경험과 고민을 글로 엮어주셔서 감사하다. 요즘 시대에 목회 현장에서의 고민은 결국 본질의 추구이겠다 싶어 더욱 감사했다. 어찌 보면 일반적일 수 있는 주제들이지만 이민 목회자의 쉽지 않은 삶의 현장에서 마음으로 쓰신 글이기에 고개를 끄덕이며 읽었다. 글에서 느껴지는 저자의 따뜻한 마음이 모든 독자들에게 전달 될 수 있었으면 좋겠다.

노진준 목사(LA 한길교회)

글은 글 재주의 결과가 아니라 말씀에 대한 깊은 묵상과 삶에 대한 세심한 배려가 땀방울처럼 맺혀 달린 열매이다. 글은 책상 머리에 앉아 펜대 돌려가며 짜낸 제품이 아니라 작은 물근원에서 시작하여 굽이 굽이 흘러 바다로 가는 강과 같다. 김현회 목사님의 글과 언어에는 삶이 땀처럼, 강처럼 배어 있고 흐르고 있다. 그 땀방울을 따 먹고 그 흐르는 강을 마시는 독자들에게 십자가의 봉선화 꽃물이 손톱에 흔적처럼 진하게 그리고 오래도록 남는 감격이 있을 것이다.

송병주 목사(LA 선한청지기교회)

내가 아는 친구 김현회 목사는 해박하고 겸손하고 탁월하다. 무엇보다 진리에 대한 그의 헌신과 올곧음은 타의 모범이 된다. 특별히 성경과 신학에 있어 그의 깊이와 넓이, 표현에 있어 그의 간결함과 명료함은 놀라울 정도다. 평신도와 목회자 모두에게 본서는 소중한 양서가 되리라 확신한다.

김선웅 목사(겨자씨성경연구원 원장)

**신앙으로
복음으로**

LIVING REAL CHRISTIANITY II
질그릇교회 김현회 목사의 나룻배 칼럼(하)

신앙으로
복음으로

김현회

목차

추천사　13

1부 일상을 사는 신앙

　1. 나룻배 이야기　27
　2. 마음의 원점　29
　3. 주님 바라보기　31
　4. 하 경 삶　35
　5. 만홀히 여김을 받지 않으시는 하나님　38
　6. 지혜의 길, 겸손　40
　7. 인생의 최고의 선　42
　8. 하나님을 즐기는 법　44
　9. 자기연민과 자기 의　46
10. 기질론　48
11. 네 종류의 인간　52
12. 나를 생각하소서　55
13. 미가서의 7전 8기　57
14. 바울의 비결　59
15. 항상 기뻐할 수 있는 비결　61
16. 기독교 행복론　63
17. 남의 말　65
18. 판단에 대해서　67
19. 지혜로운 판단　71
20. 하나님 나라의 간첩　73
21. 교만의 위험　75

22. 무익한 종　　79
23. 부자, 어리석은 그리스도인　　81
24. 선한 사마리아인　　85
25. 현대판 바리새인들　　89
26. 아름다운 사람　　91
27. 바늘귀를 통과한 부자　　93
28. 착한 사람　　95
29. 말씀을 갈망하는 사람　　97
30. 열등감　　99
31. 냉소주의　　101
32. 영혼의 호흡　　103
33. 보는 것과 듣는 것　　105
34. 인격적인 신앙생활　　107
35. 도마를 향한 고마움　　109
36. 거짓 선지자　　111
37. 탐심을 버리는 길　　113
38. 믿음, 통제권 위임　　115
39. 예수의 역사성의 중요성　　117
40. 겸손에 대해서　　119
41. 들음과 분별의 중요성　　121
42. 신실함(faithfulness)　　123
43. 배우고자 하는 마음(Teachableness)　　125
44. 죽음을 대하는 태도　　127

2부 일상에서 빚은 신앙

  1. 존 스토트 목사님을 추모하며 131
  2. 아비가 되어서 배운 진리 133
  3. 누가가 깨우쳐준 교훈 135
  4. 돈 짤라 미 137
  5. 발 냄새 139
  6. 진짜 멋있는 사람 141
  7. 코람 데오(Coram Deo), 하나님 앞에서 145
  8. 오직 나와 내 집은 147
  9. 예수만 섬기는 우리 집 150
  10. 행복과 감사 154
  11. 정죄하는 습관 156
  12. 유행성 신앙 158
  13. 신앙과 사람됨 162

3부 복음을 사는 신앙

  1. 영성 지수(Spiritual Quotient) 169
  2. 영성과 순종 171
  3. 순종의 비결 173
  4. 영성훈련의 세 가지 요소 175
  5. 말씀의 영성 177
  6. 마음 관리법 179
  7. 자기 부인 181
  8. 자기부인에 대한 오해 183
  9. 신앙을 설명하는 다양한 모델들 185
  10. 예수님의 신앙 189

11. 바울과 복음   191
12. 근본을 잊지 말자   193
13. 은혜와 감사   195
14. 짠 맛을 잃은 소금   199
15. 제자도(1): 광도(光度)   201
16. 제자도(2): 온도(溫度)   203
17. 제자도(3): 순도(純度)   205
18. 하나님을 사랑하는 것(1)   207
19. 하나님을 사랑하는 것(2)   209
20. 하나님을 사랑하는 것(3)   211
21. 단순한 순종   213
22. 사랑에 기초한 의식   215
23. 하늘에 앉은 나의 자리   217
24. 광야의 삶의 의미   219
25. 훈련과 자유   221
26. 습관과 훈련   223
27. 연약함과 완악함   227
28. 변화의 길   229
29. 숨은 동기   231
30. 우리는 사랑받기 위해 태어났는가?   233
31. 깊이 있는 신앙   237
32. 항상 기뻐하고 감사하는 신앙   239
33. 탐루(探淚)의 신앙   241
34. 중심과 임재   243
35. 중심의 진실   245
36. 마중물 사랑   247
37. 우상숭배의 위험성   249
38. 기복주의를 이기는 소망의 신앙   251
39. 말할 수 없는 영광스러운 즐거움   253
40. 나의 달려갈 길   255

4부 문학에서 빚은 신앙

1. 양치는 언덕　259
2. 아, 아슬란이여!　261
3. 어떤 비유　263
4. 기다림　265
5. 책상 서랍 속의 동화　269
6. 피터 크리프트의 위대한 발견　271
7. 몸에 밴 작은 친절　275
8. 약함의 신학　277
9. Basic Christian　279
10. 내 일생의 한 권의 책　281
11. 길은 여기에　283
12. 어떤 유대인의 간증　285
13. 상처 입은 치유자　287
14. 하나님의 임재 연습　289
15. 체험 신앙　293
16. 어느 날 꿈속에서　295
17. 복음성가의 추억　297
18. 말씀으로 살아　301
19. 주님의 응답　303
20. 하나님의 가슴앓이　305
21. 오직 예수　307
22. 나의 소원　309
23. 물처럼 살고 싶어라　312
24. 님의 그림자　315
25. 사모곡(思慕曲)　318
26. 어떤 만남　320
27. 존재의미　323

추천사

김현회 목사님, 그 이름을 들은 지는 오래 되었습니다. 그분이 쓴 글을 얻어 읽기도 하였고, 그분이 번역하신 책에서도 큰 유익을 얻었습니다. 직접 대면하기 전에도 과연 어떤 분일지 머리로 그려보곤 했습니다. 짧은 스포츠머리에 강단 있는 눈빛으로 다소 쇳소리 나는 목소리를 가진 분이 아닐까 싶었습니다. 그분의 글에는 힘이 있었고, 확신이 넘쳤고, 논리는 정연했기 때문입니다. 장문보다 단문으로 독자들을 글의 끝까지 긴장을 늦추지 않고 데려가는 힘이 있었기 때문입니다. 그는 뒤에서 '전진 앞으로'를 외치는 것이 아니라, 부대 맨 앞에서 '나를 따르라'고 소리치는 리더일 것이라고 짐작했습니다. 언젠가 뵐 날이 오리라고, 뵙고 싶다고 염원하고 있었습니다.

 그 작은 거인이 쓰러지셨다는 소식을 먼저 들었습니다. 가망이 없다는 비관적인 얘기도 들었습니다. 그런데 거동하시게 되었고, 어눌하지만 말도 할 수 있게 되었고, 교회에도 출석하고 있다는 소식을 들었습니다. 다행이다 싶었고 하실 일이 남아 있구나 싶었습니다. LA에 있는 김목사님이 출석하시는 교회에서 주일 설교를 한 후, 저는 교인들을 맞이하러 현관 출입구 앞에 서 있었습니다. 한 왜소한 분이 불편한 몸을 이끌고 다가와 손을 내미시는 것을 보고 저는 "김현회 목사님!"임을 직감했습니다. 목사님은 제 귀에 대고 느릿느릿 "제가 김현회입니다"라고 말씀하셨습니다. 작은 몸은 무너져 더 작아져 있었지만, 그 눈빛만큼은 여전히 살아있었고 힘이 있었습니다.

귀국하여 있는 저에게 목사님의 칼럼들을 묶어 책으로 펴낸다는 소식이 전해졌고, 그 일에 제가 참여해주기를 바란다는 부탁도 있었습니다. 다행히 안식월이라서 시간을 낼 수 있었지만, 이 기간에 나의 책을 집필하려던 계획은 미뤄야 했습니다. 하지만 이 신앙의 선배의 충성스럽고 신실한 사역을 격려하고, 그 주옥같은 열매들을 세상에 내놓는 일이 어쩌면 주님 보시기에는 이 시점에서는 더 중요하고 급한 것이라는 결론을 내리는 데는 그리 오래 걸리지 않았습니다.

이 글을 먼저 읽은 것은 저에게는 큰 축복이요 특권이었습니다. 그리 길지 않은 칼럼 안에 촘촘한 논리와 해박한 지식, 건전한 신학과 교회와 성도를 향한 애정을 쿡쿡 눌러 담아 놓았습니다. 성도들의 눈높이에 맞춰 쉽고 간결하게 기술하였고, 그들이 삶에서 던질 수 있는 질문들을 염두에 두고 그것을 신학적으로, 성경적으로 대답하여 주고 있었습니다. 매주 이런 글을 읽고 숙지한다면, 탄탄한 신학과 건전한 신앙과 튼실한 교회론을 갖춘 주님의 제자들이 나오겠다는 생각이 들었습니다. 그 성실함에 놀랐고 그 진지함에 감탄했습니다. 미리 기획을 한 글이 아닐 것입니다. 하지만 김현회 목사님 안에 자기도 모르게 정연한 체계가 있었다는 것을 이 글들이 스스로 증명해주고 있습니다. 다 읽고 나서야 비로소 왜 그토록 김현회 목사님에 대해서 많은 사람들이 깊은 감명과 도움을 받았다고 하는지 새삼 알 수 있었습니다. 이 책은 성도들을 양육하거나 혹은 신앙에 입문하는 이들에게 교회와 신앙과 신학에 대해 손쉽게 소개하는 데 요긴한 하나님의 도구가 되리라고 확신합니다. 이 책을 만드는 일에 깊이 참여한 한 사람으로서 나는 기쁘게 그리고 기꺼이 이 책이 조국교회 성도들에게 널리 소개되기를 기대하면서 김현회 목사님을 예비하고 사용하신 하나님께 영광을 돌립니다. 문자 그대로 깨어진 질그릇인 목사님을 통해 하나님께서 부디 깨어진 틈 사이로 보배이신 예수 그리스도의 영광의 빛이 새어나와 말할 수 있을 때보다 더 크게, 움직일 수 있을 때보다 더 힘있게, 글을 쓸 수 있을 때보다 더 곡진하게 하나님의 심정을 대변하는 종으로 쓰시길 기도합니다. 그를 그 어느 때보다 깨끗한 그릇으로 삼으신 뜻이 거기에 있을 거라고 믿어봅니다.

2018년 6월

책임편집 박대영 목사
(성서유니온 <묵상과 설교> 편집장)

편지가 있는 추천사

김현회 목사의 글을 읽고 있노라니 흡사 그의 강의/설교를 듣거나 아니면 그와 마주앉아 두런두런 대화를 나누는 것 같은 착각에 사로잡힌다. 왜 안 그렇겠는가? 이런 종류의 글은-정상적이고 솔직하게 쓰인다면-한 사람의 면면한 자기 노출이요 중심으로부터의 울부짖음이기 때문이다. 사람이 자신을 진솔히 열 때, 상대방 또한 암묵적으로나 명시적으로나 공감의 파문을 경험하고 연이어 마음으로 화답하게 마련이다. 이번 글모음도 그의 됨됨이, 신앙, 열망, 거룩한 분투 등을 낱낱이 드러낸다는 점에서 그런 효과를 창출하고 있다.

나룻배 위에서

글을 읽는 독자들 대부분이 나처럼 느꼈으리라고 생각하지만, 내가 이렇듯 단호한 주장을 펼치는 데는 개인의 사연이 있다. 사실 나는 오래 전(적어도 20년은 되었을 것이다)에 김목사와 의형제 관계를 맺었다. 형이라고 해서 제대로 구실을 한 적도 없고 "빛 좋은 개살구"의 예시에 도움만 더했지만, 어쨌든 우리는 의기투합하여 의

형제가 되었다. 나는 1990년 정도 (내 기억이 정확하지 않을 수도 있다) L.A. 어느 청년부 수양회인지 모임인지 끝자락에 몇몇 젊은이와 만났는데, 그 중 하나가 김목사였다. 처음부터 그와 나는 강의 관련의 어떤 내용에 대해 심각히 논의를 했고, 의견을 교환하기에 여념이 없었다. 그렇게 해서 우리의 독특한 만남은 시작되었다.

그 후 1996년 내가 한국으로 거처를 옮기기기까지 이러저러한 일들이 계기가 되어 우리는 가끔씩 만났고, 그때마다 무언가를 토론하곤 했다. 그 어간에 탈봇에서 신학 공부를 하던 그를 몇 번 보았고, 사역하던 교회의 모임에 방문을 하기도 했으며, 내가 미국을 떠날 때쯤에는 아내들끼리도 서로 알게 되어 함께 시간을 보냈던 기억이 난다. 그러다가 덜컥 명칭조차 낯선 신병의 고초에 빠졌다는 소식을 한국에서 접했다. 2015년 친동생 집을 방문해 있는 동안 나는 두 번 그를 만났다. 행동거지가 불편해 말조차 무척 아끼기는 했지만, 여전히 변함없는 김목사였다. 안타까움과 안쓰러움까지야 지울 수 없었지만, 그래도 표정, 가끔씩 표명하는 말의 내용과 어투, 관심사, 만난 장소, 선택한 메뉴, 어쩔 수 없는 유머 등은 내가 여전히 김목사와 함께 있다는 사실을 절감케 해 주었다.

그러나 이 글을 추천하는 것은 우리끼리 형성된 정실 관계나 흔히 기독교 출판계에서 목도되는 선심 쓰기 성격의 관행 때문이 아니다. 만일 저자가 누구인지 몰랐더라도 이런 글이 있는데 추천사를 쓰겠는가 하고 의뢰를 받았다면, 십중팔구 기꺼이 응했을 것이다. 그것은 이 글 자체가 갖는 강점 때문이다. 누구든지 이 책을 읽어 나가노라면 다음의 설명에 고개를 끄덕일 것이고, 은연중에 그런 점들을 배우고자 할 것이다. 무엇이 그러한 점인가? 네 가지를 소개하고자 한다.

첫째, 이 글들에는 평범하되 숙련된 논리적 사고의 흔적이 역력하다. 저자는 논리적 사고와 신앙(혹은 논리적 사고와 영성)이 자연스런 동반 관계에 있음을 전제하는 가운데 논지를 펼치고 있다. 물론 저자가 어디서도 "논리적"이나 "논리적 사고"라는 표현을 쓰지는 않는다. 그러나 그는 무엇보다도 상식과 합리성, 보편성을 존중하고 그런 것에 기반하여 자신의 견해를 피력한다. 어떤 때는 이미 상식화되어 있는 것을 그저 강조하는가 하면[1-41(1부 41번 글을 지칭함) "들음과 분별의 중요성," 2-2 "아비가 되어서 배운 진리"], 상식에 담긴 통념을 심화시키기도 한다[1-30 "열등감," 1-31 "냉소주의"]. 또 어떤 때는 상식화된 내용 가운데 위험성이나 약점을 지적하고 기독교적으로 교정하기도 한다[2-12 "유행성 신앙," 3-30 "우리는 사랑받기 위해 태어났는가?"].

저자가 논리적 사고에 익숙해 있음은 상당한 수효의 글들에 나타나는 유형별 분석 작업(typology)[1-10 "기질론," 1-11 "네 종류의 인간," 2-6 "진짜 멋있는 사람," 3-9 "신앙을 설명하는 다양한 모델들"]을 보아 알 수 있다. 또 어떤 사안/주제의 본질을 규명하는 데 있어 핵심적 사항들을 예시하는 방식 또한 이곳저곳에서 – 예를 들어, 1-16 "기독교 행복론," 3-4 "영성 훈련의 세 가지 요소," 3-15~17 "제자도의 세 측면," 4-14 "하나님의 임재 연습" 등 – 발견된다. 한국의 그리스도인들이 영성과 지성을 배타적인 것으로 대치하곤 하는 경향임을 감안할 때, 저자의 이러한 기본자세는 폭염 중 얼음물과 같이 시원한 느낌을 준다.

둘째, 그리스도인으로서 성경과 복음대로 생각하고 살려면 필연적으로 고려하지 않을 수 없는 바를 글의 소재로 다루고 있다. 만일 어떤 이가 참된 하나님의 자녀이고 또 일꾼의 자리로 부름을 받았다고 하자. 그는 조만간 성경에 나타난 하나님의 뜻과 복음적 실천의 삶이 무엇인지 고심하지 않을 수 없을 것이다. 이 책자는 이런 이들이 개인적으로거나 목회자로서거나 직면하게 마련인 사안/주제/이슈들을 상당히 포괄적으로 다루고 있다.

이런 예에 해당하는 글들을 내가 헤아려 보니 대충 29개나 되었다. 이들 모두가 의미심장하지만 그 가운데에서도 몇 가지를 선별하라면, 나는 1-21 "교만의 위험," 1-33 "보는 것과 듣는 것," 1-34 "인격적인 신앙생활," 2-7, "코람 데오, 하나님 앞에서," 3-1 "영성 지수," 3-6 "마음 관리법," 3-12 "근본을 잊지 말자," 3-22 "사랑에 기초한 의식," 3-26 "습관과 훈련"을 꼽겠다. 기독교 서적이 범람하지만 중요하지 않은 주제들에 목을 매는 경우가 많고 정작 기독 신앙의 핵심에 관해서는 비껴가는 현실을 놓고 볼 때, 이 얼마나 반가운 일인가?!

셋째, 저자는 글을 통하여 진솔한 자기 공개를 마다하지 않는다. 이 책자에 수록된 글들의 또 다른 특징적 면모는 저자가 자기 자신조차 심판대에 올려놓는다는 사실이다. 비판적 시각의 보유자가 갖는 치명적 문제점이 자기 제외적 면책 책략임을 고려할 때, 이는 예사롭지 않은 미덕이다. 사실 우리의 약점과 부족한 모습이 "이미"와 "아직 아니"(already … not-yet)로 말미암은 긴장적 실존의 결과이기는 하지만, 그렇다고 하여도 우리는 종종 신앙과 관련한 몸부림(struggle), 넘어짐, 연약성, 미성숙 등을 위선적으로 포장하려는 유혹에 직면하곤 한다.

그러나 이 책의 저자는 분연히 일어나 다른 길을 지향한다. 그는 1-9 "자기 연민과 자기 의," 1-35 "도마를 향한 고마움," 1-43 "배우고자 하는 마음," 2-11 "정죄하는 습관," 3-29 "숨은 동기," 3-33 "탐루의 신앙" 등의 글에서 자신의 치부를 용기 있게 노정하고 있다.

그렇다고 저자가 이러한 미성숙의 양상 때문에 자신에 대한 비관주의로 일관하거나 지속되는 영적 위축감에 압도되어 무기력으로 종언을 고하는 것은 아니다. 오히려 저자는 그러한 처지에서도 복음적 삶을 목표로 하여 적극적 행동 방안과 지침을 모색한다.

넷째, 무엇보다도 글의 곳곳에 진리, 복음, 천국, 하나님에 대한 열망과 그리움이 소롯히 녹아들어 있다. 저자의 때 묻지 않은 경건이 빛을 발하는 것은 바로 여기에서이다. 또 이러한 근본 바탕이 없었다면 이 책자는 좀 더 메마르고 좀 더 이론적 성향이 강한 글로 분류되었을 것이다.

내가 염두에 두고 있는 글은 1-39 "예수의 역사성의 중요성," 1-44 "죽음을 대한 태도," 3-11 "바울과 복음," 3-19 "하나님을 사랑하는 것(2)," 3-39 "말할 수 없는 영광의 즐거움" 등이다. 누구든지 이런 글을 주의깊이 읽노라면, 심령이 세차게 뛰놀고 중심으로부터 뜨거움이 용솟음치는 것을 느끼지 않을 수 없으리라고 생각한다. 특히 책자 마지막 부분의 두 가지 시[4-24 "님의 그림자"와 4-25 "사모곡"]는 이런 면에서 뛰어난 작품이라고 하겠다. 실로 나는 여기에서 신학과 경건이 함께 어우러지는, 찬란하고도 아름다운 광경을 목도했다.

나룻배 옆에서: 아우 현회에게!

글을 쓰느라 수고가 많았어. 과거로부터의 작품인지라 치하가 뒤늦었지만, 내 마음은 지금 새롭게 되었으므로 별로 늦다는 생각이 안 드는군. 현회의 주옥같은 글들은 흡사 거울처럼 내 심령의 속사정을 그대로 되비쳐 주었어. 고맙기도 하고 대견스럽기도 해.

   고마움과 대견스러움은 글에 대해서 뿐만이 아니야. 무엇보다도 현회 자신에 대해서 그렇게 두 가지를 느껴. 현회는 자신의 아픔을 통해 나를 세상의 고난과 연결시켜 주었거든. 사람은 자신에게나 자신이 소중히 여기는 이에게 고통이 닥치기 전까지는 고통의 실상을 알 수 없는 것 같아. 나나 가까운 이의 고통 때문에 기도하고 걱정하고 관심을 쏟을 때에야 비로소 세상의 (그리고 잘 모르는 이들의) 고통에 성큼 다가서는 것이란 말이지. 현회에게 닥친 불시의 상황, 사태의 긴박함, 회복과 재활을 위한 느리고 힘든 과정… 그 모든 것을 통해 나는 세상과 세상의 고통을 좀 더 정신 차리고 보게 되었어.

더욱이 현회의 고통은 내게 또 다른 깨달음이랄까 아니면 교훈 같은 것을 주었어. 어느 날 불현듯 나도 현회와 같은 (아니면 현회보다 더한) 아픔과 고난의 상황에 빠질 수 있었다는 생각이 확 스친 거야. 어떤 면으로는 심지어-말이 안 되는 줄은 나도 알아-현회가 아픔을 당한 것이 그렇지 않은 사람들을 위한 것이라고까지 할 수 있지 않을까? 물론 왜 하나님께서 어떤 이에게는 고통을 주시고 어떤 이에게는 그렇게 하지 않으셨는지 내가 다 안다는 말은 아니야. 그러나 어쨌든 나는 현회의 처지로 인한 각성 때문에 고마움과 대견스러움을 느꼈고, 나의 삶/시간/기회를 허투루 사용하지 말아야 한다는 결심을 굳히곤 해.

그런 점에서 현회는 나머지 그리스도인들에게 더할 나위 없이 복된 존재야. 내가 아픔 투성이 현회(그리고 함께 고통에 동참해 온 식구들)를 앞에 놓고 이런 말을 한다는 것이 어쩌면 잔인하고도 사치스럽게 여겨질지 모르겠어. 누군가가 "당신은 고통의 당사자가 아니니까 그런 말을 쉽게 하지만, 만약 그런 아픔과 고난이 닥치더라도 당신이 그런 말을 할 수 있겠소?"라고 반박하는 모습이 눈에 선해. 그러나 나는 두렵고 떨림 가운데서지만 어쨌든 지금 진심을 토로하는 거야. 이왕 이렇게 된 바에야 더 명확히 말하겠어. 현회의 아픔과 고난은 절대 현회 자신에 대한 것만이 아니라고. 그것은 동시에 나의 것이며 믿는 이들의 것이라고. 그리고 그리스도의 영광과 능력은 현회의 아픔과 고난 때문에 결코 경감되는 것이 아니고 오히려 얼마든지 더 풍성히 현시될 수 있다고.

  2012년 이후에도 여전히 현회는 나룻배가 되고 있어. 그리고 그 나룻배 역할은 이 땅의 삶이 지속되는 한 멈추지 않을 거야. 다시금 대면하는 복된 기회가 마련되기를 고대하며…

2018년 9월

부끄러운 형 송인규로부터
(합동신학대학원대학교 조직신학교수 은퇴)

1부
일상을 사는 신앙

1. 나룻배 이야기

질그릇교회의 첫 주보를 만들면서 그 제목을 "나룻배 칼럼"이라고 붙였다. 그 칼럼에서 나는 나의 사역을 나룻배에 비하면서 이렇게 썼다. "나그네의 긴 여정에 크고 작은 여러 강과 여울목들을 건네주는 나룻배가 필요하듯이, 믿음의 순례의 길을 가시는 교우들의 삶에 하나의 여울목을 건네주는 나룻배 노릇을 하고 싶은 것이 나의 소원이다…… 지금 내가 여기 이 모습으로라도 있는 것은 먼저는 하나님의 은혜이지만, 또한 수없이 많은 분들이 나룻배가 되어 내 삶의 여러 여울목들을 건네주신 덕분임을 깨닫는다. 나는 질그릇 교우님들이 가시는 제자의 길에 그러한 나룻배가 되기를 원한다."

나룻배의 이미지는 내 목회철학에 잘 맞는다. 내 소원과 기도는 나를 만나는 사람들이 나로 인해서 자신들의 신앙의 여정에 조금이라도 진전과 성장을 경험하는 것이다. 비록 큰 영향을 주지는 못하더라도 작은 여울목 하나 건너는 일을 도울 수 있다면 그것으로 감사할 것이다. 나의 나룻배가 크지 못해서 많은 사람을 태우지 못하는 것도 사실이다. 또 어떤 사람들은 웬만한 여울목쯤은 나룻배

없이도 손쉽게 헤엄쳐서 건널 수 있는 것도 사실이다. 하지만 그렇다고 해서 나룻배의 필요성이 사라지는 것은 아니다. 여전히 많은 사람들은 나룻배가 오기를 기다리며 나루터에서 서성거리고 있을 테니까.

나룻배의 역할을 하기 위해선 두 가지가 갖추어져야 한다. 첫째는 항상 그 자리에서 기다리는 것이다. 언제 사람들이 올지 모르기 때문이다. 사람이 없다고 자리를 비우거나 가서 딴 일을 하고 있으면 정작 사람들이 왔을 때 그들을 건네줄 수 없다. 둘째는 일단 사람들을 건네준 후에는 기꺼이 자신은 뒤에 남고 잊혀지려고 하는 것이다. 강을 건넌 후에는 나룻배가 더 이상 필요 없기 때문이다. 강을 건네준 후에도 계속해서 자신의 가치를 알리려는 것은 나그네들의 여정에 방해가 될 뿐이다. 나는 나룻배의 서정적이고 소박한 이미지를 사랑한다. 나의 그릇의 작음을 탓하지 않고 기쁨으로 나의 역할을 감당하고 싶다. 바울처럼 나도 교우들의 믿음을 주관하는 것이 아니라 그들의 기쁨을 돕는 자가 되고 싶다(고후 1:24). 그래서 나 뿐 아니라 교우들도 모두 나와 같이 나룻배들이 되게 하고 싶다.

2. 마음의 원점

"나는 돌아가리라 쓸쓸한 바닷가로, 그곳에 작은 집을 짓고 돌담 쌓으면, 영원한 행복이 찾아오리라, 내 가난한 마음속에 찾아오리라…." 내가 좋아하는 유행가다. 원래는 김광희씨가 불렀지만 양희은씨가 불러서 더 알려진 노래다. 나는 양희은씨의 노래들을 다 좋아하지만 이 노래는 특히 더 좋아한다. 목사가 어떻게 유행가를 좋아해도 되느냐고 묻는다면 그냥 좋은 걸 어떡하느냐고 답하겠다. 유행가는 단지 유행가라는 이유로 좋다 나쁘다를 따질 것이 아니라 그 가사와 노래 분위기 등 두루 고려해서 평가해야 한다고 본다. 아무튼 삶에 지치고 피곤할 때 이 노래를 부르며 감상적인 느낌에 빠져들곤 한다. 그런 때일수록 이 노래가 더 절실하게 와 닿는다. 하지만 이 노래가 지닌 위험성도 느낀다. 이런 노래는 부를수록 마음이 치료되는 것이 아니라 더 우울해지고 감상적이 되기 때문이다. 따라서 지치고 외로울 때 내가 궁극적으로 돌아가야 할 마음의 자리는 여기가 아니다. 나에게는 그 자리가 따로 있다. 내가 늘 돌아가고자 하는 내 마음의 원점은 어디인가?

나에게는 팔복이 그 자리다. 특히 첫 번째 복인 "심령이 가난한 자는 복이 있나니"라는 말씀이야말로 내 마음의 원점이다. 나도 모르는 사이에 교만해지고 강퍅해져 있을 때, 내가 잘났다고 뻗대다가 경고성 펀치를 한 대 맞을 때, 정신이 번쩍 나서 마음의 본 자리를 찾아가곤 한다. 나를 점검하여 영적으로 가난한지 살피게 하는 것이다. 그렇게 하면서 하나님 앞에서 내 의를 주장하지 않고 내게는 의가 하나도 없음을 인정하고, 오직 하나님의 은혜만을 바라고 붙잡고자 하는 마음가짐을 회복해간다. 영적으로 가난한 상태로 돌아가면 애통하는 마음, 온유한 마음, 의에 주리고 목마른 마음도 회복된다. 내 마음에는 다시 주님이 주시는 평화가 충만하게 되고, 심령 깊은 곳에서 기쁨과 감사가 샘솟는다. 자기연민에 빠져 있던 마음은 진정한 심령의 치유를 경험하고, 새로운 활력과 자유를 맛보게 된다.

마음의 원점을 찾아가는 좋은 방법은 무엇인가? 나에게는 기도와 묵상, 찬송이다. 조용히 골방에서 기도하면서 주님을 묵상하고 찬양하다 보면, 교만한 마음이 겸손해지고 강퍅한 마음이 부드러워지고 메마른 마음이 은혜로 촉촉해진다. "나는 돌아가리라 내 마음의 원점으로, 가난한 영으로, 내 주의 은혜 강가로…"

3. 주님 바라보기

토기장이 성경학교에서 창세기부터 요한계시록까지 성경 전체를 훑어보는 「성경이야기」 대장정을 2005년 5월에 시작해서 2008년 6월 마지막 목요일에 모두 끝마쳤다. 성경 강의를 듣거나 가르치기를 마칠 때마다 늘 하는 생각은, "이제부터 성경을 좀 더 깊이 공부해야겠다"는 것이다. 그만큼 성경은 아무리 파도 끝이 없이 깊고, 아무리 퍼도 끝이 없이 풍성하다.

질그릇교회를 개척하기 전에 존경하는 선교사님 한 분을 찾아뵌 적이 있었다. 그분은 자신이 섬기던 교회를 사임하고 새로운 사역으로 인도받기 전에 성경을 일독하면서 하나님의 음성을 듣고자 하셨던 일을 말씀해주셨다. 큰 기대를 갖고 성경을 읽기 시작했는데, 구약이 끝나고 신약이 다 지나가도록 하나님은 아무런 말씀을 하시지 않으셨단다. 그런데 마지막으로 요한계시록을 읽었을 때 계속 반복해서 나오는 한 말씀에 부딪히게 되었다. "또 내가 보니"라는 말씀이었다. 밧모 섬에 외롭게 유배되어 있던 요한은 주의 날에 성령에 감동하여 환상을 보게 된다. 그는 영광과 권능의 주님을 보았고, 하늘 문이 열리고 하나님의 보좌가 놓인 곳도 보았다.

환상은 계속되었고, 그때마다 그는 "또 내가 보니"를 외쳤다. 선교사님은 이 말씀을 보고 깨달으셨다. 지금 자신에게 필요한 것은 바로 하나님을 보는 것이라고. 그분은 다른 무엇보다도 하나님을 보는 것이야말로 하나님이 원하시는 것임을 알게 되었다. 나는 그 말씀을 듣고 큰 감동을 받았다. 그리고 이번에 요한계시록을 묵상하면서 나도 동일한 깨달음을 얻게 되었다.

로마제국의 이데올로기인 팍스 로마나(Pax Romana, 로마의 평화, 로마의 통치가 전 세계에 평화를 가져다준다는 지배논리)를 유지하려고 황제숭배를 강요하는 로마에 대해 "예수는 주시다"라는 신앙고백을 철회할 수 없어 옥에 갇히고 매를 맞고 죽임을 당해야 했던 초대교회 성도들을 향해 요한은, 주님께서는 이미 그 모든 일을 다 알고 계시다고 말해준다. 교회를 상징하는 일곱 금촛대 사이를 거니시는 주님은 소아시아의 일곱 교회에 편지하시면서 매번 "내가 아노니…"라는 말씀을 반복하신다. 주님은 그들의 수고와 인내도 아시고, 그들의 어려움과 문제도 아신다. 눈에 보이는 것은 온통 서슬 푸른 박해의 칼날뿐인데, 주님은 어디 계시는지 무엇을 하시는지 답답해하고 있을 성도들에게, 하나님께서 자신들을 돌보시는 것 같지 않고 사방이 꽉 막힌 듯한 암담한 현실 앞에서 두려움에 떨고 있던 그들에게, "내가 아노니"라는 주님의 음성은 얼마나 큰 위로가 되었겠는가? 하늘 문이 열리고 하나님의 보좌가 놓인 장면을 보았을 때 요한은 얼마나 감격했을까? 우주와 역사를 주장하시는 하나님의 자리를 본 사람은 아무리 세상이 기세등등하게 하나님을 대적하고 하나님의 백성을 위협해도 요동하거나 두려워하지 않을 수 있다. 어린양 예수님이 인봉을 떼시는 것에 따라 역사가 진행되고, 하나님의 진노 앞에 얼굴을 가리기에 급급한 세상의 권력자들의 벌벌 떠는 모습을 보면서, 요한은 실상은 눈에 보이는 것과 정반대라는 사실을 깨달았다. 하늘에서 쫓겨난 용(사탄)이 아무리 포학하고 음흉해도, 바다에서 올라온 짐승(세상)이 아무리 기적과 능력을 행하고 거짓 영광을 뽐내도, 땅의 짐승(종교/사상)이 주도하는 예배가 아무리 장엄하고 영감 넘치는 듯 보여도, 끝까지 승리하는 자들은 짐승의 표를 받는 자들이 아니라 어린양의 이름과 하나님의 이름을 이마에 인친 자들임을 그는 보았다. 그토록 화려하고 성대한 바벨론(로마, 세상)이 멸망을 당하고 백마 타고 오시는 충성스럽고 참되신 그리스도의 승리를 목격했을 때, 짐승과 용, 사망과 음부, 그리고 생명책에 이름이 기록되지 않은 모든 자들이 불못에 던져지는 심판을 보았을 때, 요한은 또 얼마나 충격을 받았을까? 마침내 하나님께서 만물을 새롭게 하시고 하늘에서 신부로 단장한 새 예루살렘(교회)이 내려오는 것을 보았을 때, 그는 "아멘, 주 예수여 오시옵소서"를 외치지 않을 수 없었을 것이다.

지금 우리에게 필요한 것이 바로 주님을 보는 것이다. 주님의 영광과 권능, 죽임 당하신 어린양의 십자가의 희생, 그로 말미암은 우리의 구원, 다시 오셔서 세상을 심판하실 주님을 믿음의 눈으로 보는 것이다. 주님을 볼 때 우리의 모든 염려와 두려움은 사라진다. 주님을 볼 때 세상에 속한 욕심과 육신의 정욕을 이길 수 있다.

주님을 볼 때 더 이상 방황하지 않고 흔들리지 않는다. 우리는 주님을 보아야 한다. 주님을 보는 것이 믿음이다. 세상을 이기는 이김은 우리의 믿음이다. 믿음은 세상을 이기신 주님을 보는 것이다.

4. 하경 삶

<Gracepoint 교회> 수양회가 끝난 후 담임인 박현철 목사님이 교우들 앞에서 자신이 깨달은 것 한 가지를 나누셨다. 그분은 "나는 아주 잠깐이지만 무엇인가 닫혔던 것이 조금 열리는 것을 보았는데, 내가 하나님을 두려워하지 않고 있었다는 사실을 안 것입니다. 이번에 헌신한 많은 교우들이 하나님을 두려워하는 것을 보았는데, 정작 나는 그렇지 않았다는 사실을 깨달은 것입니다. 이 깨달음이 다시 닫히지 않기를 바랍니다."라고 말씀하셨다. 교우들 앞에서 자신의 영적 상태를 솔직히 고백한 용기와 겸손 앞에 머리가 숙여졌다. 겸손의 길은 자신의 교만을 깨닫는 것이고 진실의 길은 자신의 거짓을 깨닫는 것이다. 하나님을 경외하는 삶의 길은 자신이 하나님을 두려워하지 않고 있다는 사실을 깨닫는 데서 시작한다. 우리는 대부분 입으로는 하나님을 고백하고 믿는 것 같지만 실제로는 하나님을 잘 모르고 있다. 특히 현대 그리스도인들은 하나님의 사랑과 은혜만을 치우쳐 강조하는 경향이 많기에 하나님의 거룩하심과 두려우심을 제대로 아는 사람이 드물어지고 있다. 우리가 쉽게 육신에 속한 삶을 살고 죄를 짓는 것은 우리의 왜곡된 신

지식, 즉 하나님을 오해하였기 때문이다.

하나님을 직접 대하는 날, 우리가 보일 첫 반응은 무엇일까? 우리가 그토록 쉽게 입에 달고 다녔던 사랑의 감정이 생기고 사랑의 고백을 하게 될까? 그렇지 않을 것이다. 하나님을 깊이 알았던 모든 사람들은 그분을 만났을 때 하나같이 극도의 두려움에 사로잡혔다. 무엇보다 그 하나님은 거룩하시기 때문이다. 모세는 "누가 주의 노의 능력을 알며 누가 주를 두려워하여야 할대로 주의 진노를 알리이까"(시 90:11)라고 고백했고, 바울은 "우리가 주의 두려우심을 알므로 사람을 권하노니"(고후 5:11)라고 말했다. 우리 주님도 "몸은 죽여도 영혼은 능히 죽이지 못하는 자들을 두려워하지 말고 오직 몸과 영혼을 능히 지옥에 멸하시는 자를 두려워하라"(마 10:28)고 친히 경고하신 바 있다. 죄인인 우리가 거룩하신 하나님을 대할 때 느낄 두려움에 더하여, 루이스(C. S. Lewis)는 소설 "우리가 얼굴을 찾을 때까지"에서 피조물인 인간이 창조주이신 하나님을 대할 때 깨닫게 될 수치와 두려움을 하나님의 불멸성(immortality)과 인간의 죽을 운명(mortality) 사이의 건널 수 없는 간극으로 묘사했다. 이렇듯 하나님을 바로 아는 모든 사람의 첫 반응은 하나님의 두려우심, 그분의 거룩하심, 그분의 높고 위대하심 앞에 무릎을 꿇고 자신을 낮추는 것이다. 이것이 경외다.

남침례교 훈련교재 중에 "하나님을 경험하는 삶"이란 것이 있다. 저자 블랙카비 목사님은 하나님을 경험하려면 하나님이 일하시는 현장에 뛰어들라고 말씀하신다. 내가 스스로 하나님의 일을 만들어내려 하지 말고, 지금 하나님이 어디에서 일하시는지를 보고 동참하라는 것이다. 참으로 옳은 말씀이다. 이 교재를 통해 하나님을 경험하는 삶을 살게 된 사람들이 매우 많다. 그들은 이 교재를 줄여서 "하경삶"이라고 부른다. 이 "하경삶"을 나는 하나님을 경외하는 삶이라고 달리 풀이하고 싶다. 본래의 의미를 반대하려는 게 아니라 그 의미를 더 살려내기 위함이다. 하나님을 경험하는 삶을 살려면 하나님을 경외해야 한다. 하나님에 대한 바른 태도는 무엇보다 그분을 경외하는 것이다. 이 경외 위에서 하나님께 대한 사랑과 친근함, 은혜에 대한 감복 등이 표현되어야 한다. 패커(J. I. Packer)가 신학의 두 주제를 하나님(God)과 경건(Godliness)으로 요약한 것은 참으로 탁월한 통찰이다. 우리가 알아야 할 가장 중요한 지식은 하나님은 어떤 분이신가이고, 그분에 대한 합당한 태도는 바로 경건이기 때문이다. 경건은 하나님을 인정하고 그분을 기쁘시게 하는 태도를 말하는데, 그 경건의 핵심은 바로 그분을 경외하는 것이다. 하나님을 경외함으로써 하나님을 경험하는 삶을 살자. 하경삶의 삶을 살자!

5. 만홀히 여김을 받지 않으시는 하나님

엘리 제사장의 두 아들 홉니와 비느하스는 여호와의 제사를 멸시하고 오만방자하게 행함으로써 하나님의 진노를 받아 한 날에 전쟁에서 죽임을 당했다. 그들은 하나님께 제사 드리는 고기를 기름도 사르기 전에 가로채는가 하면, 회막문에서 수종드는 여인과 동침하는 등 온갖 방탕한 일을 행했다. 하나님은 선지자를 통해 엘리에게 경고하시면서 "나를 존중히 여기는 자를 내가 존중히 여기고 나를 멸시하는 자를 내가 경멸히 여기리라"고 말씀하셨다(삼상 2:30). 재미있는 것은, 그렇게 불순종하던 엘리의 아들들이 블레셋과의 전쟁하러 나갈 때는 여호와의 언약궤를 메고 나간 것이다. 그들은 그토록 여호와를 멸시하고 우습게 여겼으면서도 언약궤를 메고 나가면 하나님의 도우심을 받을 수 있을 것이라고 착각했다. 하나님과의 인격적인 언약관계를 모르고, 어떤 주문이나 신물(神物)을 통해 신적 능력을 이용하고자 했던 그들의 신앙은 지극히 무속적이고 주술적이었다. 언약궤라는 형식만 갖추면 하나님께 대한 진실한 순종의 여부와 관계없이 하나님의 보호하심을 받을 수 있을 것이라고 생각했던 것이다.

요즘 그리스도인들의 문제는 은혜와 믿음을 오해하고 있는 것이다. 그들은 하나님을 경홀히 여기면서도 은혜로 다 용서되고 무탈할 것이라고 생각한다. 또 믿음을 하나님과의 인격적 관계로 보지 않고 인간 편에서의 적극적 사고방식 또는 하나님을 움직일 수 있는 어떤 수단 정도로 생각한다. 여기서 중요한 것은 형식이다. 적절한 형식을 갖추면 복은 반드시 주어질 수밖에 없다는 것이 그들의 신앙이다. 하나님 뜻대로 사업하겠다는 각오는 없으면서 목사님을 모셔다 개업예배를 드리면, 또는 십일조를 열심히 바치면, 복을 받을 것이라고 생각하는 것이 그 한 예다. 왜 이처럼 지극히 비성경적이고 미신적인 사고방식이 기독교 신앙인양 오해되고 있는 것일까? 문제는 하나님을 모르는 데서 시작한다. 그래서 하나님을 무시하면서도 조건과 형식만 갖추면 된다고 생각하는 것이다. 하나님은 결코 만홀히 여김을 받지 않으신다(갈 6:7). 우리 하나님은 당신을 존중하는 자를 존중하시고 멸시하는 자를 경멸하신다. 성경적 신앙은 하나님을 두려워하는 데서 출발한다. 하나님의 거룩하심을 알면 당연히 그렇게 된다. 하나님의 두려우심을 알 때에만 진정 그분의 사랑과 은혜를 알 수 있다. 예배에 임할 때, 헌금을 드릴 때, 기도할 때, 봉사할 때 참으로 마음 중심의 진실함으로 행하자.

6. 지혜의 길, 겸손

잠언을 묵상하면서 많은 것을 깨닫는다. 구구절절이 마음에 와 닿는 지혜의 말씀을 대하면서 가슴이 뜨끔할 때도 많고, 또 어떨 때는 타인에게 그 말씀을 적용하면서 속으로 시원해할 때도 있다. 잠언이 기록된 것은 대략 3000년에서 2500년 전인데, 그때 사람들도 지금 사람들과 별반 다르지 않았음을 보게 된다. 역사가 흐르고 문명이 발달해도 인간의 본성은 전혀 달라지지 않았다. 그토록 오래 전에 기록된 책이 이토록 현실적이라는 사실에 놀라지 않을 수 없다.

살다보면 매우 똑똑한 듯한 사람들을 만날 때가 있다. 어떻게 사는 것이 잘 사는 길인지를 매우 잘 아는 듯한 사람들을 보면, 한 가지 특징이 있는데 그건 자기 지식과 판단을 매우 확신한다는 점이다. 그들은 삶이 무엇인지에 대해 통달한 듯 자신 있게 말하고 남을 가르치려하고 모든 문제에 대해 즉각 정답을 말할 준비가 되어 있는 사람처럼 행세한다. 하지만 이러한 태도야말로 잠언이 가장 경계하는 미련한 자의 모습이다. 잠언은 오히려 자신을 신뢰하지 말라고 가르친다. "너는 마음을 다하여 여호와를 의뢰하고 네 명철을 의지하지 말라… 어떤 길은 사람의 보기에 바르나 필경은 사망의 길이니라… 사람의 행위가 자기 보기에는 모두 깨끗하여도 여호와는 심령을 감찰하시느니라… 지혜로운 자는 두려워하여 악을 떠나나 어리석은 자는 방자하여 스스로 믿느니라." 자신이 똑똑하고 지혜롭다고 생각하는 사람은 실상 자신에게 속고 있는 가장 미련한 자다. 이러한 사람의 문제는 아무도 그를 가르칠 수 없다는 것이다. 자기가 똑똑하다고 믿기 때문에 전혀 배우려고 하지 않기 때문이다. 헛똑똑이 일 뿐이다.

참 지혜는 겸손에서 출발한다. 지혜로운 사람은 자신을 신뢰하지 않고 오직 주님만을 경외하며 그분의 말씀에 귀기울이려고 하는 자다. 그러한 사람은 자신의 판단을 쉽게 확신하지 않고, 어린아이 같아서 겸손히 하나님의 뜻만을 구한다. "그 때에 예수께서 대답하여 가라사대 천지의 주재이신 아버지여 이것을 지혜롭고 슬기 있는 자들에게는 숨기시고 어린아이들에게는 나타내심을 감사하나이다. 옳소이다. 이렇게 된 것이 아버지의 뜻이니이다"(마 11:25-26). 잠언을 읽고 헛똑똑한 사람은 바로 나 자신이었음을 깨닫는다.

7. 인생의 최고의 선

인생의 목적은 무엇인가? 우리가 추구하는 최고의 선은 무엇인가? 아리스토텔레스는 이 질문에 "행복"이라고 답했다. 우리가 무엇을 하든지 그 궁극적인 목적은 결국 행복이라는 것이다. 그가 말하는 행복은 자기만족과 같은 주관적인 것이라기보다는 인간의 본성에 뿌리박은 본질적인 추구, 즉 의미나 가치와 통하는 개념이다. 현대인들이 가장 원하는 것은 무엇보다도 돈일 것이다. 하지만 돈 그 자체를 원하는 것은 아니다. 좋은 집과 차, 멋진 휴가, 호화스러운 삶, 사람들의 부러움, 삶의 편의 등 돈이 주는 많은 것들 때문에 돈을 원하는 것이다. 돈이 있다 해도 그런 것들을 얻을 수 없다면 (외딴 섬에 표류하고 있는 경우처럼) 무슨 소용이겠는가? 더 나아가서 돈이 가져다줄 수 있는 그 모든 것들 역시 그 자체가 목적은 아니다. 그것들이 필요하다고 여겨지는 이유는 그것들을 얻음으로써 행복해질 수 있다고 믿기 때문이다. 하지만 돈으로 참된 행복을 얻은 사람이 없다는 것은 인류의 공통된 경험이자 결론 아닌가? 다만 사람들은 실상을 보려 하지 않고 욕심에 사로잡혀서 스스로 속고 있을 뿐이다.

전도자가 꿰뚫어본 삶의 실상은 돈 뿐 아니라 그 어떤 다른 것으로도 인생의 참된 의미와 만족을 얻을 수 없다는 것이었다. 그는 다른 사람들이 갖지 못한 것들을 모두 가지고 누려볼 수 있었다는 점에서, 다른 사람들이 적당한 선에서 얼버무리는 결론을 거부하고 지혜를 다해 자신의 탐구를 끝까지 밀고 나아갔다는 점에서 달랐다. 사람들의 문제는 삶의 실상을 직면하기를 두려워하거나 지적, 영적 게으름 때문에 인생의 궁극적인 질문을 회피한다는 데 있다. 하지만 가끔 우리의 의식에 빛이 찾아들 때, 우리 속에 있는 영원의 의식이 눈을 뜰 때, 우리는 진지해지고 삶의 의미를 묻게 된다. 일반은총을 통해서 철학자는 인간은 행복을 추구하는 존재라는 것을 알았지만 그 길은 가르쳐줄 수 없었다. 반면에 전도자는 해 아래서의 삶에서는 주어진 분복에 만족하는 것이 최선이지만, 인생의 참 의미는 하나님을 경외하면서 선을 추구하는 인간의 본분에 있음을 말한다. 어거스틴은 우리는 하나님을 위해 창조되었기에 하나님 안에서 쉼을 누릴 때까지 우리에겐 참 안식이 없다고 말했고, 웨스트민스터 소요리문답은 인간의 제일가는 목적은 하나님을 영화롭게 하고 영원토록 그를 즐거워하는 것이라고 가르친다. 인생의 최고의 선에 대한 철학의 결론이 행복이라면, 성경의 결론은 하나님을 보는 것이다. 하나님을 보는 것 이상의 행복은 없다.

8. 하나님을 즐기는 법

하나님을 즐긴다(enjoying God)고 말하면 대다수의 신자들은 불경하고 신성모독적인 발언이라고 생각할 것이다. 하지만 성경 다음으로 많이 인용되는 소요리문답 1항은 "사람의 제일가는 목적은 하나님을 영화롭게 하고 영원토록 그를 즐거워하는 것이다(to enjoy Him forever)"라고 분명히 밝히고 있다. 실제 하나님은 우리가 당신을 즐기기를, 기뻐하기를, 즐거워하기를 원하신다. 하나님을 믿는다고 하면서 하나님을 즐길 줄 모른다면 바른 신앙이 아니다. 하나님을 믿는 것은 그분을 아는 것이며, 하나님을 아는 자들은 하나님을 즐거워하지 않을 수 없기 때문이다. 어떻게 우리는 항상 기뻐할 수 있는가? 그것은 하나님을 잘 믿으면 우리의 형편과 상황이 언제나 좋을 것이기 때문이 아니다. 또 믿음으로 기뻐한다면서 이를 악물고 버티려고 노력하는 것도 아니다. 우리가 항상 기뻐할 수 있는 것은 하나님이 너무 좋기 때문에, 하나님을 생각하면 어떤 상황에서도 기쁨이 넘치기 때문이다.

하나님을 즐기는 법은 하나님의 성품을 아는 것이다. 단지 신학 지식으로 아는 것이 아니라 마음으로 하나님의 성품을 공감함으로써 아는 것을 말한다. 하나님은 선하시다. 따라서 선을 좋아하고 사모하는 사람들이라면 하나님의 성품에 끌리지 않을 수 없다. 하나님은 의로우시다. 따라서 의에 주리고 목마른 사람들은 하나님께 주리고 목마르게 된다. 하나님을 기뻐하고 즐거워하기 위해서는 하나님의 성품에 공감해야 한다. 거룩함을 불편해하는 사람은 결코 하나님을 즐길 수 없다. 죄와 짝하면서 동시에 하나님을 즐거워할 수는 없다. 마음이 청결한 자가 하나님을 보게 되는 것은 그들만이 하나님을 보고 싶어 하기 때문이다. 따라서 하나님의 성품에 공감할 수 있는 것 자체가 은혜요 구원의 열매다. 하나님을 싫어하고 거부하고 대적하는 인간의 본성이 바뀌어 하나님을 사랑하고 하나님께 끌리게 되는 것은 성령께서 우리 마음에 일으키시는 변화를 통해서만 가능하기 때문이다. 하나님을 알아갈수록 그분의 성품에 더 공감하게 되고, 그분의 성품에 더 공감하게 될수록 우리는 더 하나님을 즐거워하게 된다. 이러한 과정은 순환적이어서, 하나님을 더 즐거워할수록 하나님을 더 알게 되고 하나님께 더 공감하게 되며, 그 결과 하나님을 더 즐거워하게 되는 것이다. 이러한 과정을 지나는 동안 자기도 모르게 하나님을 닮아간다. 종교개혁자들이 하나님을 아는 것은 하나님을 닮는 것이라고 말한 것은 바로 이 때문이다. 하나님을 즐길 줄 아는 자는 세상에 부러울 것이 없다.

9. 자기연민과 자기 의

성경에서 가장 위대한 영적 거인을 꼽으라면, 엘리야는 단연 다섯 손가락 안에 들어갈 것이다. 그처럼 큰일을 많이 하고 놀라운 능력을 행한 사람이 또 있을까싶다. 갈멜산에서 바알의 선지자들과 영적 대결을 벌일 때 하늘에서 불이 떨어지게 한 사람이 아닌가? 기도로 하늘 문을 닫고 열었는가 하면, 죽은 자도 살려낸 사람이다. 그 마지막은 또 얼마나 극적인가? 죽음을 보지 않은 채 불병거를 타고 승천하였다. 하지만 이런 능력의 모습이 엘리야의 전부는 아니다. 성경은 놀랍게도 엘리야가 자기 연민에 빠져 있는 모습을 적나라하게 보여준다. 바알과의 영적 대결에서 승리한 후 엘리야가 바알선지자 450명을 죽인 것을 안 이세벨이 맹렬한 광기로 그를 죽이겠다고 공언하자, 놀랍게도 엘리야는 의기소침하여 로뎀나무 아래 앉아 하나님께 죽기를 구했다. 그 순간 그는 자신이 열조보다 낫지 않다는 것을 인정했다. 비로소 겸손해진 것이다. 그는 자기 의에 빠진 사람이었다. 이스라엘 자손이 모두 하나님을 버렸고 자기만 홀로 남았다고 탄식했다. 그런 그에게 하나님은 바알에게 무릎 꿇지 않은 사람이 선지자 말고도 7천 명이나 더 있다고 대답하신다. 엘리야는 자기뿐이라는 생각에 외로웠고 두려웠고 상심했다. 그의 자기 의가 자기 연민으로 이어졌을 것이다.

영적 거인은 없다. 모두 질그릇일 뿐이다. 아무리 높은 영적 고지에 올랐다고 해도 그건 하나님의 은혜로 된 것일 뿐 인간 자신은 항상 연약하다. 엘리야뿐 아니라 모세와 예레미야, 바울 등 다른 종들도 마찬가지다. 나는 엘리야의 강인함이 아니라 연약함을 보면서 그를 더 좋아하게 되었다. 그처럼 강하고 훌륭한 분에게도 자기 연민과 자기 의가 있었다는 사실이 위로가 되기까지 했다. 요즘 나는 엘리야 속에서 내 모습을 본다. 자기연민에 빠진 내 모습, 부족하다는 말을 입에 달고 살고 그래서 겉으로는 겸손하게 보이지만, 실제로는 자기연민에 빠진 사람이다. 나도 엘리야처럼 열조보다 낫지 못하다는 점을 절실히 깨달았다. 엘리야 못지않게 자기 의가 있다. 세속화된 교회들의 현실을 보면서 왜 바른 복음을 외치는 사람이 이토록 적은가, 진짜 기독교는 어디에 있는가 하고 탄식하며 비분강개하는 내 모습을 찬찬히 보면 '나만 홀로'를 외쳤던 엘리야를 닮아도 너무 닮았다. 엘리야는 분명 영적 거인이다. 하지만 동시에 한없이 약한 인간이었다. 엘리야를 엘리야 되게 하신 분은 하나님이셨다. 갈멜산의 능력과 로뎀나무의 위로를 주신 하나님, 자기연민에 빠진 그를 위로하시고, 자기 의에 빠진 그를 깨우치시는 하나님의 그 손길이 오늘 우리와도 함께 하신다.

10. 기질론

성격과 기질에 대한 설명은 참 흥미롭다. 우리 내면의 모습을 거울에 비춰 보는 느낌이다. 기질론을 접한 후 나는 자신을 더 잘 알게 되었고, 다른 사람을 더 잘 이해하게 되었다. 내가 처음 접한 기질론은 고전적인 것으로서 고대 그리스에서부터 유래한 것이었다. 인간의 기질을 체내의 네 가지 용액의 비율에 따라 나눈다. 다혈질(sanguine), 우울질(melancholic), 담즙질(choleric), 점액질(phlegmatic)로 구분한다. 다혈질은 성격이 급하고 흥분을 잘하며 약속을 쉽게 하지만 잘 지키지 못한다. 베드로가 대표적 예다. 우울질은 내성적이고 침울하며 비사교적이다. 모세가 여기에 속한다. 담즙질은 목표지향적이고 리더십이 강하나 차갑고 사람에게 상처를 잘 주는 편이다. 바울에게 해당된다. 점액질은 거절을 잘 못하고 인정이 많으나 두려움이 많고 우유부단하다. 아브라함이 그 대표적 예다. 대학생 때 이 기질론을 배운 후 친구들과 서로를 분석해보기도 하였다. 친구들은 내가 다혈질이라고도 하고 담즙질이라고도 했는데, 나는 바울을 좋아했기 때문에 스스로 담즙질로 자처했다.

또 다른 기질론은 DISC라고 불리는데, 사람들의 행동유형을 주도형(D), 사교형(I), 안정형(S), 신중형(C)으로 나눈다. 이 분류는 타고난 기질에 대한 것이라기보다는 행동유형에 대한 것이며, 선천적인 성향 뿐 아니라 후천적으로 형성된 성향을 포함해서 현재의 행동방식에 초점을 맞춘다. 주도형은 추진력이 강하고 매사에 자신이 최종적 결정을 내리길 좋아한다. 사교형은 일보다는 사람에 관심이 많고 분위기에 따라 움직이는 경향이 강하다. 안정형은 소심하고 사람들과의 충돌을 피하려 하며 주로 섬기고 따라가는 형이다. 신중형은 모든 것을 철저히 따지고 계산하며 충동에 따라 움직이지 않는다. 주도형과 안정형이, 사교형과 신중형이 반대 극단에 있다고 볼 수 있다. 대개 사람들은 이 중 제일 강한 성향과 그 다음으로 강한 성향을 어느 정도 같이 나타낸다. 나는 주도형과 신중형이 비슷하게 나오고, 사교형과 안정형 성향은 매우 적게 나온다. 흥미로운 것은 주도형이 제일 적고 안정형이 제일 많다는 것이다. 한국의 재벌그룹의 총수나 대형교회 목사님들은 대부분이 주도형에 속할 것이다.

사람들을 기질이나 행동유형에 따라 분류하는 일은 신중하게 해야 한다. 사람들은 생각보다 훨씬 복잡하고 다양하기 때문이다. 이런 단순 분석보다 훨씬 더 정교한 성격검사들도 많이 있다. 사람들의 성격과 행동유형은 삶의 경험과 나이에 따라 바뀌기도 한다. 내 경우가 그렇다. 20대 후반에 약4년 정도를 신장투석을 하며 힘들게 보내야 했다. 그 경험 이후 성향이 많이 달라졌다. 나와 함께 수년을 같이 사역한 어떤 목사님은 내가 다혈질이나 담즙질보다는 우울질인 것 같다고 평가하기도 했다. 그런가하면 매우 덜렁대는 편이라고 생각했는데, 행동유형에서는 의외로 신중형이 많이 나온 것을 보고 놀랐다.

또 하나 기억해야 할 사실은 모든 기질이 다 장단점을 갖고 있다는 것이다. 다혈질은 감동을 잘하고 인간미가 느껴지는 반면, 실수가 많고 말에 책임을 지지 못할 때가 많다. 우울질은 신중하고 깊이 생각하지만, 비사교적이어서 사귀기가 힘들다. 담즙질은 일을 적극적으로 추진하는 데는 유익하지만 그 과정에서 사람들에게 상처를 주기 쉬운 유형이다. 점액질은 사람은 좋은데 답답하고 일이 잘 진행되지 않는다. DISC의 행동유형에서도 마찬가지로 각 유형이 모두 장단점을 갖고 있다.

기질론을 말하는 이유는 무엇인가? 사람들을 특정 유형으로 규정하고 나와 맞는 타입, 내가 싫어하는 타입으로 분류하려고 그런 것인가? 우리는 곧잘 그런 일을 한다. 마치 내가 절대적인 기준이라도 되는 듯이 나와 잘 맞는지 그렇지 않은지로 사람들을 평가하려고 한다. 이는 그릇된 태도다. 우리는 기질론을 두 가지 면에서 적용해야 한다. 첫째, 타인을 더 잘 이해하고 용납하기 위해서다. 다른 것이 틀린 것은 아니라는 사실을 기억해야 한다. 우리가 서로 다르다는 사실은 우리를 풍요롭게 해 주고 더욱 완전하게 해 준다. 모두가 똑같다면 얼마나 지루하겠는가? 하나님은 다양성을 사랑하신다. 자연을 보면 그 점을 금방 알 수 있다. 하나님은 얼마나 창조적인 분이신지 눈송이 하나도 다 제각각 다르게 만드셨다. 다양하다는 것은 큰 복이요 은총이다. 우리 교회에는 엔돌핀처럼 분위기를 밝게 하고 즐겁게 만드는 사교형 성도들이 많았으면 좋겠다.

둘째는 자신에게 적용하여 장점은 살리고 단점은 극복해야 한다. 기질론을 자신의 약점을 변명하는 데에 사용해서는 안 된다. 여기서 우리는 어느 한 기질이 다른 기질보다 더 나은 것은 아님을 기억해야 한다. 우리는 자신의 기질을 바꾸려고 하지 말고 그 기질의 가장 아름다운 모습을 이루려고 해야 한다. 성령님은 우리의 기본적인 성향을 바꾸시는 않지만, 그 성향의 약점은 고쳐주신다. 베드로는 끝까지 베드로답고 바울은 끝까지 바울답겠지만, 온전해지면 그 성향으로도 제각기 아름다워질 것이다. 하나님은 우리가 타인과 비교하거나 경쟁하지 않고 고스란히 자기 자신이 되기를 원하신다. 성화는 획일적이지 않다. 우리의 성화가 완성되는 날 우리는 주님의 모습 뿐 아니라 서로의 독특한 매력에 한없이 매료될 것이다.

11. 네 종류의 인간

사람들을 분류하는 기준은 성별, 인종, 국적, 종교, 직업, 사회계층 등 다양하다. 이렇게 분류하는 것은 사람들을 더 잘 이해하기 위한 순수한 동기에서 비롯되기도 하지만, 자기가 속한 집단의 이해관계에 따른 정치적 목적 때문일 때가 많다. 인류학에선 인종(race) 개념을 인정하지 않은 지 오래다. 백인종, 흑인종, 황인종 같은 분류는 인종간 우열을 나누는 편견이 깊이 내재되어 있다고 보기 때문이다. 민족 개념이 등장한 것도 최근이다. 혈통, 언어, 문화 등에서 동질집단으로서의 민족개념은 근대국가의 성립과 더불어 생겼는데, 이제는 정치, 경제, 사회 등의 가치가 더 우선시 되는 국가개념으로 바뀌어가고 있다. 단일민족국가인 한국인들은 민족에 집착하는 경향이 더 강하지만, 다민족 국가나 한 민족이 여러 국가로 나뉘어져 있는 경우는 민족과 국가를 대하는 태도가 우리와 다를 수 있다. 성경이 인류를 나뉘는 기준은 오직 하나이다. 그리스도와 관계를 맺고 있느냐 여부를 따라 나눈다. 그리스도 안에 있는 자들은 더는 아무 구분 없이 다 하나라고 바울은 선언한다(갈 3:28).

 나는 인간을 이 세상과의 관계라는 기준을 따라 분류해보고자 한다. 이는 그리스도의 제자로서 이 세상에서 어떻게 살아야 하는지에 대해서 바로 정립하려는 뜻에서다. 먼저 이 세상을 자신의 집이요 본향으로 생각하는 거주자들이 있다. 이들에게 세상은 그들의 전부다. 죽은 다음에는 아무 것도 없다고 생각하거나 다시 이 세상의 삶으로 윤회한다고 믿는 자들에게는 아무래도 이 세상이 전부일 수밖에 없다. 이들의 관심은 이 세상에서 사는 동안 누릴 수 있는 것을 최대한 누리고, 얻을 수 있는 것은 가능한 한 많이 얻는 데 있다. 내세를 준비한다 해도 그 내세가 이 세상으로의 환생이라고 생각하기 때문에, 이들이 추구하는 가치는 크게 달라지지 않는다. 이들의 특징은 한 마디로 집착이다. 둘째 부류는 방랑자들이다. 이들은 이 세상이 전부가 아니라고 생각한다. 인간의 일생은 너무 짧아서 일장춘몽과 같고, 세상은 덧없이 떠다니는 한 조각 구름과 같다고 여긴다. 인생이란 어디서 와서 어디로 가는지 알지 못하고, 구름처럼 강물처럼 정처 없이 흘러가는 것이요, 잠시 있다 떠나가는 하숙생의 삶과 같다고 본다. 그들이 방황하는 이유는 이 세상이 전부가 아니라는 것은 알지만 이 세상 외에 다른 무엇이 있는지는 알 지 못하기 때문이다. 이들의 특징은 허무다. 셋째 부류는 구도자들이다. 이들은 이 세상이 전부라고 생각하여 거기에 집착하지 않는다. 그렇다고 허무에 빠져 방황하지도 않는다. 이들은 인생의 근본적인 물음에 답을 찾고자 끊임없이 추구한다. 이들이 추구하는 대상은 의미나 진리 일수도 있고 구원일 수도 있다. 이들은 현실에 만족하지 못하고, 내면 깊은 곳에서 자신들을 부르는 그 어떤 음성에 귀를 기울이고자 한다. 성경은 그 음성을 "영원을 사모하는 마음"(전 3:11)이라고 부른다. 즉 영원한 본향을 그리워하는 마음, 하나님께로의 귀소본능이라고 할 수 있다. 이들은 이 음성을 듣지만 그 음성의 주인을 알지 못하여 찾고 또 찾는 것이다. 이들과 방랑자들이 엄격하게 구분되지는 않는다. 무언가를 열렬히 찾으면서도 그 대상을 모르기에 방황하는 경우가 대부분이기 때문이다. 이들의 특징은 목마름이다. 마지막으로 순례자들이 있다. 그리스도인들이 여기에 속한다. 이들은 이 세상을 나그네요 행인으로 살아간다. 이곳이 본향이 아님을 알기 때문이다. 따라서 집착하지 않는다. 이들은 목적지가 어디인지 몰라 방황하지도 않고 길을 몰라 헤매지도 않는다. 이들은 아버지 품이라는 영원한 본향을 향해 진리요 생명이 되신 예수님이란 길을 통해 걷는 자들이기 때문이다. 구도자가 길을 '찾는' 자들이라면 순례자는 길을 '찾은' 자들이다. 순례자들은 집착하지 않으면서 세상에 적극 참여하고, 방황하거나 도피하지 않으면서 자신들에게 주어진 삶에 최선을 다하는 자들이다. 이들의 특징은 자유와 소망이다. 하늘의 소망으로 인해 이 세상에서 자유롭게 살아간다.

나는 이 네 부류 중 어디에 속했는가? 이 세상을 어떻게 살아가고 있는가? 그리스도인이면서도 거주자나 방랑자처럼 사는 사람들이 의외로 많다. 구도자의 목마름조차 없는 사람들도 있다. 우리는 순례자다. 순례자는 늘 떠날 사람처럼 살아야 한다. 역설적으로 영원한 본향을 향해 가는 자들만이 이 세상에서 바로 살 수 있다.

12. 나를 생각하소서

예수님이 십자가에 달리셨을 때 그 양편에 두 강도도 함께 달려있었다. 이 두 강도 중 하나는 예수님을 조롱한 반면, 다른 강도는 그를 꾸짖고 예수님께 "나를 생각하소서"라고 외치며 자신을 의탁했다. 주님은 "오늘 네가 나와 함께 낙원에 있으리라"고 말씀하심으로써 그에게 구원을 선포하셨다. 이 장면은 매우 상징적이다. 이 두 강도는 온 인류를 대표한다. 모든 인간은 이 두 강도처럼 죄인이며 죽을 운명에 처해 있다. 그 중 한 부류는 예수님을 거부함으로써 영원한 멸망으로 치닫고, 다른 부류는 예수님을 믿고 의지함으로써 구원을 받는 것이다.

나는 이 이야기를 읽고 깊은 감동을 받았다. 이 강도의 고백에서 뭐라 형용할 수 없는 외로움과 슬픔, 절망이 묻어 나옴을 느꼈기 때문이다. 이 강도가 주님께 드린 고백은 오직 이 한 마디 뿐이었다. "나를 생각하소서(기억하소서)." 이 한 마디에 담긴 그의 일생의 처절한 고뇌와 절망, 그리고 유일한 마지막 소망이 느껴지지 않는가? 그는 자신을 돌아볼 때 추호도 변명의 여지가 없음을 알고 있었다. 자신의 삶은 실패요 부끄러움이요 형벌 받아 마땅한 죄악된 것이었음을 그는 뼛속 깊이 통감하고 있었다. 옆에 달린 강도가 예수님을 조롱했을 때 그는 이렇게 꾸짖었다. "우리는 우리의 행한 일에 상당한 보응을 받는 것이니 이에 당연하거니와." 그는 예수께 자신이 한 일을 기억해 달라거나 자신의 처지가 억울하다고 호소하지 않았다. 그는 단지 주님이 자신을 기억해 주실 것을 탄원했을 뿐이다. 하나님 앞에서 모든 인간은 사실 이 강도와 다를 바 없다. 우리의 의가 대체 무엇이란 말인가? 누더기와 같은 것 아닌가? 우리가 무엇을 근거로 심판 날에 주님이 우리를 인정해 주실 것을 요구할 수 있겠는가? 이 강도는 철저히 그리고 온전히 주님의 긍휼만 의지했다. 다시 말하면 주님이 그를 기억해주시지 않는다면, 그에게는 달리 살 방도가 없고 소망도 없었다. 마치 성전에 올라가서 "나를 불쌍히 여기소서"라고 기도했던 세리의 모습과 같다. 나는 이 강도의 마음이 눈물겹다. 주님도 그의 마음을 헤아리셨다고 생각한다. 나도 그 마음자리에 가고 싶다. 이 강도 보다 별반 나을 것도 없으면서 너무나 교만하고 의로운 높아진 마음보다 다 잃고, 다 깨어지고, 다 무너진, 그 깨어진 심령이 되고 싶다. 내가 주님께 드릴 유일한 간구도 이 강도와 같다. "주여, 나를 기억하소서."

13. 미가서의 7전 8기

나는 스포츠를 그다지 좋아하는 편이 아니지만, 축구와 권투만큼은 그런대로 좋아하는 편이다. (사실 권투는 그 잔인함 때문에 더 이상 좋아하지 않게 되었다.) 축구에서 내가 기억하는 최고의 명장면은 1976년 한국의 대통령배 축구시합 개막전에서 한국이 말레이시아에게 4:1로 지고 있다가 후반 마지막 7분을 남겨놓고 차범근 선수가 연속으로 세 골을 집어넣어 동점을 만들던 장면이다. 권투에서는 홍수환 선수가 남미의 카라스키야에게 1라운드에서 네 번이나 다운을 당한 뒤 2라운드가 시작되자마자 소나기같이 주먹을 퍼부어 끝내 KO로 이겼던 그 장면이다. 이 두 장면의 공통점은 둘 다 거의 포기할 수밖에 없어 보이는 절망적인 상황에서 극적으로 반전시켜 승리를 이끌어냈다는 사실이다. 시종일관 우세한 경기를 펼치다가 승리하는 시합이 줄 수 없는 전율과 감동을 준 경기들이었다. 포기하지 않고 끝까지 최선을 다한다는 것은 그 자체가 이미 승리다.

미가서 7장 8절에는 다음과 같은 말씀이 담겨 있다. "나의 대적이여 나로 인하여 기뻐하지 말지어다. 나는 엎드러질지라도 일어날 것이요 어두운 데 앉을지라도 여호와께서 나의 빛이 되실 것임이로다." 이스라엘은 하나님의 백성이었지만, 이방민족들의 침입과 공격을 수도 없이 받았다. 그렇게 민족적 시련을 당할 때마다 선지자들은 한편으론 하나님의 입장에서 백성의 죄를 질타했고, 다른 한편으로는 백성의 입장에서 하나님의 긍휼과 도우심을 부르짖었다. 결국 역사는 하나님의 구원과 언약이 "남은 자"를 통해서 이루어짐을 증거했고, 구약의 남은 자들은 신약의 그리스도인들에게로 이어졌다. 다시 말하면, 이 구절로 대표되는 선지자들의 신앙고백은 그대로 오늘 우리의 신앙고백이 되어야 한다는 것이다. 우리의 대적은 더는 이방 군대와 같은 혈과 육이 아니라, 육신, 세상, 사탄 등의 죄의 세력들이다. 믿음의 삶은 이런 죄의 세력들과의 영적 투쟁이다. 우리는 종종 믿음으로 온전히 서지 못하고 패해서 넘어지곤 한다. 하지만 중요한 것은 넘어지지 않는 것이 아니라 다시 일어서는 것이다. 백 번 넘어지면 백 한 번 일어서면 된다. 우리에게는 이미 승리가 보장되어 있다. 여호와께서 우리의 빛이 되시기 때문이다. 주저앉고 싶을 때, 그만두고 싶을 때, 실망하지 말고 포기하지 말자. 미가서 7장 8절은 믿음의 7전 8기를 가르쳐준다.

14. 바울의 비결

<매일성경> 묵상본문이 빌립보서가 되자 마치 맛있는 음식을 먹게 된 것 같은 흥분과 기대가 있었다. 전체 내용이 다 좋지만 특히 2장의 주님의 겸손과 3장의 바울의 믿음은 그 이상 감동적일 수 없는 가장 아름다운 모범이다. 바울을 생각해본다. 바울은 한 마디로 그리스도에게 미친 사람이었다. 그는 그리스도에게 사로잡혔고, 그리스도에게 매료되었으며, 그리스도에게 올인(ALL-IN) 한 사람이었다. 그는 누군가 그를 괴롭게 하려고 시기심으로 전도해도, 그리스도께서 전파된다는 사실 때문에 기뻐했고, 살든지 죽든지 자기 몸에서 그리스도가 존귀히 여김을 받으시기만을 원하는 사람이었다. 그에게는 산다는 것은 그리스도를 뜻했고 죽는 것도 유익한 일로 여겼다. 그는 오래 살기보다는 몸을 떠나 주와 함께 거하는 쪽을 더 좋아했다. 그뿐 아니다. 그리스도를 아는 지식을 얼마나 소중히 생각했던지 자기의 모든 자랑거리는 오히려 해가 될 뿐이라고, 심지어는 배설물에 지나지 않는다고 고백한다. 그의 자랑거리란 무엇인가? 율법에 따라 하나님 앞에 바로 설 수 있는 여러 조건들을 말한다. 하지만 그의 의는 율법이 아니라 그리스도를

믿음으로 말미암아 하나님께로서 난 것이었기에, 그는 그 모든 것을 초개같이 버릴 수 있었다.

바울을 보면 그리스도가 보인다. 바울 안에 그리스도께서 사셨다. 어떻게 한 사람이 그토록 그리스도께 헌신할 수 있었을까? 바울의 비결은 무엇이었을까? 이 질문은 바울을 알고부터 내가 오랫동안 붙들고 씨름해 온 화두였는데, 이번에 빌립보서를 묵상하다가 2장 13절에서 그 힌트를 얻었다. "너희 안에서 행하시는 이는 하나님이시니 자기의 기쁘신 뜻을 위하여 너희로 소원을 두고 행하게 하시나니." 그렇다. 바울의 비결은 하나님께서 그 안에 주신 소원이었다. 하나님이 우리를 변화시키시는 방법은 외적인 강제가 아니라 내적인 소원을 통해서이다. 하나님은 우리의 의지에 반해서가 아니라 우리의 의지를 변화시켜서 이끌어 가신다. 우리에게 하나님의 영광을 사모하는 마음을 주시고 우리가 그 소원을 믿음으로 좇아갈 때, 하나님을 깊이 경험하게 되는 것이다. 바울은 그리스도의 생명을 실제로 매 순간 맛보았기에 그를 아는 지식을 가장 고상하게 여겼고, 그를 더 알기 위해 매진했던 것이다. 바울이 그같이 살 수 있었던 비결은 이를 악물고 자신의 의지력을 최대한 강화했던 스토아식의 결심이 아니라, 그의 심령에 부어진 그리스도의 사랑과 영광이었다. 그리스도를 아는 자는 그를 사랑할 수밖에 없다. 바울은 그리스도를 알았던 것이다.

15. 항상 기뻐할 수 있는 비결

요즘 살아가기가 힘들다고 말하는 사람들이 많다. 사회전반에 걸친 경제적인 상황도 어렵고, 개인적으로도 여러 어려움이 있기 때문일 것이다. 바울은 빌립보교인들이 보내온 헌금에 감사하는 편지의 말미(4장)에서 그들에게 무엇보다도 기뻐하라고 권면한다(4:4). 그는 감옥에 갇혀 있으면서도 기뻐했고, 오히려 감옥 밖에 있는 사람들을 향해 기뻐하라고 외친다. 그가 말하는 기쁨은 상황을 뛰어넘는 전천후 기쁨이다. 그러한 기쁨은 어떻게 가능한가? 오직 "주 안에서"만 가능하다. 기쁨이란 합당한 근거가 있을 때 나타나는 인격적 반응이다. 근거 없이 기뻐하는 것은 참된 기쁨이 될 수 없으며, 어쩌면 정신질환의 징후일 수도 있다. 그렇다면 주 안에 무엇이 있기에 우리는 항상 기뻐할 수 있는가?

첫째, 모든 지각을 뛰어넘는 하나님의 평강이 있기 때문이다(4:6-7). 우리는 아무 일에도 염려하지 말아야 한다. 우리가 모든 일에 기도와 간구로 우리 구할 것을 감사함으로 하나님께 아뢰면, 우리의 이해를 초월한 하나님의 평강이 우리의 마음과 생각을 지켜주신다. 이러한 평화는 상황과 관계없이 주어지는 것이며 초자연적인 것이다. 주님은 잡히시기 직전에 제자들에게 "평안을 너희에게 끼치노니 곧 나의 평안을 너희에게 주노라. 내가 너희에게 주는 것은 세상이 주는 것 같지 아니하니라. 너희는 마음에 근심도 말고 두려워하지도 말라"(요 14:27)라고 말씀하셨다.

둘째, 어떤 상황에서도 만족할 수 있는 자족의 능력이 있기 때문이다(4:13). 주님은 우리가 원하는 대로 모든 상황을 바꿔주시겠다고 약속하지 않으셨다. 때로 그렇게 해주실 때도 있지만, 그렇지 않을 때도 있다. 하지만 주님은 우리에게 어떤 상황에서도 만족하고 감사할 수 있는 능력을 주신다. 이것은 존재의 변화를 통해 주어지는 믿음의 능력이며, 우리의 인격이 성숙해져서 주님을 닮아갈수록 커져간다.

셋째, 하나님은 그리스도 안에서 당신의 영광스러운 풍성함을 따라 우리의 모든 쓸 것을 채워주신다(4:19). 여기서 하나님이 채워주시겠다고 약속하신 것은 우리의 쓸 것, 즉 진정한 필요이지 허영이 아님을 기억해야 한다. 허영이나 헛된 욕심을 추구하는 자는 주 안에서도 만족하고 기뻐할 수 없다. 주님은 그러한 그릇된 욕심을 채워주시는 것이 아니라 제거하신다. 고난은 그런 점에서 매우 유익하다. 고난을 통해 연단을 받은 자들은 헛된 욕심을 추구하지 않고 오직 주님만을 구하게 되며, 그러한 자들은 주 안에서 참된 만족을 누리게 된다. 기쁨이란 이렇듯 주 안에서 참된 만족을 누릴 때 나타나는 인격적 반응이다.

16. 기독교 행복론

행복을 추구하는 것은 인간의 본성이다. 인간은 천국을 위해서 지음 받은 존재다. 우리가 행하는 모든 일은, 우리가 그 점을 의식하든 그렇지 않든, 궁극적으로 행복을 얻기 위한 몸부림이다. 아리스토텔레스는 이 점을 갈파하고 행복에의 추구를 그의 윤리학의 기초로 삼았다. 사실상 모든 종교와 철학이 궁극적으로는 행복에 이르는 길을 밝히기 위해 존재한다고 보아도 좋을 것이다. 그렇다면 기독교는 행복에 대해 무엇을 가르치는가? 성경에서 복을 가장 집중적으로 강조하는 본문을 고르라면 주님의 산상수훈에 나오는 팔복을 꼽을 수 있다.

팔복의 내용을 중심으로 행복에 대해 살펴본다면 다음의 몇 가지 가르침을 배울 수 있다. 첫째, 참된 행복은 주관적 만족이 아니라 하나님의 객관적 평가와 관련된다. 마약을 하면서 행복해 하는 것은 참된 행복이 아니다. 주님께서 "복이 있다"고 선언하신 자들은 지극히 만족스런 감정 상태에 있는 자들이 아니라, 하나님 보시기에 복된 상태에 있는 자들이었다. 그들은 애통하고 목말라하는 자들, 의를 위해 핍박받는 자들이었지만 주님은 그들을 복되다고 선언하셨다. 우리의 구원이 완성될 때 우리는 객관적 상태와 주관적 느낌이 온전히 일치하는 완전한 행복을 맛보게 될 것이다.

둘째, 행복은 의를 추구할 때 뒤따라오는 것이지 그 자체를 목적으로 추구한다고 얻어지는 것이 아니다. 행복 그 자체를 목적으로 하는 사람치고 행복한 사람은 없다. 행복이란 우리가 하나님의 창조의 목적에 부합할 때 주어지는 것이며. 그 자체가 목적이 되면 우리를 불행하게 만드는 우상이 된다. 팔복이 보여주는 행복은 조건이 아닌 존재의 문제다. 먼저 우리가 되어야 할 존재, 하나님의 뜻과 성품에 온전히 부합한 인간이 될 때 우리는 참된 행복을 누릴 수 있다.

셋째, 인간의 최고의 행복은 하나님을 보는 것(visio dei)이다. 고래로 모든 기독교 영성가들과 신학자들은 하나님을 보는 것을 최고의 선으로 여겼다. 인간은 하나님과의 사귐을 위해 창조되었기 때문에 하나님과의 막힘없는 사귐의 상태에 있을 때 가장 행복할 것은 당연하다. 거룩하신 하나님과 사귐을 가지려면 우리도 거룩해져야 한다. 주님은 마음이 청결한 자가 하나님을 볼 것이라고 말씀하셨다. 따라서 행복을 위한 절대조건은 우리의 성화다. 우리의 구원이 완성되는 날, 우리는 하나님이 본래 의도하신 존재들이 되어 하나님을 얼굴을 맞대고 보게 될 것이고, 그때 우리의 행복도 완성될 것이다. 하지만 그 전에도 우리는 믿음으로 주님을 알아가는 만큼 행복을 누릴 수 있다. 항상 기뻐하라는 바울의 권면은 그 비결을 전제로 한 것이다.

17. 남의 말

잠언을 읽으면서 가장 가슴이 뜨끔했던 것은 말을 함부로 하는 것에 대한 경고를 대할 때였다. 특히 남의 험담을 하는 것이 얼마나 악한 일인지를 읽을 때는 얼굴이 뜨뜻해지는 것을 느꼈다. "남의 말하기를 좋아하는 자의 말은 별식과 같아서 뱃속 깊은 데로 내려가느니라"(18:8). "너는 이웃과 다투거든 변론만 하고 남의 은밀한 일을 누설하지 말라"(25:9). 솔직히 나는 이 잘못을 범한 적이 여러 번 있다. 내가 먼저 남의 말을 한 적도 있고 남이 하는 말에 맞장구를 친 적도 있다. 물론 그때마다 내가 하는 말은 공정하고 결코 타인을 험담하는 것이 아니라는 변명과 명분을 내세웠지만, 뒤끝이 늘 찜찜했던 것이 사실이다. 내 말의 허물에 대해 변명하고 싶지만, "자기의 죄를 숨기는 자는 형통치 못하나 죄를 자복하고 버리는 자는 불쌍히 여김을 받으리라"(28:13)는 다른 잠언의 말씀을 읽고 나서는 나의 죄를 인정할 수밖에 없었다. 목회자로서 덕이 되지 않는 언어생활로 교우들께 본이 되지 못했던 점을 깊이 회개하고 사과한다.

자신도 남의 험담을 하면서도 정작 남이 내 험담을 하는 것을 듣는 것처럼 아프고 괴로운 일은 없다. 그런 말을 들을 때면 마음이 칼에 찔린 것처럼 아프다. 심할 때는 말 한 마디에 마음이 다 무너지고 아예 드러눕고 싶어지기도 하다. 그래서 즉시 반발하고 사실 여부를 따지고 싶어 한다. 하지만 남이 내 험담을 했다고 너무 흥분하지 말라고 전도서는 말한다. "무릇 사람의 말을 들으려고 마음을 두지 말라. 염려컨대 네 종이 너를 저주하는 것을 들으리라. 너도 가끔 사람을 저주한 것을 네 마음이 아느니라"(전 7:21-22). 누가 내 말을 할 때는 자신을 돌아보고 주님께 맡겨야 한다. 그 말이 사실이라면 내가 고쳐야 할 것이고 사실이 아니라면 주님이 변호해 주실 것이다.

살다보면 피치 못하게 남의 말을 해야 할 때도 있다. 그럴 때는 그 사람이 그 자리에 있다고 생각하고 말하자. 당사자가 들어도 괜찮은 말, 내가 그에게 직접 할 수 있는 말을 해야 한다. 내 말이 항상 공정하고 바르다면 누구든 내 앞에서는 타인을 함부로 험담하려고 하지 않을 것이다. 남의 말은 하는 것도, 듣는 것도 조심해야 한다. 혹시 누가 내 말을 한 것을 알아도 너무 마음에 두지 말자. 그게 지혜이다.

18. 판단에 대해서

워치만 니는 내가 존경하는 영적 지도자들 중 한 분이다. 그분의 책들을 통해 나는 복음의 의미와 영적 생활의 원리들을 더 깊이 깨달을 수 있었다. 특히 에베소서를 강해한 "좌행참"이라든지 자기 부인을 다룬 "자아의 파쇄와 영의 해방" 등은 내게 큰 영향을 끼친 책들이다. 신앙적으로 더 성숙하고 신학적인 분별력을 더 갖추게 된 후로 워치만 니의 사상에 다 동의하지 않게 되었고 달리 생각하는 부분이 있는 것은 사실이지만, 지금도 나는 그분을 존경하고 그분께 많은 빚을 졌다고 생각하고 있다. 워치만 니의 전집 중에 "판정의 실례"라는 흥미로운 책이 있다. 각 사람이 자신의 상황과 고민에 대해 말하는 것을 듣고 워치만 니가 그 사람의 영적 상태를 파악하여 적절한 지침과 권면을 주는 책이다. 나는 이 책을 보고 워치만 니의 뛰어난 영적 통찰력에 감탄했고, 그에게서 신비로운 인상을 받았다. 어떻게 그렇게 짧은 사연을 듣고 그 사람의 영적 상태를 정확히 파악할 수 있단 말인가? 과연 워치만 니는 참으로 영적으로 뛰어난 사람임에 틀림없다고 생각했다. 사실 내면적으로 자아의 실상을 깨닫고 그 자아의 깨어짐을 체험하게 된 사람은 다른 사람에게서도 동일한 자아의 모습을 좀더 잘 볼 수 있는 것이 사실이다. 그렇기에 자기부인을 하는 데 있어서 오래 고뇌하고 깊이 경험한 끝에 나온 탁월한 통찰력을 지닌 지도자가 사람들의 영적 상태를 진단하여 도움을 주는 것은 얼마든지 가능한 일이라고 할 수 있다.

나도 목회자로서 워치만 니처럼 사람들의 영적 상태를 정확히 진단하고 적절한 지침을 줄 수 있는 지도자가 되고 싶다는 생각을 하게 되었다. 영적 지도자가 된다는 것은 사람들을 영적으로 더 성숙한 자리로 이끄는 역할을 한다는 뜻이기 때문이다. 하지만 머잖아 나는 그건 아무나 할 수 있는 일은 아니며, 자칫하면 큰 해를 끼칠 수도 있음을 알게 되었다. 왜 그런가? 워치만 니는 매우 성숙한 지도자요 영적 통찰력이 뛰어난 분이었기에 그렇게 분별하는 것이 가능했겠지만, 우리는 대부분 전혀 그렇지 않은 것이 현실이다. 돌팔이 의사가 섣불리 진단하고 처방하면 병을 고치기는커녕 도리어 병을 키우듯이, 영적으로 성숙하지 않은 사람이 타인의 영적 상태를 판단하는 것은 매우 위험한 일이 될 것이다. 믿음이 좋다는 사람들도 자칫 타인을 너무 쉽게 판단하여 아픔을 주는 일이 있는데, 사실 그는 성숙한 것이 아니라 미숙했다는 증거인 것이다.

영적 진단과는 조금 달리 하여 그냥 일반적인 판단의 문제를 생각해보자. 주님은 비판하지 말라고 하셨고, 바울도 주님이 오셔서 모든 것을 판단하시기까지 아무 것도 판단하지 말라고 하셨다. 왜 우리는 판단해서는 안 되는가? 첫째, 우리는 다른 사람의 사정을 다 알지 못하기 때문이다. 우리는 드러난 몇 가지 일들만 알 뿐이다. (사실은 그것들조차 제대로 모르는 경우가 허다하다.) 둘째, 우리는 주님처럼 각 사람의 중심(동기)을 볼 수 없기 때문이다. 우리는 사람들의 동기를 지레짐작하고 판단하지만, 얼마나 잘못 판단할 때가 많은지 모른다. 한 잘 알려진 목사님이 동역자에게 받은 상처에 대해 말씀하시는 것을 들은 적이 있다. 그 후 나는 다른 목사님의 이야기를 들었는데, 그 분은 좀 다른 말을 하는 것이었다. 둘 다 존경받는 분들이었지만 두 분의 판단은 매우 달랐다. 어느 쪽이 옳은지는 주님만이 아실 것이다. 주님만이 그분들의 중심을 아시기 때문이다. 셋째, 우리는 남을 판단할 자격이 없기 때문이다. 판단하는 우리도 같은 일을 행할 때가 많고, 또 사랑으로 판단해야 하는데 우리는 그 대상을 비난하는 마음으로 판단할 때가 많다. 하지만 판단(judgment)과 분별(discernment)은 다르다. 판단은 피해야 하지만 분별은 반드시 필요하다. 워치만 니의 경우는 판단이 아니라 분별이라고 해야 옳을 것이다. 사실 우리는 사랑의 마음으로 서로 분별해 줄 수 있어야 한다. 우리가 서로 책임을 고하는 관계(accountability)를 유지하려면 반드시 분별이 필요하다. 동시에 분별이 쉽게 판단으로 바뀔 수 있음을 알고 늘 경계해야 한다.

    나는 그간 영적인 사람은 사람 맘을 꿰뚫어보고 그 상태를 정확히 파악해 내는 사람일 것이라고 생각해 왔다. 하지만 요즘에는 달리 생각하게 되었다. 참으로 영적인 사람은 쉽게 판단하지 않는다. 자신에게 확실한 느낌이 있고 타인을 편견과 사감(私憾) 없이 객관적이고 중립적으로 본다고 확신해도, 늘 자신의 판단을 신뢰하지 않고 오히려 경계한다. 참으로 성숙한 사람은 자신의 판단이 틀릴 수 있음을 알고 늘 두려워하며 조심하는 사람이다. 남을 판단하기에 앞서 먼저 자신을 살피는 사람이다. 잘 판단하는 것보다는 판단하는 일에 주의를 기울이는 사람이 영적인 사람이다.

19. 지혜로운 판단

요즘 잠언을 읽다가 "거만한 자를 책망하지 말라"(9:8)는 말씀을 깊이 생각하게 되었다. 나는 이 말씀에서 공동체를 파괴하는 주된 원인 하나를 발견했다. 우리의 관계를 힘들게 하는 것은 무엇인가? 여러 가지가 있겠지만 가장 빈번히 일어나는 문제는 서로 판단하고 지적하는 것이다. 우리는 서로 다르다. 생각, 성격, 습관 등이 다르고, 유전인자와 살아온 배경이 다 다르다. 단지 다를 뿐 아니라 상대방이 틀린 경우도 많다. 달라서가 아니라 도를 넘어선 무례함, 상식적이지 않은 판단, 그리스도인답지 않은 언행 등이 문제가 될 경우도 많다. 관계가 가까워질수록 이런 점들이 더 잘 보이게 되고, 더 많이 부딪히고 갈등하게 된다. 이럴 땐 어떻게 해야 하는가? 우리는 흔히 지적이라는 방법을 쓴다. 틀렸다고 생각하여 고쳐주려는 것이다. 선한 의도로 또는 사랑으로 지적해주면 듣고 고칠 것이라고 생각한다. 하지만 대개 그렇지 않다. 도리어 기분이 상하여 반발하거나 원망으로 돌려받는 경우가 많다. 그러면 지적한 자도 기분이 상하여 그 사람을 회피하거나 더욱 공격적으로 정죄하게 된다. 지적하는 일은 하기도 어렵고 받기도 어렵다.

잠언은 거만한 자를 책망하지 말라고 말한다. 그런데 우리는 책망을 하거나 지적을 들을 만큼 그렇게 겸손하지 않다. 나는 거만하지 않다고 생각하기 쉽지만, 지적을 받아들이기 힘들어 하는 그 모습이 바로 나의 거만함을 증명한다. 따라서 대다수의 사람에게 이 잠언은 적실하다. 지적을 잘하는 사람일수록 자신이 지적당하는 일은 견디기 힘겨워한다. 성경은 지적이 아니라 인내를 말한다. 꼭 지적해야 할 때도 있지만, 그것은 오랜 인내와 많은 기도, 자신부터 돌아보는 겸손과 사랑을 동반할 때만 효과적이다. 내 지적이 사랑이 아닌 불평과 정죄에서 나온 것이면, 먼저 내 눈에서 들보를 빼야 한다. 함부로 지적하지 말고 함부로 판단하지 말아야 한다. 내가 지적을 받을 때 즉각 반발하지 말고 한번쯤 깊이 생각해보고 찬찬히 자신을 돌아보아야 한다. 상대방의 지적이 옳다면 그의 태도와 관계없이 그 지적을 받아들이는 것이 유익하다. 옳지 않다면 흘려보내면 된다. 지적은 하는 사람과 받는 사람 모두 성숙할 때만 유익하다. 가급적 지적하지 말고, 지적받을 때는 기꺼이 귀 기울이는 사랑과 겸손의 사람이 되자.

20. 하나님 나라의 간첩

그리스도인들은 하나님의 백성이자 하나님 나라의 간첩들이다. 이 세상은 원수의 점령지구로서 본래는 하나님이 다스리시는 영토였는데 현재는 잠시 원수의 지배하에 들어가 있다. 하나님은 이 세상을 원수의 손에서 탈환하시기 위해 당신의 아들을 보내셨다. 하나님의 아들은 겉으로는 세상의 지배체제에 패하고 죽임을 당한 것 같지만, 실상은 부활하셔서 하나님의 의와 생명의 통치를 펼치고 계시며, 그 일을 위해 하나님의 백성들을 부르시고 모으시는 일을 하신다. 그리스도인들은 바로 이 아들의 생명을 받고 하나님의 백성이 된 자들로서 아들이 다시 오실 때까지 이곳에서 하나님의 통치를 비밀리에 확장해가는 하나님 나라의 간첩들인 것이다.

편의상 간첩을 고정간첩과 공작간첩의 두 부류로 나눠보자. 고정간첩은 겉으로는 세상의 직업을 갖고 세상시민들과 별 다를 바 없이 살아가지만 속으로는 본부의 지령에 따라 간첩업무를 수행하고 공작간첩과 접선해서 그에게 필요한 정보와 물자를 공급해주는 일을 한다. 공작간첩은 고정간첩처럼 따로 세상의 직업을 갖지 않고 전적으로 간첩업무만 수행하는 자다. 그는 연락과 접선,

정보수집, 그리고 고정간첩들이 간첩업무를 제대로 수행할 수 있도록 돕는 일 등을 한다.

이렇게 모든 그리스도인들을 하나님 나라의 간첩으로 본다면 우리가 겉으로 무슨 일을 하든지 궁극적으로 다 하나님 나라를 위해 해야 함을 알게 된다. 모든 그리스도인이 하나님 나라의 간첩임을 안다면 공작간첩인 목회자는 전임(full-time) 일꾼이고, 고정간첩인 일반교인들은 파트타임(part-time) 일꾼이라는 식의 그릇된 이분법은 설 자리를 잃게 된다. 모든 그리스도인은 "whole time" 일꾼이다. 공작간첩이 간첩업무를 게을리 한다든지, 고정간첩이 본분을 망각하고 직업 자체가 목적인 것처럼 세상에서의 성공만을 추구한다면, 아들이 다시 오셔서 하나님의 나라를 세우실 때 그들은 심판을 면치 못할 것이다. 실제 많은 그리스도인들이 이 세상에 만족하고 안주하려하며, 그 결과 게을러지고, 개중에는 심지어 변절 또는 전향까지 하는 자들도 있다. 대부분은 평일에는 세상시민으로 주일에는 하나님 나라의 백성으로 살아가는 이중적 태도를 취한다. 하지만 아들은 반드시 돌아오신다. 그는 오셔서 세상정부를 전복시키고 원수를 심판하신 후 하나님의 정부를 세우실 것이다. 그 때 누가 하나님 나라의 간첩들이었는지가 드러날 것이다. 참 하나님의 백성들은 이 세상시민들과 섞여 살았지만 그 정신과 태도, 목표와 가치는 그들과 전혀 다른 자들이었음이 드러날 것이다. 하나님 나라의 간첩들은 속히 아들이 돌아와서 하나님의 정부를 세워주시기를 바라는 오직 한 가지 소원만을 가지고 있다.

21. 교만의 위험

C. S. 루이스는 아름답고 고상한 것일수록 타락하면 더욱 흉하고 사악한 것이 된다고 말한 적이 있다. 우리는 루이스가 말한 것을 삶에서 종종 목격한다. 가장 교활하고 사악한 범죄를 저지르는 자들은 무식하고 못 배운 자들이 아니라 오히려 가장 똑똑하고 많이 배운 자들 중에 있다. 또 우리가 고상하게 여기는 덕일수록 그 앞에 "자기"가 붙으면 더욱 흉한 악이 된다. 영광은 하나님의 본성을 반영하는 것으로서 참된 영광을 추구하는 것은 지극히 아름다운 일이다. 하지만 영광 앞에 자기가 붙으면, 다시 말해서 자기영광을 추구하게 되면, 추하고 불순해진다. 의는 하나님의 뜻에 합한 것으로서 참된 하나님의 자녀들이라면 그 중심에 사모하는 바다. 하지만 이 의 앞에 자기가 붙어서 자기의(self-righteousness)가 될 때 얼마나 불쾌하고 고약한 것이 되는가? 인간의 문제는 언제나 이 자기다. 인간이 아무리 고상하고 아름다운 가치를 추구한다 해도 그 속에 자기가 포함되는 한 그러한 모든 시도는 실패로 끝날 수밖에 없다. 오히려 우리가 추구하는 가치가 고상하면 할수록 자아로 인해 변질 될 때 더욱 추하고 악한 것이 되고 만다.

이렇듯 모든 것을 망쳐 놓는 이 자기 또는 자아란 도대체 무엇인가? 그것은 하나님을 거부하고 자기를 주장하려고 하는 태도로서 바로 교만이다. 많은 신학자들은 죄의 본질을 이 교만으로 보았다. 교만은 자기를 중심에 두고자 하는 성향으로서 모든 것을 자기를 중심으로 보고 자기 뜻대로 움직이고자 한다. 교만은 자기를 높이고 자기가 영광을 받고자 한다. 한 마디로 교만은 자기가 하나님 노릇하고자 하는 것이다. 이것이 죄의 본질이다. 이 교만의 위험성과 간교함은 그것이 우리를 근본에서부터 사로잡고 있기 때문에, 웬만해선 스스로 깨달을 수 없고 또 깨닫는다 해도 거기서 쉽게 벗어날 수 없다는 데 있다. 오직 하나님의 은혜만이 우리를 교만에서 벗어날 수 있게 해 주신다. 성령님께서 우리의 눈을 뜨게 해 주시면 우리는 우리 자신의 교만과 자기중심성을 깨닫게 되고, 비로소 회개하고 거기서 벗어날 수 있다. 자기 또는 교만은 가장 아름다운 것을 가장 흉하게, 가장 선한 것을 가장 악하게 만드는 영혼의 독소다.

교만은 흔히 자기가 장점이라고 생각하는 것을 의지하고 자랑하는 모습으로 표출된다. (하지만 교만은 타락한 인간성의 근본에 자리 잡고 있기 때문에 자랑거리가 없는 사람도 여전히 교만하다.) 그래서 어떤 사람은 가문을, 어떤 사람은 학벌을, 또 어떤 사람은 재물을 자랑한다. 여기서도 C. S. 루이스가 말한 원리가 적용되는데, 자랑의 근거가 고상하면 할수록 그 교만은 더욱 추하고 악취가 난다는 것이다. 외모나 재능, 지식을 자랑하는 사람보다 자신의 도덕적 우월성,

즉 자기 의를 자랑하는 사람이 더욱 나쁘다. 그것은 의가 외모, 재능, 지식보다 더욱 고상하기 때문이다. 모든 교만이 흉하고 불쾌한 중에 신앙적 교만이 가장 악한 것은 그런 이유에서다. 주님이 다른 죄인들과는 교제도 하시고 긍휼히 여겨주기도 하셨지만, 유독 바리새인들에 대해서만은 준엄하셨던 것은 그들의 교만이 그만큼 위험하고 심각한 것이었기 때문이다. 그들은 스스로 율법과 의의 전문가로 자처하면서 율법을 모르거나 잘 지키지 못하는 사람들을 경멸하고, 그들에 대해 우월감을 가졌던 자들이었다. 하지만 아이러니한 사실은 그들이 죄인으로 비난했던 자들은 의의 실체이신 주님이 오셨을 때 받아들였던 반면에, 의를 추구한다고 하던 그들은 주님을 배척했다는 것이다. 그들은 자기 의로 충만해 있었기 때문에 참된 의를 볼 수도 없었고 받아들일 수 없었던 것이다.

영어에 "holier than thou"라는 말이 있다. 우리말로 "당신보단 거룩해(또는 신령해)" 정도로 옮길 수 있다. 이 말은 믿음의 교만을 가리키는 표현이다. 우리는 잘 믿는다고 하는 사람들 중에 이런 태도를 지닌 사람들을 종종 본다. 몇 대째 기독교 집안이라거나 또는 부모님이 장로, 권사이셨음을 내세우는 자들은 그래도 나은 편이다. 그러한 자랑은 껍데기에 불과하기 때문이다. 오히려 열심을 내면서 자신의 경건과 봉사, 은사 체험 등을 자랑하는 사람들이 더 위험하다. 그보다 더 위험한 것은 말씀을 사모하고 훌륭한 영적지도자들의 가르침을 통해 신령한 삶의 원리를 터득했고 내면의 성결을 추구한다고 하는 자들이 드러내는 영적 우월감이다. 참으로 신령한 자, 참으로 거룩한 자는 어떤 자인가? 어린아이처럼 순수하고 겸손한 사람이다. 자기가 남보다 잘났다고는 꿈에도 생각하지 못하는 깨어진 사람이다. "당신보단 거룩해"가 아니라 "당신보단 부족해"가 참으로 신령한 사람의 태도다. 가식으로가 아니라 하나님의 은혜가 아니었다면, 나는 그 어떤 사람보다도 더 악하고 못된 사람이 되었을 것이라고 진심으로 생각하기 때문이다.

22. 무익한 종

누가복음 17장을 묵상하던 중 주님이 제자들에게 무익한 종의 비유를 말씀하신 것을 읽고 나는 가슴이 서늘해짐을 느꼈다. 너무 가혹하다는 생각이 들었기 때문이다. 밭에 나가서 하루 종일 일하고 지친 몸을 이끌고 집에 들어오면 맛있는 식사가 준비되어 있어서 먹고 쉬어야 하지 않겠는가? 그런데 종이 맞는 상황은 너무나 다르다. 자신을 위해 식사가 준비되어 있는 것이 아니라 자신이 이제부터 음식을 만들어야 하며, 그것도 자신보다 먼저 주인을 위해서 그렇게 해야 한다. 더욱이 주인이 먹는 동안 옆에서 시중을 들어야 하고 그후에야 자신이 먹을 수 있다. 이쯤 되면 "나 종 안 해"라고 말하고 그만 두고 싶은 심정이 굴뚝같아진다. 그런데 주님은 여기서 한 걸음 더 나아가신다. 그렇게 시킨 대로 다 하고도 종은 자신을 무익한 종이라고 말해야 한다는 것이다. "이와 같이 너희도 명령받은 것을 다 행한 후에 이르기를 우리는 무익한 종이라 우리의 하여야 할 일을 한 것 뿐이라 할지니라."

 이 비유에 대해 너무 심하다고 느끼거나 반발심이 생긴다면, 그것은 종이 어떤 존재인지를 제대로 이해하지 못했기 때문이다. 종이란 그런 존재다. 종은 자기 자신이 아니라 오직 주인만을 위해 존재한다. 이 비유를 읽고 나는 정신이 번쩍 들었다. 마치 한 대 얻어맞은 것 같았다. 나는 그 동안 종에 대해 너무 낭만적으로 또한 감상적으로 생각해왔다. 스스로 유익한 종이라고 착각하고 있었다. 종의 실상이 과연 이런 것이라면, 과연 나는 종의 길을 계속 갈 수 있겠는가 자문해 보지 않을 수 없었다. "그렇다"라고 대답했다. 그 이유는 첫째, 주님 자신이 먼저 종의 길을 가셨기 때문이다. 더욱이 주님은 주인으로서 종들을 섬기셨고 종들을 위해 목숨을 버리셨다. 주님은 자신이 가지 않으신 길을 우리에게 명하시는 것이 아니다. 먼저 그 길을 가셨고 그 뒤를 따라오라고 하시는 것이다. 둘째, 내가 주님의 종이 되고자 하는 것은 주님을 사랑하기 때문이다. 그분이 먼저 나를 사랑하셨기에 이제 나도 그분을 사랑하게 되었다. 사랑은 종의 모든 의무와 역할을 기쁨으로 바꾸어놓는다. 종됨의 비밀은 사랑이다. 무익한 종의 비유가 황당하게 느껴진다면 그것은 종에 대한 주인의 희생적 사랑과 주인에 대한 종의 보은적 사랑을 모르기 때문이다. 셋째, 종의 길이야말로 생명과 위대함에 이르는 길이기 때문이다. 하나님 나라에서는 섬기는 자가 위대한 자다. 이것이 제자도의 역설적 진리다. 우리는 기꺼이 무익한 종의 길을 가려는가?

23. 부자, 어리석은 그리스도인

누가복음 12:16-21에는 예수님의 유명한 "어리석은 부자의 비유"가 나온다. 그는 어느 해에 풍년이 들고 밭에 소출이 풍성하자 곡간을 크게 짓고 곡식을 가득 쌓아 놓은 후 자신에게 이렇게 말한다. "내 영혼아, 여러 해 쓸 물건을 쌓아두었으니 평안히 쉬고, 먹고 마시고 즐거워하자." 이에 하나님은 그를 보시고 "어리석은 자여, 네 영혼을 오늘 밤 도로 찾으리니 그러면 네 예비한 것이 뉘 것이 되겠느냐?"고 책망하셨다. 주님은 이 부자의 문제가 자기를 위하여 재물은 쌓아두었으나, 하나님께 대해 부요하지 못했던 것이라고 말씀하셨다. 이 이야기를 읽고 즉각 느낀 것은 이 부자는 어리석기는커녕 꽤 괜찮은 사람 같다는 것이다. 그는 첫째, 부지런한 사람이었다. 농사를 지어 부를 쌓는 것은 요행이나 일확천금을 바라는 것과는 거리가 멀다. 땅은 정직하다. 일한 만큼 준다. 이 부자는 부를 모으기 위해 남을 속이거나 해친 적이 없다. 이 사람이 부자가 된 것은 열심히 수고하고 노력한 결과임을 알 수 있다. 둘째, 이 부자는 장래를 대비할 줄 아는 지혜로운 사람이었다. 그는 곡식을 많이 거두었다고 해서 당장 흥청망청 탕진한 것이 아니라, 여러 해 쓸 수 있도록 곡간에 쌓아두었다. 그는 저축할 줄 알고 규모 있게 재산을 관리할 줄 아는 사람이었다. 이 부자처럼 열심히 정직히 벌어서 노후를 편히 지내고 싶어 하는 것이 대부분의 사람들의 꿈이 아니겠는가? 이 사람에게 문제가 있었다면, 다만 너무 일찍 죽었다는 것뿐이다. 사람들은 이렇게 말할 것이다. "쯧쯧, 정말 안됐어. 그렇게 고생해서 이제 좀 살만하니까 벌써 세상을 떠나다니…"

주님은 바로 이 점 때문에 그를 어리석다고 하신 것이다. 그는 다 잘했지만 결정적으로 하나님을 계산에 넣지 않았다. 그처럼 자신의 힘으로 인생을 꾸려가는 사람들의 특징은 이런 것이다. "저는 하나님의 도움을 원하지 않습니다. 제가 노력해서 제 힘으로 인생을 개척할 것입니다. 그러니 제 일에 간섭하지 마십시오. 복은 주지 않으셔도 좋으니 방해나 하지 마십시오." 하지만 인간은 그 존재와 삶 자체를 하나님께 의존하고 있는 존재다. 인간은 하나님과 무관하게 지낼 수 없다. 오늘 내가 살아서 숨을 쉬고 있는 것은 하나님이 생명을 공급해 주시기 때문에 가능한 것이다. 따라서 하나님이 생명을 거둬 가시면, 우리의 영혼을 도로 찾으시면, 우리는 이생을 떠날 수밖에 없다. 이 부자는 실상 가장 중요한 점을 간과하고 있었다. 주님의 동생 야고보도 이 비유를 연상케 하는 비슷한 교훈을 준다. 어떤 사람이 오늘이나 내일 어떤 도시에 가서 거기서 일 년 동안 장사를 해서 큰돈을 벌겠다고 자랑할 때 그는 자신의 생명이 잠시 보이다가 사라지는 안개와 같음을 잊고 있는 것이라고 야고보는 지적한다. 오히려 우리는 "주님의 뜻이면 우리가 이

것도 하고 저것도 하리라"고 말해야 한다는 것이다. 하나님을 계산에 넣지 않은 계획은 허탄한 자랑이며 악한 것이다(약 4:13-17). 바로 이것이다. 무엇보다도 먼저 하나님을 계산에 넣어야 한다. 하나님께 대해 부요해야 한다. 내 인생의 주인이 하나님이시므로 먼저 그분의 뜻을 묻고 그분의 허락하심을 좇아 인생을 계획하고 살아야 하는 것이다. 아무리 세상의 기준 또는 내 기준에 따라 성공해도 하나님의 기준에 맞지 않으면 실패한 인생이 될 뿐이다.

나는 이 어리석은 부자의 비유를 조금 바꾸면 어리석은 그리스도인의 비유가 될 수 있다고 생각한다. 그리스도인들도 이 부자와 비슷한 자들이 많다. 다만 한 가지 차이가 있다면 여러 해 쓸 물건을 쌓아놓은 뒤에 자기 혼자 먹고 마시고 즐거워하겠다는 것이 아니라, 남도 돕고 주님의 일도 하겠다는 것이다. 많은 그리스도인들이 지금 당장은 일단 먹고 사는 문제를 해결해야 하기 때문에, 또는 좀 더 삶의 기반을 닦아야 하기 때문에, 주님의 일은 뒤로 미룰 수밖에 없다고 말한다. 그들의 말을 액면 그대로 다 받아들여 그들의 동기의 순수함을 인정한다 해도, 그들 역시 어리석기는 마찬가지다. 왜냐하면 그들의 영혼 역시 언제 하나님이 불러 가실지 알 수 없기 때문이다. "그이가 좀 더 안정된 후에는 주님의 일을 열심히 하겠다고 했는데, 그만 이렇게 빨리 가게 될 줄 몰랐어요"라고 울면서 애통해 한들 무슨 소용이 있겠는가? 우리는 출발부터 하나님을 계산에 넣어야 한다. 하나님이 주인이시기 때문이다. 그래서 주님은 "먼저" 하나님의 나라와 그의 의를 구하라고 말씀하셨던 것이다. 하나님은 내 인생 계획에 덧붙여지시는 분이 아니다. 처음부터 그분이 주장하시고 그분이 이끄셔야 한다. 야고보도 위의 예를 든 후에 결론으로 "사람이 선을 행할 줄 알고도 행치 아니하면 죄니라"고 말했던 것이다. 세월이 참 빠르다. 한 해 한 해 이렇게 보내다 어느새 인생 자체를 마감할 때가 올 것이다. 나는 그 때를 내다보며 준비하며 사는가? 모세의 기도가 절로 나온다. "우리에게 우리 날 계수함을 가르치사 지혜의 마음을 얻게 하소서."

24. 선한 사마리아인

누가복음 10장에는 예수님의 유명한 비유인 선한 사마리아인의 이야기가 나온다. 한 율법사가 예수님과의 문답에서 하나님 사랑과 이웃 사랑이 가장 중요한 계명임을 확인한 후에 "그러면 내 이웃이 누구오니이까?"라고 묻자 주님은 이 비유로 답변하셨다. 이 율법사의 의도는 분명했다. 그는 예수님의 입에서 내 몸처럼 사랑해야 할 이웃은 바로 자신과 같은 동족인 유대인임을 확인하고 싶었던 것이다. 하지만 예수님의 대답은 전혀 뜻밖이었다. 제사장도 레위인도 아닌 사마리아인이 참된 이웃이 되었음을 말씀하셨던 것이다. 이 비유가 가르치는 바는 명백하다. 우리가 사랑해야 할 이웃에는 제한이 없다는 것이다. 우리의 도움을 필요로 하는 자는 누구나 다 우리의 이웃이다. 주님은 유대인들이 가장 경멸하는 사마리아인을 유대인들이 가장 거룩하게 여기는 제사장과 레위인과 대조시키심으로써 이 점을 극명하게 드러내셨다. 주님은 비유의 천재셨다. 동족은 사랑하고 이방인들은 미워하도록 가르침을 받아온 유대인들은 이 비유를 듣고 충격을 받았을 것이다. 그들은 이후로 이웃을 생각할 때면 자신들이 가장 불편하게 생각하는 대상이 떠올랐을 것이고, 이웃사랑이 자신들이 사랑한다고 자부하는 율법의 고상한 가르침 정도가 아니라 자신의 편견과 교만을 깨트리지 않고서는 실천할 수 없는 엄중한 계명임을 절실히 깨달았을 것이다.

이런 정도는 누구나 이 비유를 대강만 읽어도 파악할 수 있는 교훈이다. 하지만 이 비유를 좀 더 깊이 살펴보면 몇 가지 미묘한 점들을 보게 된다. 첫째, 주님의 대답은 이 율법사의 질문에 직접 대응되지 않고 약간 초점이 비켜간 듯 보인다는 것이다. 이 율법사의 질문은 내가 사랑해야 할 이웃은 누구냐는 것인데, 그렇다면 그 답은 강도 만난 자여야 한다. 하지만 주님은 이웃사랑의 대상이 아니라 이웃사랑을 바로 실천한 사람에 대해 말씀하셨다. 다시 말해서 이 사마리아인은 단지 혈통적 편견을 뛰어넘어 이웃으로 등장하는 정도가 아니라, 이웃사랑을 제대로 실천한 선한 사람으로 제시되고 있다는 것이다. 그는 제사장도 레위인도 지키지 못한 이웃사랑의 율법을 실천함으로써 하나님 앞에서 유대인보다 더 의로운 사람으로 드러나고 있다. 주님은 단지 사마리아인도 유대인의 이웃이라고 말씀하신 정도가 아니라, 오히려 그들을 더 우월하게 묘사하심으로써 율법을 자랑하면서도 실제로는 지키지 않는 유대인들의 실상을 꼬집으셨던 것이다. 시주 받으러 온 스님들에게 쌀을 퍼드리지는 못할망정 "우린 교회 다녀요"라는 앙칼진 목소리로 적대시하는 교인들은 이 비유를 깊이 새겨들어야 할 것이다.

둘째, 제사장과 레위인은 왜 강도 만난 자를 돕지 않고 피해갔느냐 하는 점이다. 그들은 자신들도 위험하다고 생각했거나 또는 단지 귀찮게 여겼을 수도 있다. 하지만 그들의 종교적 신분으로 볼 때 그들은 시체-죽은 것처럼 보였을 테니까-에 접촉함으로써 부정케 됨을 피하고자 했을 수도 있다. 만일 이러한 이유에서였다면 주님은 이웃사랑이 그 어떤 정결규례보다 더 중요함을 지적하신 것이다. (주님 자신도 안식일에 병자를 고치신다고 얼마나 핍박을 받으셨던가?) 정결법에 목숨 걸만큼 철저했던 율법사나 바리새인들의 입장에서는 쉽게 동의하기 어려운 관점이었을 것이다. 하지만 주님은 의(justice)와 인(mercy)과 신(faithfulness)이야말로 율법의 더욱 중요한 정신이라고 분명히 밝히셨다(마 23:23). 우리도 신앙생활의 초점을 과연 이웃사랑에 두고 있는지 아니면 종교 활동에 두고 있는지 돌이켜 볼 일이다.

셋째, 사랑의 본질이다. 사랑은 감정이 아니라 의지요 행동이다. 이 사마리아인 역시 유대인들을 좋아하기는 어려웠을 것이다. 그들 사이에 오래 쌓여 온 불신과 적대감정이 이 사람에게는 없었다고 말할 수 없다. 더욱이 강도 만나서 피 흘리고 쓰려져 있는 사람이 무슨 매력 있는 이웃이 되겠는가? 이웃사랑의 계명은 감정적으로 좋아하라는 것이 아니라 의지적으로 (행동으로) 자비를 베풀라는 것이다. 이 사람은 자신의 위험과 손해를 무릅쓰고 끝까지 희생적으로 선을 베풀었다. 무뚝뚝하고 일견 고약해보이기까지 하는 사나운 테레사 수녀님이 사랑의 성녀로 추앙받는 이유도 그분의 자기희생적 선행에 있다. 사랑을 낭만적으로 노래하는 문인들과 지적으로 논하는 철인들이 아니라 행동으로 실천하는 자만이 진정 사랑을 알 수 있다. 우리는 어느 쪽인가?

끝으로 주님 자신이야말로 선한 사마리아인이심을 보아야 한다. 주님은 바로 앞장에서 예루살렘으로 올라가시기 위해 사마리아인들의 땅을 통과하시려다 그들로부터 배척을 당하셨다. 그럼에도 주님은 자신의 비유의 주인공을 사마리아인으로 설정하셨다. 원수도 사랑하시는 주님의 모습이다.

이 비유에서 우리는 강도 만난 자이다. 스스로 일어날 수 없어 신음하며 쓰러져 있는 우리를 선한 사마리아인 같은 주님이 살려주셨다. 주님은 우리를 사랑하사 우리를 위해 자기 몸을 버리신 선한 이웃이다.

25. 현대판 바리새인들

누가복음 18장에는 "자기를 의롭다고 믿고 다른 사람을 멸시하는 자들"의 실상을 드러내는 주님의 유명한 비유가 나온다. 두 사람이 성전에 기도하러 올라갔는데, 한 사람은 바리새인이었고 다른 사람은 세리였다. 바리새인은 서서 자신에 대해, 또는 자기에게 (우리말 성경에는 "따로"로 되어 있음) 기도했다. 그의 기도는 시종일관 자신에 대한 자랑이었고, 자신을 남과 비교해서 우월하게 느끼는 자기 도취적 내용으로 가득 차 있었다. 그의 감사는 실상 감사가 아니라 자랑이었다. 반면에 세리는 "멀리 서서" (이 표현을 읽을 때 가슴이 찡하지 않은가?) 가슴을 치며 회개하는 기도를 했다. 주님은 하나님께 의롭다함을 받고 내려간 사람은 바리새인이 아니고 세리였다고 말씀하셨다.

우리는 이 비유를 읽을 때 바리새인의 교만한 태도에 대해서는 분노를, 세리에 대해서는 연민의 정을 느낀다. 그리고 하나님이 세리의 손을 들어주신 것이 당연하다고 생각한다. 우리는 성경에서 바리새인들의 위선과 교만을 대할 때 불쾌감을 느끼고 우리 주변에 있는 현대판 바리새인들을 향해 공격적 언사와 비난을 퍼부어

댄다. 하지만 누가 현대판 바리새인인가? 이 비유를 읽고 즉각 자신을 세리와 동일시하고 바리새인을 경멸하는 사람이야말로 진짜 바리새인이다. 교회와 교인들의 위선을 공격하고 비난하는 사람들은 자신들 역시 그들에 못지않은, 아니 어쩌면 그들보다 더한 바리새인임을 알아야 한다. 세리가 의롭다함을 받은 것은 죄책감으로 인해 깨어진 심령과 하나님의 자비만을 구했던 믿음 때문이었지, 그가 행한 일이 옳았다거나 그의 입장이 당당했기 때문은 아니었다. 세리는 이 점을 잘 알았기에 가슴을 치며 애통해 했던 것이다.

이 비유를 읽을 때 가슴이 뜨끔해서 자신의 모습을 되돌아보고 반성하는 사람, "내가 바리새인입니다"라고 애통해하는 사람은 이 비유의 세리에 해당하고, 주변의 바리새인 같은 교인들에 대해 이가 갈린다고 분노하는 사람은 오히려 이 비유의 바리새인에 해당함을 알아야 한다. 주님이 세리와 창기들을 용납해주셨다고 해서 자신은 죄 가운데 살면서도 당당하고, 오히려 말씀대로 살려고 애쓰지만 잘 안돼서 안타까워하는 사람들을 바리새인으로 모는 자들이야말로 현대판 바리새인이다. 자신의 죄에 대한 애통함이 없는 사람, 남을 비판하는 사람은 다 바리새인이다. 세리는 바리새인을 비판한 적이 없지 않은가?

26. 아름다운 사람

사람이 꽃보다 아름답다는 말을 어디선가 읽은 적이 있다. 이 말은 물론 모든 사람이 항상 아름답다는 뜻은 아닐 것이다. 특별히 너무나 아름답고 감동적인 성품을 지닌 사람을 어쩌다 보았기 때문에 나온 감탄일 것이다. 하지만 많은 사람들은 아름다운 사람을 별로 보지 못했다고 생각할 것이다. 소설가 김훈은 그의 작품 <공무도하>에서 "인간은 비루하고, 인간은 치사하고, 인간은 던적스럽다. 이것이 인간의 당면문제다"라고 말하는데, 나는 그 소설을 읽고 그 말에 깊이 공감했다. 사실 대부분의 사람들은 아름답지 않다. 아름답기는커녕 때론 견디기 힘들 정도다. 오죽하면 사르트르는 "지옥은 타인이다"라고 말했겠는가?

하지만 드물어도 아름다운 사람들을 만날 때가 있다. 눈여겨보지 않으면 지나치기 쉽지만 은은하게 향기를 발하는 사람, 왠지 옆에 가까이 가고 싶은 사람, 마음에 상쾌함을 느끼게 해 주는 사람들이 있다. 그런 사람들의 특징은 무엇인가? 여러 가지가 있겠지만 그 중 하나는 감사하는 태도다. 그들은 작은 일에도 감사하고, 늘 모든 일에 감사한다. 예의상 감사하다는 말을 입에 붙이고 다니는 것이 아니라 마음에서부터 진심으로 감사한다. 감사하는 사람은 아름답다. 왜 그런가? 감사는 겸손한 마음에서만 나올 수 있기 때문이다. 겸손한 사람은 자신이 받은 작은 친절도 그것이 은혜임을 알고 감사한다. 반면에 교만한 사람은 감사할 줄 모른다. 그런 사람들은 도움을 받아도 당연하다고 생각하고 대접을 받으면, 그 대접이 시원치 않았다고 불평하기 일쑤다. 그들은 자신들이 받는 도움이나 대접이 은혜라고 생각해 본 적이 없다. 마땅히 받아야할 권리가 자신들에게 있다고 생각하기 때문이다. 감사와 불평은 마음의 상태를 반영한다. 겸손에서 감사가 나오고, 교만에서 불평이 나온다. 감사하는 사람이 아름답다면 불평하는 사람처럼 추한 사람은 없다. 물론 이것은 내면을 일컫는 것이지만, 실제 내면의 모습이 외부로 드러나는 것도 사실이다. 외모가 아니라 내면의 상태가 한 사람의 전체 인상을 좌우하기 때문이다. 감사하는 사람은 불평하는 사람과 함께 있어도 감사하지만, 불평하는 사람은 감사하는 사람과 함께 있어도 불평한다. (사르트르 역시 주변 사람들에게 지옥이었을 가능성이 크다.)

    감사의 비결은 하나님을 아는 것이다. 하나님을 알 때 우리는 자신의 실상을 깨닫고 겸손해진다. 겸손한 자만이 은혜를 알고, 감사하는 사람만이 아름답다.

27. 바늘귀를 통과한 부자

성경에서 가장 경계하는 죄는 우상숭배다. 참 하나님을 떠나 거짓 신들을 섬기는 것은 모든 죄의 근본이기 때문이다. 문명사회에 사는 현대인들은 더 이상 돌이나 나무로 만든 신상을 섬기지는 않을 것이다. 하지만 그보다 더 교묘한 우상숭배가 있는데, 그것은 바로 탐심, 즉 돈을 사랑하는 것이다. 주님은 우리가 하나님과 재물을 겸하여 섬길 수 없다고 말씀하셨고, 바울도 탐심을 우상숭배라고 지적했다. 히브리서의 저자는 "돈을 사랑치 말고 있는 바를 족한 줄로 여기라"고 분명히 말한다. 하지만 현대의 그리스도인들은 이 말을 심각하게 듣지 않는다. 그 이유는 우리의 구원은 행위가 아닌 믿음으로 받는 것이라고 생각하기 때문이다. 물론 이러한 생각은 바울의 가르침을 곡해한 것이지만, 어쨌든 그 이전에 우리는 주님 자신이 부자가 하나님 나라에 들어가는 것은 낙타가 바늘귀를 통과하는 것보다 더 힘들다고 하신 말씀을 기억해야 할 것이다. 탐심을 버리기가 그만큼 어렵다는 뜻이다. 하지만 사람으로서는 할 수 없어도 하나님은 다 하실 수 있다. 이 말은 부자가 탐심을 버리지 않아도 하나님은 은혜로 구원해 주신다는 뜻이 아니라, 하나님의 은혜는 부자로 하여금 탐심을 버릴 수 있게 해 주신다는 뜻이다. 삭개오가 그 대표적인 예다. 그는 예수님을 만난 후 자신의 재산의 절반을 가난한 자들에게 나눠주고, 토색한 것이 있으면 네 배나 갚겠다고 말했다. 사족으로, 탐심은 부자만의 문제가 아니다.

 이런 상상을 해 본다. 지금은 돈이 많은 것이 힘이요 자랑이고 또 자기의 재산을 모두 제 것이라고 생각하지만, 언젠가 보좌 앞에 서는 날, 사람들은 확연히 깨닫게 될 것이라고. 자기 재산은 자기 것이 아니었고 하나님이 선한 일을 하라고 맡기신 것이었음을. 또 많이 모은 것이 아니라 많이 베푼 것이 남는 것이었음을. 그때 탐심을 부렸던 자들은 자기가 베풀지 못한 재산, 욕심껏 움켜쥐었던 재산이 모두 썩어 있는 것과 가지고 있는 모든 것이 빚이라는 것을 깨닫게 될 것이라고. 그들은 급하게 주위 사람들에게 제발 자신의 재산을 받아달라고 애원하지만, 이미 너무 늦어있을 것이라고.

 현대 교회는 맘몬주의에 사로잡혀 있다. 돈을 사랑하지 말라고 하셨거늘, 너무 돈을 사랑하여 끊임없이 축복을 갈구하며 부자 되는 것이 신앙의 보증이요 성공이라고 생각한다. 바늘귀를 통과해야한다는 생각이 전혀 없는 것이다. 우리는 모두 자신에게 이렇게 물어야 한다. 나는 바늘귀를 통과했는가?

28. 착한 사람

바울은 로마서 5장에서 "의인을 위하여 죽는 자가 쉽지 않고 선인을 위하여 용감히 죽는 자가 혹 있다"고 말한다. 여기서 의인과 선인에 대해 주석가들 간에 의견이 나뉜다. 어떤 이들은 큰 차이가 없는 것으로 보고, 어떤 이들은 후자를 사람으로 보지 않고 선, 즉 공공의 유익으로 본다. 반면에 로이드 존스는 의인을 모든 면에서 율법에서 어긋남이 없이 바르게 행하는 사람으로 설명하고, 선인은 그러한 의로움에 더해서 사랑으로 행하는 자로 설명한다. 단지 옳고 그름의 차원에 머물지 않고 이웃을 위해 기꺼이 희생하고자 하는 자가 선인이라는 것이다. 그러한 자를 위해서라면 용감히 죽고자 하는 자가 혹 있을 수 있다는 것이다. 하지만 우리는 선인은커녕 의인도 아니고 죄인이었는데도 그리스도께서 우리를 위해 죽으셨으니, 하나님의 사랑이 얼마나 큰지를 알아야 한다.

하나님이 우리에게 원하시는 것은 율법적으로 흠이 없는 의인이 되는 것에 머무는 것이 아니라, 더 나아가 기꺼이 희생적 사랑을 실천하는 선인이 되는 것임이 분명하다. 주님은 산상수훈에서 당신의 제자들에게 원수 사랑의 수준을 요구하시면서 그런 자들이야말로 하나님의 아들이라고 말씀하셨다. 왜냐하면 하나님 자신이 해와 비를 선인과 악인에게 골고루 주시는 분이시기 때문이다. 우리 하나님은 무엇보다도 선하신 분이시다. 우리에게 필요한 것은 바로 이 선, 즉 착함의 비전에 눈을 뜨는 것이다. 그리스도인은 무엇보다도 착한 사람들이어야 한다. 사랑은 이웃에게 선을 베푸는 것인데, 착하지 않은 사람은 하나님의 사랑을 실천할 수 없기 때문이다. 착한 사람들은 언제나 남을 먼저 생각하고 남이 잘되기를 기꺼이 바란다. 착한 사람들은 계산적이지 않다. 기꺼이 손해도 감수하려고 하며, 남을 공격하지 않고 자신이 공격을 받을 때 아파하면서도 반격하지 않는다. 착한 사람들은 악을 너무 미워하고 혐오하기 때문에 자신의 마음이 악에 사로잡히는 것을 무엇보다도 두려워하고 거부한다. 그래서 악을 악으로 갚지 않는 것이다. 하나님은 우리가 당신을 닮은 착한 사람들이 되게 하시려고 우리를 구원하셨다. 무엇보다도 착한 사람이 되기를 염원하자. 착한 행동 이전에 착한 성품을 갖게 해 달라고 기도하자. 그리고 우리 아이들을 잘나고 똑똑한 사람보다는 착한 사람이 되도록 키우자.

29. 말씀을 갈망하는 사람

목사들이 모여서 나누는 대화엔 거의 언제나 설교가 등장하기 마련이다. 설교에 대해 논하다보면 좋은 설교가 무엇인지에 대해 기준이 애매하다는 생각이 든다. 단지 청중의 반응이 좋은 것만으론 설교를 바로 평할 수 없다. 그 청중의 상태가 어떠냐 하는 것이 고려되어야 하기 때문이다. "긍정의 힘"의 저자 조엘 오스틴 목사가 인도하는 예배에는 수만 명의 사람들이 몰려들지만 그의 설교는 전형적인 기복주의 설교로서 바른 하나님의 말씀의 선포라고 할 수 없다. 그렇다고 바른 말씀을 지루하게 설교해도 좋다는 말은 아니다. 좋은 설교는 하나님의 말씀을 성령의 능력으로 바로 전해서 듣는 자들이 살아나게 하는 설교다. 문제는 생명이다. 듣는 자가 살아나는가 하는 것이다. 이렇게 볼 때 설교는 일방적이지 않고 쌍방적이다. 외치는 자만 아니라 듣는 자도 중요하다. 주님이 오병이어로 오천 명을 먹이신 후 많은 사람이 주님을 따랐다. 하지만 주님은 그들이 듣기 거북해 할 말씀만 하셔서 스스로 인기를 상실하셨다. 그들은 먹고 배부를 수 있는 육신의 떡을 기대했는데, 주님은 당신이 생명의 떡이니 당신을 먹으라는 이상한 말씀을 하셨기 때문이다. 하지만 모두 떠나간 후에도 제자들은 남았다. 베드로는 주님께 영생의 말씀이 있기 때문에 다른 이에게로 갈 수 없다는 감동적인 신앙고백을 한다. 문제는 듣는 자가 영생의 말씀을 사모하는가 하는 것이다.

설교자의 입장에서 본다면 듣고자 하는 태도를 가진 사람처럼 반가운 대상이 없다. 들을 마음이 없는 사람까지 끌어들이는 탁월한 흡인력이 내겐 없다. 나는 다만 듣고자 하는 사람이 들을 것이 없어서 실망하는 그런 설교는 하지 말자고 다짐할 뿐이다. 따라서 내게 가장 중요한 것은 청중의 말씀식욕이다. 문제는 아이들이 패스트푸드를 좋아하듯 우리도 영적 패스트푸드를 찾을 때가 많다는 것이다. 내 손이 주로 가는 책은 어떤 것인가? 내가 젖어들고 싶은 감정의 상태는 어떤 것인가? 나는 어떤 영화, 음악, 소설, 드라마에서 감동을 느끼고 심령의 목마름을 채우는가? 나는 하나님의 말씀을 순전하고 신령한 젖처럼 사모하는가? 그렇지 않다면 지금 내 믿음은 건강한 상태에 있지 않은 것이다. 말씀식욕이야말로 영적 건강상태를 보여주는 바로미터다. 주님은 우리가 떡으로만 아니라 하나님의 말씀으로 산다고 하셨다. 하나님의 말씀을 먹지 않으면 우리의 심령은 결코 강건해질 수 없다. 말씀을 먹는 것은 주님을 먹는 것이다. 주님을 먹는 자만이 산다. 나의 말씀식욕은 왕성한가?

30. 열등감

열등감처럼 사람을 위축시키는 정신의 질병도 없을 것이다. 열등감에 빠지면 자신감을 잃게 되고, 내가 충분히 잘할 수 있는 것도 잘 못하게 된다. 열등감의 한 형태인 자격지심은 외부에서 자극을 주지 않아도 스스로 자신을 옭아맴으로써 위축시키고 폐쇄적인 태도를 갖게 만든다. 열등감은 일종의 심리적 중풍처럼 우리의 내면을 마비시키고 정상적인 활동과 감정의 순리적 반응을 방해한다. 그렇다면 열등감의 원인은 무엇인가? 그것은 비교의식과 교만이다. 열등감은 언제나 비교에서 비롯된다. 남과 나를 비교할 때 거기에는 필연적으로 우열의 평가가 나오기 마련이다. 하지만 비교의식만으로는 열등감을 다 설명할 수 없다. 자신이 남보다 못한 것을 알면서도 편안한 사람도 있기 때문이다. 따라서 열등감의 또 다른 요소는 아이러니하게도 교만이다. 남보다 못한 자신을 받아들이지 못하고 그 사실을 부끄러워하게 만드는 것은 내가 남보다 잘나야 한다고 생각하는 교만이 내 속에 있기 때문이다. 우월감과 열등감은 동전의 앞뒷면과 같고 종이 한 장 차이다. 둘 다 비교의식을 근거로 하고 있고 남보다 자신을 높이고자 하는 교만에서 비롯된다.

 그렇다면 열등감에서 해방되는 길은 무엇인가? 그것은 내가 더 잘나고 뛰어난 사람이 되는 것이 아니다. 위에서 지적한 것처럼 우월감과 열등감은 문제의 양면일 뿐이기 때문이다. 문제는 비교의식이다. 비교의식에 사로잡혀 있는 한 우리는 열등감과 우월감에서 벗어날 수 없다. 비교의식이란 나의 가치를 남보다 우월한 데서 찾으려는 충동이다. 이 성향은 어쨌든 타인에 의존되어 있다는 점에서 자유롭지 못하다. 우월감은 결국 우리의 사랑의 대상이 되어야 할 이웃을 나의 가치를 확인하기 위해 비교의식의 대상으로 삼는 교묘한 착취요 남용이다. 반면에 열등감은 그러한 충동의 좌절에 뒤따르는 상처받은 자존심이요 교만의 또 다른 모습일 뿐이다.

 열등감에서 벗어나는 진정한 길은 따라서 겸손이다. 겸손은 하나님을 신뢰하고 하나님의 사랑에 만족하는 것이다. 내 가치는 이웃과의 비교에서 우위를 차지함으로써 얻어지는 것이 아니라, 하나님이 나를 받아주시고 인정해 주심에 근거함을 아는 것이다. 우리는 하나님의 은혜와 사랑을 깨닫고 자기를 내려놓을 수 있을 때 비로소 겸손해 질 수 있고, 비교의식에서 벗어날 수 있으며, 내가 남보다 못하다 해도 부끄러워하지 않고 편안해질 수 있다. 겸손할 때에만 우리는 자신을 받아들일 수 있고 이웃을 진심으로 사랑할 수 있다.

31. 냉소주의

신앙생활에서 가장 경계해야 할 위험 중 하나는 냉소주의에 빠지는 것이다. 특히 신앙의 뜨거움을 체험해 본 사람, 열정적으로 헌신해 본 사람이 냉소적이 되면 거기서 빠져나오기가 너무 힘들다. 이런 사람들은 대개 "나도 다 알아. 나도 다 경험해 봤어"라는 반응을 보인다. 열심을 내는 사람들을 보면 뭘 몰라서 그렇다고 생각하고, 감격해 하는 사람들을 보면 순진해서 그렇다고 치부한다. 그들은 좀처럼 어린아이 같은 순수함을 회복하지 못한다. 닳고 닳아서 첫 사랑을 되찾기가 너무 힘들고, 웬만한 징계와 충격으로는 그 완악한 자아가 깨지지 않는다. 냉소주의는 실상 교만의 극치로서 거룩한 것, 경건한 것을 멸시하는 사탄적 마음상태이다. 냉소주의는 하나님을 두려워하는 경건과 가장 반대되는 태도다. 하나님의 권위에 대한 마지막 존중조차 집어치운 영적 막가파의 모습이다. 냉소주의는 은혜를 경멸함으로써 자멸에 이른다.

왜 냉소적인 태도에 빠지게 되는가? 하나님을 두려워하지 않기 때문이다. 신앙생활의 기본은 하나님을 하나님으로 인정하는 것이다. 성경은 이것을 하나님을 경외하는 것으로 표현하기도 하고 하나님을 사랑하는 것으로 말하기도 한다. 다른 말로 경건이라고 한다. 참으로 하나님을 알면 그 하나님 앞에 경건한 태도를 갖추지 않을 수 없다. 아무리 내 생각과 달라도, 아무리 내 마음이 힘들어도, 하나님이 하나님이시기 때문에 순복하지 않을 수 없는 것이다. 하나님을 무시하는 것이 아니라 자기를 억제하는 것이 경건한 사람의 기본 태도다. 이 기본 태도가 사라지면 걷잡을 수 없는 불경건의 길로 가게 된다. 이런 사람에게는 자아가 신(神)이다. 자기가 모든 것을 판단하고 결정하고 주장한다. 이미 자아에 사로잡혀 있기 때문에 자기를 돌아볼 수 있는 여유가 없다. 냉소적인 태도는 영적으로 죽음에 이르는 길이다. 여기에 빠지지 말아야 한다. 마음이 교만해지려고 하거나 모든 권위와 신성한 것을 부인하려는 반항심이 생기면, 즉시 자기를 쳐서 복종시켜야 한다. 필요하면 금식을 하고 애통하며 마음을 낮춰야 한다.

   냉소주의의 덫에 빠지지 말자. 우리가 계속 불순종과 교만의 길로 가면 하나님의 은혜에서 떨어질 수 있고, 회개가 불가능해지는 지경에 이르게 된다. 하나님은 당신을 존귀하게 여기는 자들을 존귀하게 여기시고, 멸시하는 자들을 멸시하신다. 하나님을 두려워하는 마음이 사라지는 것을 가장 두려워해야 한다.

32. 영혼의 호흡

승리하는 그리스도인의 삶을 위해서는 의를 행하는 것 뿐 아니라 죄를 자백하는 것이 꼭 필요하다. 우리는 아직 온전하지 않기 때문에 때로 넘어지고 죄에 빠지기도 한다. 그럴 때마다 죄를 자백하여 주님으로부터 사하심과 깨끗케 하심을 받고, 다시금 주님과의 교제를 회복할 수 있다. 실상 우리는 매일의 생활에서 매 순간 죄를 자백하는 것이 습관화되어 있어야 한다. 왜냐하면 죄란 어떤 큰 나쁜 일을 하는 것 뿐 아니라 우리의 생각이나 마음가짐의 어긋남도 다 포함하기 때문이다. 우리가 성령을 좇아 하지 않은 모든 일, 즉 우리의 자아로부터 나오는 모든 것이 죄다.

C.C.C. 총재였던 빌 브라이트 박사는 이렇게 죄 자백이 습관화되어 있는 삶을 '영혼의 호흡'이란 개념으로 가르쳤다. 우리의 신체가 날숨을 통해 이산화탄소를 내보내고 들숨을 통해 신선한 공기를 들이마시는 것처럼, 우리의 영혼도 죄 자백의 날숨과 성령 충만의 들숨을 통해 충만한 영적 생명을 이어갈 수 있다.

먼저 날숨을 생각해 보자. 우리의 마음을 성령이 지배하시면 우리는 영의 생각을 하게 되고 성령의 열매를 맺게 된다. 하지만 순간적으로 자아의 생각이나 욕심이 스며들어와 성령의 뜻이 아닌 내 뜻대로 판단하고 생각하고 욕심이나 고집을 부리게 될 때가 있는데, 이 때 우리는 그 사실을 빨리 깨닫고 즉시 주님께 자백해야 한다. 이것이 영혼의 날숨이다.

영혼의 들숨은 마음 중심에 성령님을 모셔 들이는 것을 말한다. 내 마음의 보좌에서 자아가 내려오고 성령님(그리스도)께 주권을 양도하는 것이다. 주님이 내 안에 계심과 나를 다스려주심을 믿음으로 인정하는 것이다. 그럴 때 우리는 신선한 산소를 흠뻑 들이키는 것처럼 주님의 은혜로 충만해질 수 있다.

성령에 충만한 그리스도인의 삶은 죄를 자백함으로써 주님으로부터 용서함과 깨끗함을 받고 빛 가운데 행하는 삶이다. "만일 우리가 우리 죄를 자백하면 저는 미쁘시고 의로우사 우리 죄를 사하시며 모든 불의에서 우리를 깨끗케 하실 것이요"(요일 1:9).

33. 보는 것과 듣는 것

성경을 주의 깊게 읽어보면 보는 것과 듣는 것을 우리의 믿음과 관련하여 구별하는 것을 알 수 있다. 믿음과 관련해서는, 보는 것은 부정적으로 여겨진다. 주님은 도마에게 "너는 나를 본 고로 믿느냐? 보지 못하고 믿는 자들은 복되도다"라고 말씀하셨다. 바울도 비슷하게 "이는 우리가 믿음으로 행하고 보는 것으로 하지 아니함이로라"라고 말하고 있다. 히브리서의 저자는 믿음을 "보이지 않는 것들의 증거"라고 설명한다. 이처럼 보는 것은 믿음과 대조된다. 반면에 듣는 것은 믿음과 동일시된다. 구약에서는 특히 하나님께 순종하는 것을 하나님의 말씀을 듣는 것과 동일시한다. 선지자들이 비판했던 것은 이스라엘 백성이 하나님의 말씀을 듣지 않다는 것이었다. 신약으로 오면 주님은 유대인들을 책망하시면서 "어찌하여 내 말을 깨닫지 못하느냐? 이는 내 말을 들을 줄 알지 못함이로다"라고 탄식하셨다. 종종 설교를 마치신 후에는 "들을 귀 있는 자는 들으라"라고 도전하기도 하셨다. 바울도 "믿음은 들음에서 난다"고 말하면서 듣는 것을 강조한다.

그렇다면 왜 보는 것은 부정적으로, 듣는 것은 긍정적으로 취급

되는 것일까? 이는 보는 행위와 듣는 행위에 수반되는 근본적인 자세의 차이 때문이다. 보는 행위에 있어서는 보는 자가 주체가 되고 능동적이 된다. 봄의 대상은 철저히 수동적이 되고 보는 자가 그 관계를 주도한다. 하지만 듣는 것은 그 반대다. 듣는 일은 누군가가 들려주어야 가능하다. 다시 말하면 그 대상이 말을 해야 비로소 내가 들을 수 있다는 것이다. 말의 내용, 방식, 시기 등도 모두 말하는 자가 주관한다. 따라서 듣는 일에 있어서는 듣는 자는 수동적이 되고, 말하는 자의 주도에 따라갈 수밖에 없다. 보는 것과 듣는 것을 하나님과의 관계에 적용해보면, 왜 후자가 바른 믿음의 태도인지를 알게 된다. 하나님은 우리의 봄에 종속되는 그런 분이 아니시다. 하나님은 우리보다 크시고 우리를 다스리시는 주님이 되신다. 따라서 하나님과 나의 관계에서는 내가 주도하는 것이 아니라 그분의 주도에 내가 따라가야 한다. 듣는 일은 정확히 그 태도를 전제하는 것이다. 사람마다 다르겠지만, 나는 오디오(듣는 것)보다 비디오(보는 것)가 훨씬 편하다. 설교를 듣는 것보다 책을 읽는 쪽을 택하는 편이다. 내가 주도하고 내가 통제해야 직성이 풀리는, 자아가 강한 사람이다. 이런 사람일수록 깨어짐이 필요하다. 그래서 "주여 말씀하시옵소서, 종이 듣겠나이다"라고 고백할 수 있어야 한다.

34. 인격적인 신앙생활

주님은 산상수훈에서 바리새인들의 외식적인 기도와 이방인들의 무속적인 기도를 둘 다 책망하셨다. 전자는 사람에게 보이려고 기도했고, 후자는 말을 많이 해야 들으실 줄 착각하고 중언부언하는 기도를 했기 때문이다. 주님은 은밀히 보시는 하나님께 골방에서 기도하고, 아버지 되시는 하나님께 믿음을 가지고 나아갈 것을 가르치셨다. 이렇듯 하나님의 살아계심과 은밀히 보심을 믿고 오직 그분 앞에서 진실히 행하려 하는 것, 또 우리의 아버지 되신 하나님이 우리의 모든 필요를 아시며 우리를 돌보심을 믿고 그분을 전적으로 신뢰하는 것이 바로 인격적인 신앙생활이다. 하나님은 인격적인 분이시며, 우리를 인격적으로 대하신다. 따라서 그분께 나아가고자 하는 자는 무엇보다도 하나님을 인격적으로 대할 줄 알아야 한다. 인격적인 신앙생활은 하나님을 알고 존중하며, 나의 전 인격으로 그분을 섬기고 따르는 것을 말한다.

하나님께 대한 인격적인 태도는 사람들과의 관계에서도 그대로 이어져야 한다. 바울은 고린도교인들을 거룩함과 진실함으로 대했고, 그들의 믿음을 주관하려 하지 않고 돕는 자가 되려고 했다. 그는 그들에게 재정적 부담을 주지 않기 위해 스스로 일하면서 자신의 필요를 채웠다. 하지만 거짓교사들의 꼬임에 빠진 고린도교인들은 바울이 자격이 없어서 그런 것으로 오해했고, 자신들을 주관하고 마음껏 휘두르는 거짓교사들에게 맹종하려고 했다. 바울은 고린도교인들에게 자신의 사도됨을 주장하는 중에도 자신의 능력이나 기적 행함보다는 주님과 그들을 위한 자신의 희생과 헌신을 더 강조했다. 한 마디로 바울은 인격적인 목회자였다.

성경이 이렇듯 분명히 보여주고 있는데도 많은 사람들이 인격적인 신앙생활이나 인격적인 교회생활에 익숙하지 않다. 교주 같은 지도자들의 횡포에 속수무책으로 끌려다니는 사람들, 부조리하고 투명하지 않은 교회운영을 하는데도 순순히 받아들이면서도 그것을 믿음의 순복이라고 생각하는 사람들, 목회자들의 권위적이고 비인격적인 태도를 카리스마적인 신령한 리더십으로 착각하는 교인들이 너무나 많다. 그런가 하면 목회자들이 인격적인 태도로 권하고 가르치는데도 귀를 기울이지 않고 순종하지도 않는 사람들, 강압적으로 몰아붙여야 움직이는 교인들도 적지 않다. 인격적인 신앙생활의 핵심은 "말"에 있다. 하나님의 말씀을 그대로 받아들이는 것, 자신의 말에 맹세나 강조를 덧붙이지 않아도 진심이 통하는 것, 상대방의 말을 그대로 받아들이고 의사를 존중하는 것, 목회자의 가르침을 존중하고 순종하는 것 등은 인격적인 신앙생활의 필수 요소들이다.

35. 도마를 향한 고마움

예수님의 부활은 사복음서에 모두 기록되어 있다. 한 두 사람이 부활을 목격한 것이 아니라 여러 사람이 여러 차례에 걸쳐서 부활을 목격했다. 바울은 그리스도의 부활을 목격한 자들의 목록을 제시하는데, 심지어는 부활하신 주님이 일시에 오백여 형제들에게 보이신 경우도 있었다고 밝힌다(고전 15:4-8). 이처럼 많은 부활의 목격담 중에서도 특히 내 마음을 끄는 것은 도마의 이야기다. 도마는 부활하신 주님께서 다른 제자들에게 나타나셨을 때 그 자리에 없었다. 후에 그들로부터 부활하신 주님을 보았다는 얘기를 들었을 때, 전혀 믿으려 하지 않았다. 그는 자신의 손가락을 예수님의 못자국 난 손에 넣어보고 자신의 손을 창에 찔리신 그 허리에 넣어보지 않고는 믿을 수 없다고 완강하게 버텼다. 나는 이러한 도마의 태도가 반갑고 고맙다. 뭐든지 잘 믿어지는 사람들은 다른 이들의 간증을 쉽게 믿을 수 있는지 모르겠지만, 나처럼 의심 많은 사람은 도마의 따지는 태도가 너무 반갑다. 뿐만 아니라 도마의 의심 때문에 예수님이 다시 한 번 나타나셔서 부인할 수 없는 확실한 증거로 당신의 부활을 재확인해주셨으니, 이 또한 도마의 덕이 아닌가?

나는 내 의심을 대신 풀어준 도마에게 고마움을 느낀다.

   도마는 부활하신 예수님을 뵙고 "나의 주시며 나의 하나님이시니이다"라고 고백한다. 이 고백이 어려서부터 유일신 신앙이 골수에 박힌 유대인에게서 나왔다는 사실은 부활의 확실성을 더해 준다. 어떻게 유대인인 그가 한 인간을 하나님이라고 부를 수 있단 말인가? 그것도 의심 많기로 유명한 도마의 고백임에랴? 도마의 고백은 다른 회의론자들의 의심을 잠재우기에 충분하다. 주님의 부활을 부인하는 자들은 종종 제자들이 예수님의 부활을 너무 고대한 나머지 환영을 보게 된 것이라고 설명하는데, 적어도 도마에게만큼은 그러한 설명이 적용될 수 없다. 주님은 도마의 고백을 들으시고 "너는 나를 본 고로 믿느냐? 보지 못하고 믿는 자들은 복되도다"고 말씀하셨다. 도마처럼 의심하면서 쉽게 믿지 못하는 나로서는 주님의 이 말씀에 찔리지 않을 수 없다. 하지만 이 말씀은 내게 큰 위로가 되기도 한다. 사실 나는 신비한 체험이 별로 없고, 그저 성경공부를 통해서 믿음을 지켜온 경우라서 주님의 음성을 들었다느니 환상을 보았다느니 하면서 본 것을 자랑하는 자들에게 약간의 열등감을 느껴온 터였다. 아무튼 도마로 인해 보지 못하고 믿는 자가 더 복되다는 주님의 말씀까지 듣게 되었으니, 본 것이 별로 없는 나로서는 도마가 고맙지 않을 수 없는 것이다.

36. 거짓 선지자

주님은 산상수훈에서 제자들에게 거짓 선지자를 삼가라고 경고하셨다. 그들은 양의 옷을 입고 나아오지만 속에는 노략질하는 이리다. 하지만 거짓 선지자들이 양의 옷을 입고 있다면, 어떻게 그들을 분별할 수 있겠는가? 주님은 그들의 열매를 보라고 말씀하신다. 가시나무에서 포도를, 엉겅퀴에서 무화과를 딸 수 없듯이 나무가 열매를 결정하기 때문에, 그들의 열매를 보면 그들의 정체를 알 수 있다. 하지만 주님이 이렇듯 분명히 가르쳐주셨음에도 많은 사람들이 여전히 거짓 선지자들을 따르는 이유는 무엇일까? 이 말씀 바로 앞에서 주님은 좁은 문으로 들어가라고 말씀하셨다. "멸망으로 인도하는 문은 크고 그 길이 넓어 그리로 들어가는 자가 많고 생명으로 인도하는 문은 좁고 길이 협착하여 찾는 이가 적음이니라." 거짓 선지자는 결코 사람들을 좁은 길로 인도하지 않는다. 그들은 사람들을 넓은 길로 인도하며 따라서 많은 사람들이 그들을 따라간다. 그들의 열매를 보면 분명 거짓 선지자임을 분명히 알 수 있는데도, 양의 옷을 입고 있고 많은 사람이 따르고 있는 것 때문에 속는 것이다. 거짓 선지자를 분별하는 방법은 두 가지다. 첫째,

그들이 좁은 길, 십자가의 길로 사람들을 인도하는지를 보면 된다. 둘째, 그들의 열매가 어떠한지를 주의 깊게 살펴보면 된다.

    주님은 산상수훈 말미에서 이렇게 말씀하신다. "그 날에 많은 사람이 나더러 이르되 주여 주여 우리가 주의 이름으로 선지자 노릇하며 주의 이름으로 귀신을 쫓아내며 주의 이름으로 많은 권능을 행치 아니하였나이까 하리니 그 때에 내가 저희에게 밝히 말하되 내가 너희를 도무지 알지 못하니 불법을 행하는 자들아 내게서 떠나가라 하리라." 주님은 그들의 말을 부인하지 않으신다. 그들이 정죄를 받고 주님 앞에서 쫓겨나게 되는 것은 입으로는 "주여 주여" 했지만 하늘에 계신 아버지의 뜻대로 행하지 않았기 때문이다. 우리는 이 장면에서 놀라운 사실을 보게 되는데, 그것은 거짓 선지자들이 실제 놀라운 능력을 행할 수 있다는 것과, 또 자신들이 거짓 선지자인줄 스스로 깨닫지 못한다는 점이다. 이제 우리는 사람들이 거짓 선지자들에게 속아 넘어가는 이유를 좀 더 확실히 알게 되었다. 많은 능력을 행하고 또 자신들이 참된 선지자일 것이라고 스스로 믿고 있는 확신에 찬 사람들에게 속아 넘어가지 않기란 쉬운 일이 아니다. 바로 오늘 우리의 눈앞에서 펼쳐지고 있는 현실 아닌가? 놀랍고 두려운 일이다. 누가 거짓 선지자인지를 분별하는 것은 너무나 중요하다. 우리의 영원한 운명이 달려있기 때문이다.

37. 탐심을 버리는 길

20세기의 뛰어난 기독교 변증가인 프랜시스 쉐퍼(Francis Schaeffer) 박사는 그의 책 <참된 영성>(True Spirituality)에서 탐심에 대해 이렇게 말한다. 그는 "언제 정당한 욕망이 탐심으로 변질되는가?"라는 질문에 대해 만일 우리가 범사에 만족할 만큼 하나님을 사랑하지 않는다면 우리는 하나님께 반하여 탐심을 품고 있는 것이며, 또 우리가 이웃을 시기하지 않을 만큼 사랑하지 않는다면 우리는 이웃에 반하여 탐심을 품고 있는 것이라고 답한다. 나는 그의 예리한 통찰(insight)에 큰 박수를 보낸다. 정곡을 찌른 말이다. 하나님을 사랑한다고 하면서 범사에 감사하고 만족하지 못하다면, 내 안에 탐심이 있는 것이 분명하다. 하나님이 주시는 것에 만족하지 못하고 하나님보다 더 원하는 것이 있기 때문이다. 또 이웃에 대해 시기하는 마음이 있다면, 그 역시 내 안에 탐심이 있음을 보여준다. 십계명의 열 번째 계명은 이웃이 가진 것을 탐내지 말라고 명령하고 있기 때문이다.

우리는 대개 자신은 별로 탐심이 없다고 생각한다. 다만, 기본적인 것, 꼭 필요한 것, 그 정도면 결코 도에 지나치다고 할 수 없는 것을 원할 뿐이라고 변명한다. 하지만 그 기준은 누가 정하는가? 현재 내가 누리고 있는 정도만 있어도, 아니 그보다 훨씬 못한 조건에도 만족할 것이라고 말하는 사람들이 얼마든지 있지 않은가? 우리는 하나님으로 만족하지 못한다. 그 이유는 하나님을 잘 모르기 때문이고, 하나님으로만 채움 받을 수 있는 내면의 공간에 탐심이 가득 차 있기 때문이다. 참된 만족에 이르는 길은 탐심을 채우는 데 있지 않고 도리어 버리는 데 있다. 그럼으로써 하나님으로만 만족하는 법을 배우는 데 있다. 만족의 여부보다 내 속의 탐심을 더 예리하게 드러내는 시험은 시기의 여부다. 하나님으로만 만족하며 늘 감사하다고 고백하는 사람에게서도 시기심이 엿보일 때가 너무나 많다. 물론 우리는 모든 일에 남을 시기하는 것은 아니다. 내가 그다지 관심을 두지 않는 면에 있어서는 남이 나보다 잘되어도 별로 시기하지 않을 수 있다. 돈에 큰 가치를 두지 않는 사람은 남이 나보다 잘살게 되어도 배 아파하지 않는다. 하지만 내가 중요하게 생각하는 면에 있어서는 우리는 민감하게 반응한다. 내가 자부하는 어떤 장점에 있어서 남이 나보다 뛰어나면 시기심이 불같이 일어나는 것이다.

탐심을 버리는 것은 은혜로만 가능하다. 하나님의 은혜를 참으로 깨닫고 그분의 사랑 안에서 내게 아무 부족이 없음을 참으로 깨달을 때, 그때 우리는 시기심을 극복하고 온전히 만족할 수 있다.

38. 믿음, 통제권 위임

죄의 본질은 교만 또는 자율성이다. 이는 자기를 높이고 주장하는 태도로서 자기가 하나님 자리에 앉는 것을 말한다. 달리 표현하면 자기중심성이라고도 할 수 있다. 이러한 용어들로 죄를 정의할 때 사람들은 고개를 끄덕이지만 정작 자신의 생활에서 죄가 어떻게 작용하는지를 아는 사람은 많지 않다. 자기중심성과 이기심은 다르다고 여러 번 강조해도 자신이 이기적이지만 않다면 괜찮은 상태에 있다고 착각하는 것이다. 마음에 성령의 지배를 받지 않아도 일반은혜로 주어진 이성과 양심을 좇아 고상하고 예의바르게, 도덕적이고 비이기적으로 사는 사람들이 있다. 이런 사람들은 겉으로 드러난 모습만 놓고 평한다면 그리스도인이라고 하면서도 이기적이고 무례한 자들보다 훨씬 더 나아보이는 것이 사실이다. 그렇기에 "아무리 착하게 살아도 예수를 믿지 않으면 지옥에 보내시는 하나님"이란 오해가 성행하는 것이다. 하나님 앞에서 착한 사람, 죄인이 아닌 사람은 하나도 없다고 설명해도 죄의 실상을 보지 못하기 때문에, 심지어는 그리스도인들 중에도 그러한 오해를 하는 자들이 많다. 죄를 자기중심성이라고 할 때 이슈는 통제력

(control)에 있다. 누가 통제하는가 하는 것이다. 죄는 하나님이 아닌 내가 나를 통제하는 것이다.

그리스도인의 삶은 성령께서 나를 통제하실 때 가능하며 성령께서 나를 전적으로 통제하시는 것을 "성령충만"이라고 부른다. 성령께서 통제하신다고 해서 내 의지와 생각, 감정 등 내 인격적 활동이 사라지는 것은 아니다. 성령은 내 인격을 억누르지 않으시고 그것을 통해 일하신다. 따라서 성령의 열매로서의 절제는 성령께서 나를 강압적으로 통제하시는 것이 아니라, 내 의지를 다스리심으로써 내 절제력을 강화시켜주시는 것이다. 주님의 다스림을 받는 사람은 자기 의지가 없는 로봇처럼 되는 것이 아니라, 마음에 감화를 받아 내면에서부터 소원이 달라져 자발적으로 순종하게 된다. 주님께 순종한다고 하면서 여전히 내가 자신을 통제하려고 한다면 진정한 순종이 될 수 없으며, 나는 여전히 육신적으로 살고 있을 뿐이다. 주님께 내 삶의 통제권을 온전히 맡길 때, 스스로 자신의 안전과 의미를 추구하는 것을 내려놓을 수 있으며, 염려와 두려움, 경쟁심과 시기심 등에서 벗어나 주님이 주시는 쉼과 평화를 맛볼 수 있다. 통제권을 내려놓고 주님께 맡기려면 흔히 말하는 자아가 깨어지는 경험을 해야 한다. 이 일은 말씀과 환경을 통해서 이루어진다. 자아가 깨어짐으로써 삶의 통제권을 내려놓을 때, 비로소 믿음으로 사는 것이 무엇인지를 알게 된다.

39. 예수의 역사성의 중요성

"1654년 11월 23일 월요일 밤 10시 30분부터 12시 30분까지. "불". 철학자들과 학자들의 하나님이 아닌, 아브라함의 하나님, 이삭의 하나님, 야곱의 하나님. 확신, 확신, 마음 깊이 샘솟는 기쁨, 평화. 예수 그리스도의 하나님, 예수 그리스도의 하나님… 기쁨, 기쁨, 기쁨, 기쁨의 눈물… "영생은 곧 유일하신 참 하나님과 그의 보내신 자 예수 그리스도를 아는 것이니이다." 예수 그리스도, 예수 그리스도."

과학과 철학 양 분야에서 천재적 지성이었던 파스칼은 어느 날 진정한 회심을 경험하고 그 기쁨과 감격을 <팡세>에 이렇게 적어 놓았다. 그가 만난 하나님은 학자들의 추론에 의한 추상적이고 관념적인 분(아리스토텔레스의 신의 존재 증명에 나오는 것 같은)이 아니라, 믿음의 조상들에게 나타나셨던 하나님, 무엇보다도 우리 주 예수 그리스도의 아버지 되신 하나님, 성경의 하나님이셨다. 이 살아계신 하나님을 인격적으로 만난 체험은 그에게 말로 다할 수 없는 감격과 기쁨, 확신을 가져다주었다. 그의 체험과 간증이 더욱 귀한 까닭은 그가 쉽게 감정적이 되어 자기 최면적 착각에 빠질 확률

이 매우 적은 냉철한 지성인이었다는 사실이다. 역사상 가장 유명한 회심의 체험(바울, 어거스틴, 루터, 웨슬리 등과 더불어) 중 하나로 꼽히는 그의 회심은 예수 그리스도가 그의 마음에 찾아오심으로 일어났다. 예수님을 마음에 모신 사람, 예수님이 그 마음에 찾아오신 사람은 정도와 형태의 차이는 있지만, 모두 이 기쁨과 감격을 안다. 이것은 기적이라고 부르기에 조금도 손색이 없는, 아니 그 어떤 기적보다도 더 큰 기적이라고 할 수 있는 사건이다. 만왕의 왕, 만주의 주, 생명의 주님이 내 안에 오셨다는 이 사실보다 더 놀랍고 더 감격스러운 일이 있을 수 있겠는가? 그 일이 실제로 일어난 것이다. 자다가도 벌떡 일어나서 이게 꿈인가 생시인가 할 만한 일 아닌가? 나는 내가 예수 믿는 사람이 된 것이 그토록 신기하고 놀랍고 감사할 수가 없다. 내 삶의 가장 큰 의미는 바로 주님이 내 안에 오신 일이다.

이 모든 일은 2천 년 전에 주님이 이 세상에 오심으로써 비롯되었다. 만일 주님이 이 세상에 오신 일이 없었다면, 그분은 우리 마음에도 오실 수 없다. 최초의 성탄절이 없었다면, 우리의 모든 체험과 간증은 다 헛될 뿐이다. 그런데 주님은 오셨다. 이 사실은 해가 동쪽에서 뜨는 것보다 더 확실한 역사적 사실이다. 하나님의 아들, 세상의 구세주께서 오신 것이다. 우리의 모든 희망, 모든 구원은 바로 이 사실에 달려있다.

40. 겸손에 대해서

기독교 최고의 덕목은 무엇이냐는 질문에 어거스틴은 겸손이라고 답했다. 두 번째 덕목은 무엇이냐는 질문에 어거스틴은 그것도 겸손이라고 답했다. 그는 세 번째 덕목도 마찬가지로 겸손이라고 말했다. 기독교 역사상 최고의 신학자인 어거스틴은 겸손을 최고의 덕목으로 여겼다. 기독교가 보는 죄의 본질이 교만인 것을 생각할 때 그와 반대되는 겸손을 으뜸가는 덕목으로 삼는 것은 당연한 일이다. 겸손은 무엇보다도 우리 주님의 모습이었다. 주님은 당신의 마음이 온유하고 겸손하다고 말씀하셨고, 바울은 빌립보 교인들에게 겸손으로 하나 될 것을 권면하면서 주님의 본을 들었다. 이토록 중요한 겸손이건만 많은 사람들이 겸손을 오해한다. 겸손은 그저 자신을 낮추는 것이 아니다. 자신의 장점을 한껏 부인하고 못난 사람으로 자처하는 것이 겸손은 아니다. 또 자신보다 분명 능력이 떨어지는 사람을 더 능력이 있다고 추켜세우거나 또는 상대방의 기분을 상하지 않게 하려고 아니면 비위를 맞추려고 끊임없이 상대방을 높이는 것도 아니다. 전자는 자기비하고 후자는 아첨일 뿐이다. 그렇다면 겸손의 본질은 무엇인가?

겸손은 무엇보다도 자아와 관련되어 있다. 자기를 주장하려는 자세를 버리고 상대방을 존중하는 것, 자기의 유익보다 상대방의 유익을 더 구하는 것이 겸손이다. 한 마디로 나보다 다른 사람을 더 중요하게 여기는 것이다. 겸손은 이렇듯 자기중심성으로부터 해방될 때에만 가능하다. 자기중심성에서 벗어나지 않은 한 겉으로 드러난 모습이 어떠하든지 그것은 진정한 겸손이 될 수 없다. 남을 위하는 것 같아도 결국은 자기의 유익을 구할 뿐이고, 남을 높이는 것 같아도 처세술에 지나지 않는다. 그렇다면 어떻게 자기를 높이고 자기를 주장하며 자기만을 위하고자 하는 자기중심성에서 벗어날 수 있을까? 첫째, 자신의 실상을 알아야 한다. 하나님의 은혜로 자신이 진정 어떠한 죄인인지를 참으로 깨닫게 된 사람은 더 이상 자신을 높이거나 주장할 수 없다. 둘째, 하나님의 사랑을 깨달아야 한다. 하나님의 충만한 사랑을 맛볼 때 우리는 더 이상 자기의 유익을 추구하고자 하는 이기심에서 벗어날 수 있다. 진정한 겸손은 우리 자신의 힘으로 도달할 수 없고 오직 하나님의 은혜로만 가능하다. 자아가 깨어져야 하기 때문이다. 끝으로 겸손의 궁극적인 모습은 복종이다. 주님은 자신을 낮추셨을 뿐 아니라 죽기까지 복종하셨다. 복종으로 이어지지 않는 겸손은 참 겸손이 아니다.

41. 들음과 분별의 중요성

언젠가 기도원에 가는 길에 앞차 뒤 범퍼스티커에서 다음과 같은 글을 보게 되었다. "Knowledge speaks, but Wisdom listens!"(지식은 말하지만 지혜는 듣는다). 얼마나 정곡을 찌른 통찰인가? 나는 이 글을 읽고 순간 가슴이 뜨끔하면서 내게 꼭 필요한 지혜의 말씀임을 깨달았다. 나는 말하기를 좋아한다. 내 말의 많은 부분은 아는 체 하는 것이다. 어떨 때는 내가 잘 아는 내용을 책임 있게 말할 때도 있지만, 확실하지 않은 것을 떠들어대기도 한다. 가끔 내 말이 다른 사람들에게 유익을 끼칠 때도 있었겠지만, 많은 경우 필요 없는 잡담이거나 자기 자랑이 되기가 싶다. 말을 많이 하고나면 대체로 후회하는 편인데 오랜 세월 형성되어온 습관을 고치기는 쉽지 않다. 조금이라도 아는 것이 있으면 그걸 말하고 싶어 하는 것이 인간의 본성인 것 같다. 하지만 지혜는 듣는다. 듣는 일은 여러 모로 유익하다. 모르는 것을 배울 수 있고, 말하는 것보다 듣는 것이 남을 돕는 데 더 유용하다. 잘 말하려면 먼저 잘 들어야 한다. 사태를 파악하지도 못한 채 성급히 말하면 문제를 더 악화시킬 수 있지만, 충분히 듣고 말하면 적절한 말로 문제해결에 도움을 줄 수 있다.

    듣는 일이 중요하지만 들은 것을 분별하는 일은 더 중요하다. 실상 우리가 매일 듣는 수없이 많은 정보와 광고, 주장들을 다 수용한다면, 우리의 정신은 쓰레기장이 되고 말 것이다. 타인의 말을 들을 때도 주의 깊게 경청하면서 동시에 그 동기나 감정을 잘 분별해야 한다. 하지만 듣는 일의 최우선 대상은 하나님의 음성, 하나님의 말씀이다. 하나님의 말씀은 진리이며 생명이다. 그 말씀은 우리를 살리고, 깨끗케 하고, 거룩하게 한다(요 6:63; 15:3; 17:17). 먼저 하나님의 말씀을 들어야 다른 모든 말들을 바로 분별할 수 있다. 듣는 일이 이토록 중요하건만 왜 우리는 듣기를 힘들어 하는가? 지혜가 없기 때문이다. 지혜는 IQ가 아니라 영성의 문제다. 내 속에 자기 생각, 자기 판단, 자기주장이 꽉 차 있는데, 어떻게 주님의 말씀, 타인의 말을 들을 수 있겠는가? 듣는 것은 성격이 아니라 성품의 문제이며, 지혜로운 성품은 하나님을 경외하는 것에서 출발한다. "너는 하나님 앞에서 함부로 입을 열지 말며 급한 마음으로 말을 내지 말라. 하나님은 하늘에 계시고 너는 땅에 있음이니라. 그런즉 마땅히 말을 적게 할 것이라"(전 5:2).

42. 신실함(faithfulness)

텍사스에서 학교를 다닐 때 옆 도시 신학교에 다니던 전도사님으로부터 제자훈련을 받은 적이 있었다. 네비게이토 선교회 출신이었는데, 우리에게 가장 중요한 제자의 요건을 FAT로 가르쳐주셨다. F는 faithful(신실함), A는 available(여건이 됨), T는 teachable(배우려는 자세가 되어있음)을 의미한다. 나는 FAT에 동의하면서도 제자의 요건으로서는 좀 시시하다는 느낌이 들었다. 말씀을 깨닫는 이해력이라든지 영적 민감성, 열정이나 리더십 등을 꼽아야 하지 않을까 생각했던 것이다. 하지만 그분은 많은 제자훈련 경험을 통해서 결국 소수의 사람만 끝까지 남아 제자의 길을 가는 것을 보았다고 말씀하시면서 재능이 아니라 신실함이 가장 중요하다고 하셨다.

그때 이후로 많은 세월이 흘렀다. 나도 신앙생활에서 가장 중요한 요건을 꼽으라면 주저하지 않고 "신실함"이라고 말하겠다. 그 전도사님은 자주 "하나님 앞에 갈 때까지 잘해야 한다"라고 하셨는데, 맞는 말이다. 한 때 잘하는 사람들은 많다. 은혜 받았다고 물불을 가리지 않고 헌신하고, 선교사가 되느니 신학을 하느니 하던 사람들이 있었다. 말씀과 기도, 성령의 은사의 중요성을 깨달았다면서 신령한 경지에 이른 것 마냥 행세하던 이들이 있었다. 교회 봉사는 혼자 다 하는 것처럼 설치던 이들도 있었다. 그런데 지금은 보이지 않는다. 한 때 반짝이고 뜨거운 사람들은 너무 많지만 꾸준한 사람은 드물다. 아주 은혜에서 떠난 것은 아니지만 성숙한 단계로 나아가지는 못한다. 늘 설익은 밥 같고 믿고 신뢰하기에는 불안하다.

믿음(faith)은 결국 신실함(faithfulness)이다. 신실함이란 끝까지 믿음을 지키는 것이다. 참으로 하나님을 신뢰한다면 변하지 않고 중심을 지킬 것이다. 신실하신 하나님을 믿는 사람들은 자신들도 신실해지기 마련이다. 신실함이 없으면 성숙도 없다. 성숙이란 많은 연단과 시간을 통과해야 이를 수 있는 자리다. 하나님은 신실한 사람을 찾으신다. 늘 자기 자리를 지키는 사람, 시간이 흘러도 변하지 않는 사람, 한결 같은 사람을 기다리신다. 신실함은 무엇보다도 주님의 모습이다. 우리 주님은 "하나님의 일에 자비하고 신실한 대제사장"이시다(히 2:17).

43. 배우고자 하는 마음(Teachableness)

앞선 언급한 제자도의 3가지 요건 가운데 teachableness, 즉 배우고자 하는 겸손한 자세에 대해서 생각해 보자. 이것의 중요성을 강조하셨던 그 시절 그 전도사님은, 처음 제자훈련을 받을 때는 말씀을 사모하고 하나라도 더 배우고 싶어 하던 사람들이 조금 신앙의 성장을 맛보고 어느 정도 신앙의 원리를 터득하게 되면 쉽게 자고해져서 더 이상 배우려고 하지 않는 모습을 많이 보셨다고 한다. 그러면서 성숙의 비결은 늘 배우고자 하는 겸손한 자세임을 잊지 말라고 당부하셨다. 평생 주님께 배우는 제자의 길을 성실히 가도록 부탁하셨다.

그 때는 그것이 얼마나 중요한 요소인지 실감하지 못했지만, 점점 신앙의 삶의 연조가 늘어나고 남을 가르치는 자리에 있으면서 그 말씀이 얼마나 적절한 조언이었는지를 실감하고 있다. 지식이 우리를 살리기도 하지만, 지식이 우리를 교만하게 한다는 바울의 말이 얼마나 옳은 말인지 경험하고 있다. 하나만 아는 것은 아무 것도 모르는 것이요, 어설프게 알거나 조금 아는 것이 매우 위험한 것임을 나 자신의 경험과 주변 사람들의 모습을 통해서 절실히 깨닫고 있다. 청년의 때와 신학교에 다닐 때만 해도 배우는 일은 내게 큰 즐거움이었고 언제나 말씀에 목말라했다. 그런데 어느덧 남을 가르치는 입장에 서면서 배우기보다는 가르치려고만 하는 내 모습에 깜짝 놀랄 때가 있다. 조금 아는 것으로 목사님들의 설교와 신학을 평가하면서 마치 충분히 성장한 것처럼 교만한 모습을 보이는 이들이 보이기도 한다.

하나님을 아는 지식은 세상 지식과 다르다. 알면 알수록 더 모르게 되고 배우면 배울수록 더 배우고 싶어지는 것이 하나님의 말씀이다. 주님이 주시는 생수를 마시면 더 이상 세상 것들에는 목마르지 않게 되지만, 주님의 은혜와 말씀에는 더욱 목마르게 된다. 마시면 마실수록 더 마시고 싶은 것이 주님의 은혜요 말씀이다. 새해에 주님께 단 한 가지를 구한다면 다른 것이 아닌 teachableness를 구하자. 더 이상 배울 필요가 없는 어른이 아니라, 겸손하여 늘 배우기를 갈망하고 또 배우면 배울수록 더욱 겸손해지는 주님의 어린아이가 되자.

44. 죽음을 대하는 태도

언제부터인가 나는 결혼식보다는 장례식에 가는 것이 훨씬 더 편하게 느껴진다. 결혼식에 가면 나와 상관없는 자리에 와 앉은 것 같고 젊은이들의 흥분과 열기에 좀처럼 공감하기가 힘들다. 주인공들에게는 미안한 일이지만, 빨리 끝나기만을 바라는 심정이다. 하지만 장례식에서는 남의 일이라는 생각이 들지 않는다. 언젠가 내게도 닥칠 일이라서 그런지 마음이 진지해지고, 특히 조용히 고인을 생각하고 나 자신의 삶을 돌아보는 시간이 편안하기까지 하다. 하지만 내가 개인적으로 느끼는 장례식의 편안함과 실제 장례식의 분위기가 항상 일치하는 것은 아니다. 때로는 너무 형식적이라는 느낌이 들기도 한다. 고인을 추모하는 것을 지나서 너무 미화하는 것 같기도 하고, 내세의 소망을 말하는 것도 극히 상투적으로 들릴 때가 있다. 그리스도인들의 장례식인데도 죽음은 슬프고 나쁜 것이며, 죽음 후에 있을 하늘의 영광도 이생의 즐거움에는 미치지 못하는 차선이라는 관점이 지배적인 것 같다. 나는 이러한 분위기를 정말 이해할 수 없다. 우리의 소망이 고작 이 정도 밖에 안 된단 말인가? 믿는다고는 하지만 실상은 눈 가리고 아웅 하는 것인가?

나는 죽음을 기쁨으로 맞이하고 싶다. 죽음은 이생의 수고를 그치는 순간이요, 그토록 사모하던 주님을 직접 뵈옵는 순간이다. 죽음 이후의 영광을 아주 잠시라도 엿볼 수 있다면, 오히려 빨리 죽고 싶다고 할지도 모른다. 물론 죽음을 염원하며 사는 것이 건강한 삶은 아니겠지만, 죽음을 받아들이고자 할 때 비로소 제대로 살 수 있는 것이 아니겠는가? 죽음이 정녕 끝이 아니고 진정한 생명에로의 진입임을 깨달을 수 있으려면 지금 영생을 누려야 한다. 영생이란 죽어서 시작되는 것이 아니라 예수님을 믿는 그 순간에 시작되는 것이다. 영생은 오는 세대의 삶, 하나님의 통치를 받으며 사는 구원의 삶을 가리킨다. 영생은 하나님과 예수 그리스도를 인격적으로 아는 것, 성령 안에서 누리는 신적 사귐이다. 성령의 내주를 통해 지금 여기서 영생을 누리며 사는 사람은, 죽음은 삶의 완성이며, 죽음 너머가 더 진정한 삶이라는 말을 충분히 이해한다. 죽음이 슬픈 것은 이생에서 다시는 볼 수 없기 때문이다. 하지만 여기 남은 우리에게도 살아갈 시간이 그리 많지 않으며, 곧 다시 만난다는 것을 기억해야 한다.

2부
일상에서 빚은 신앙

1. 존 스토트 목사님을 추모하며

존 스토트 목사님이 소천하셨다. 나는 지난 수요일 저녁에 이 소식을 처음 접하고 잠시 무엇엔가 얻어맞은 것처럼 머리가 멍해졌었다. 이미 연세가 90세나 되셨고, 모든 활동을 접고 은퇴한 목회자들을 위한 양로원에 들어가 계셨기 때문에 예상치 못한 바는 아니었으나, 막상 소천소식을 접하니 복음주의기독교의 큰 별이 떨어졌다는 생각과 함께 아버지를 잃은 것 같은 허전함이 몰려왔다. 집에 돌아와 인터넷을 통해 더 자세한 소식을 접해보니 얼마 전부터 건강이 급속히 악화되셨고 많이 불편해 하셨는데, 영국시간으로 (2011년) 7월 27일 오후 3시 15분에 가까운 몇 사람들에 둘러싸여 헨델의 메시아를 들으시면서 소천하셨다고 한다. 이 뉴스 밑에 목사님을 추모하는 댓글들이 달려 있었는데, 그걸 읽으면서 나 역시 그들과 같은 심정임을 알 수 있었다. 돌아보면 내 신앙여정에서 존 스토트 목사님을 만난 것만큼 큰 행운은 없었다. 대학생일 때 성령론에 대해 혼란을 겪다가 헌 책방에서 발견한 목사님의 <성령 세례와 충만>을 통해 문제를 해결 받은 후 스토트 목사님의 광팬이 되었고, 절판된 목사님의 책을 어쩌다 헌 책방 같은 데서 만나면

심장이 멎을 듯 감격해하는 마니아가 되고 말았다.

  2002년 여름, 영국 여행 중 존 스토트 목사님을 방문해서 교회 개척에 대한 조언을 들었던 일, 미국에 돌아오자마자 한국 IVP에서 목사님의 <복음주의의 기본진리>를 번역해 달라는 메일을 받고 기뻐했던 일, 목사님의 생애를 일화중심으로 엮은 <Basic Christian>이란 책을 읽고 쓴 칼럼이 그 책의 번역본에 추천사로 실리게 된 일 등등 숱한 추억들이 주마등처럼 스쳐지나간다. 내가 목사님에게서 배운 신앙의 교훈들은 숱하게 많지만, 특별히 내 마음에 각인된 것들로는 지성(mind)의 중요성, 균형 잡힌 신앙, 성경의 권위에 대한 철저한 순복과 더불어 현대 사회에 대한 민감한 관심, 확신을 굽히지 않으면서도 의견이 다른 자들을 포용하는 관대함, 설교한 대로 사는 언행일치의 진정성, 무엇보다도 겸손함을 들 수 있다. 예수님이 행하신 그 어떤 기적들보다 그분의 인격 자체가 가장 큰 기적이며, 예수님의 존재야말로 하나님의 존재에 대한 가장 확실한 증거라고 생각하는 나에게 목사님이 보여주신 본은 과연 그리스도께서 오늘도 살아계셔서 그분을 통해 일하셨음을 단적으로 보여주는 증거가 되었다. 목사님은 가셨지만 그분의 책들은 남아서 여전히 우리 신앙의 길잡이가 되어줄 것이다. 존 스토트 목사님을 우리에게 허락하신 하나님께 감사드리고, 또 하나님을 보여주신 목사님께 감사드린다.

2. 아비가 되어서 배운 진리

아내가 며칠에 걸쳐서 아이들 사진을 정리했다. 큰 녀석, 작은 녀석 각각 두 권씩 태어났을 때부터 지금까지 찍은 사진들을 차례로 앨범에 채웠다. 불과 몇 년 전의 모습들인데도 아주 오래 전인 듯 그리움이 울컥 치솟는다. 소파 쿠션 밑에 들어가 쿨쿨 잠자고 있는 작은 녀석의 사진을 보고는 그 때 일화를 떠올리며 박장대소했다. 아무리 찾아도 둘째가 보이지 않아서 불안해하고 있는데 어디서 코고는 소리가 들리기에 따라가 보았더니 쿠션 밖으로 삐져나온 조그만 발을 볼 수 있었던 것이다. 첫째가 몇 개월 되었을 때 내 옆에서 나와 똑같은 자세로 누워 낮잠을 자는 사진도 있었다. "Like father, like son!" 나는 내 모습을 닮은 첫째의 이 사진이 너무 좋아서 교회 사무실 내 방에 늘 붙여두곤 했었다. 눈이 보이지 않을 정도로 해맑게 웃는 모습이 있는가 하면 세상이 무너진 듯 서럽게 통곡하는 모습도 있다. 어느 쪽이든 애틋하고 입가에 미소가 번진다. 사진첩을 한 장씩 넘기면서 아내에게 말을 건넨다. "다시 그때로 돌아가고 싶어. 그러면 아이들을 많이 아주 많이 예뻐해 줄 텐데. 안고 빨고 핥고 비비고 마구 사랑해줄 텐데." "그때도 그렇게 했어요. 우린 아이들을 아주 많이 안아주고 사랑해주었어요."

    내가 결혼하기를 잘했다고 생각하는 여러 이유 중에 단연코 첫째로 꼽는 것이 바로 아이들이다. 아이들을 통해서 하나님의 사랑을 알게 되었기 때문이다. 아직 아이들이 어린 편이기 때문에 마음이 든든하다든가 믿음직스럽다는 느낌은 없고, 왠지 애처롭고 측은한 느낌이 더 강하다. 나는 성경에서 하나님의 사랑을 "아비가 자식을 불쌍히 여김 같이 여호와께서 자기를 경외하는 자를 불쌍히 여기시나니 이는 저가 우리의 체질을 아시며 우리가 진토임을 기억하심이로다"(시 103:13-14)라고 표현한 것을 아비가 되고 나서 진심으로 이해하게 되었다. 주님께서 하나님 아버지의 사랑을 가르쳐주시기 위해 사용하신 예도 인간 아버지의 모습이었다. "너희가 악한 자라도 좋은 것으로 자식에게 줄줄 알거든 하물며 하늘에 계신 너희 아버지께서 구하는 자에게 좋은 것으로 주시지 않겠느냐?"(마 7:11). 그렇다. 내가 생각해보아도 나는 결코 좋은 아빠라고 할 수 없지만, 아이들의 삶이 최선의 것이 되길 바라는 간절한 소원이 있다. 나는 내 경험을 통해서 하나님의 사랑을 깨닫는다. 아이들이 내게는 하나님의 사랑을 가르쳐준 스승인 셈이다. 워즈워드의 시처럼 "어린이는 어른의 아버지"이다.

3. 누가가 깨우쳐준 교훈

오늘 오후에 둘째 누가가 학교에서 돌아오더니 내 방으로 들어왔다. 손에 꽈배기 도넛을 들고서 "아빠, 이거 드세요."한다. 나는 "이게 뭔데?"하고 물었다. "내가 학생회(student council)에서 받아온 거예요." 누가는 이번 학년에 학교에서 학생회 임원으로 뽑혔다. 도대체 어떻게 그런 일이 가능했는지 궁금해서 물어보았더니, 자기가 긴 연설(long speech)을 해서 반 아이들이 뽑아줬다는 것이다. "네가 뭐라고 말했는데?" 나는 물었다. "응, 그냥요." 뭐라고 길게 말했는지는 모르겠지만, 딴에는 자기를 뽑아주면 열심히 하겠노라고 정견발표를 한 것 같다. 오늘은 학생회가 마지막으로 모인 날이어서 도넛을 준 모양인데, 누가는 아빠를 주고 싶은 마음에 자기가 그렇게도 좋아하는 도넛을 먹지 않고 그냥 집으로 가져왔던 것이다. 형 디도였다면 벌써 뱃속으로 들어가서 없어졌을 그 도넛을 바라보면서 나는 효자를 둔 아비의 기쁨이 충만했다. 나는 응당, "누가야, 고마워. 하지만 이건 누가가 먹어도 돼. 아빠는 안 먹어도 먹은 것과 같아"라고 말하면서 누가에게 도넛을 내밀었어야 마땅했을 것을, 도넛을 누가가 보는 앞에서 맛있게 먹어치웠다. 누가는 약간 입맛을 다시긴 했지만, 그래도 무척 기쁜 표정이었다. 나는 누가를 꼭 껴안아주면서 너무 맛있었다고, 정말 고맙다고 진정어린 목소리로 말해주었다. 누가는 얼굴이 빨개지면서 아빠를 기쁘게 했다는 사실에 얼굴이 환해져서 내 방에서 나갔다.

  누가는 내게 하나님의 마음을 깨닫게 해주었다. 하찮은 도넛 하나에도 내 마음이 이렇듯 기뻤다면, 주님도 우리의 작은 사랑과 헌신에 기뻐하실 것이다. 주님은 우리의 연약함을 아신다. 주님은 우리가 조변석개하는 불충한 자들임을 아신다. 그럼에도 불구하고 주님은 우리의 사랑의 고백과 헌신의 결심을 기뻐 받으신다. 만일 내가 누가에게 "야, 도넛 같은 건 아빠에게 가져오지 말고 너나 먹어. 그리고 말이나 좀 잘 들어"라고 말했다면 누가가 얼마나 부끄럽고 슬펐을까? 하나님은 우리에게, "헌신한다고? 그래 얼마나 갈지 두고 보자. 매번 말뿐이잖아!" 이렇게 면박 주시는 분이 아니다. 우리가 악할 지라도 자식을 사랑한다면, 하나님은 얼마나 더 우리를 사랑하시겠는가? 하나님은 우리의 진심 어린 헌신을 기뻐하신다. 비록 흔들리는 연약한 것이라 할지라도. 어린 누가가 다시 한 번 하나님의 마음을 아빠에게 가르쳐주었다. 과연 워즈워드는 옳았다. "어린이는 어른의 아버지"라고 했으니 말이다.

4. 돈 짤라 미

둘째 아이 누가의 나쁜 버릇 중 하나는 손톱을 심하게 물어뜯는 것이다. 어느 날 아이의 손을 들여다보고 깜짝 놀랐다. 손가락마다 죄다 물어뜯어서 성한 것이 거의 없었기 때문이다. 손톱 뿐 아니라 손톱 근처의 거스러미를 물어뜯다가 곪는 경우도 가끔 생겼다. 3년 전 한국을 방문했을 때도 그런 일로 병원치료를 받은 적이 있다. 의사 선생님이 마취도 하지 않고 곪은 부분을 째고 치료를 하셨기 때문에, 아이는 참혹한 고통을 겪어야 했다. 그 결과 아이치고는 참을성이 많은 편인 누가도 손가락 치료에만큼은 상당한 공포심을 갖게 되었다.

며칠 전 누가의 손가락 하나가 또 곪는 일이 벌어졌다. 아내는 병원에 갈 것인지 아니면 엄마한테 치료를 받을 것인지 선택하라고 했다. 아이는 아무래도 엄마가 더 자비심이 많을 것으로 판단했는지 엄마 쪽을 택했다. 하지만 치료에 대한 공포를 억누르지 못한 채 사방으로 도망다녔다. 결국 아빠, 엄마, 할머니 세 사람의 협공으로 어쩔 수 없이 붙잡혀서 치료를 받으면서 누가는 계속해서 "돈 짤라 미, 돈 짤라 미"를 외쳐댔다. 처음에는 무슨 말인가 했는데, 그 말이 가위로 손가락 피부를 자르는 것만큼은 피할 수 없겠느냐는 호소임을 알게 되었다. 자기 잘못으로 손가락들이 다 망가졌을지도 모른다고 생각한 누가는 얼마나 급하고 겁이 났던지 엄마 아빠에게 기도를 부탁할 뿐 아니라, 제 스스로 방에 들어가 울면서 하나님께 기도를 드렸다. 우리는 한편으로는 측은하면서도 터져 나오는 웃음을 참을 수 없었다. 그러면서 하나님께 비칠 우리의 모습을 생각했다.

우리도 하나님께 "돈 짤라 미"를 외칠 때가 있지 않은가? 손가락이 곪아서 치료를 받긴 받아야겠는데, 마치 하나님이 우리의 손가락이라도 잘라내실 것 같아서 공포에 질려 부르짖고 하소연 할 때가 있지 않은가? 하나님은 우리의 곪은 상처를 치료하시는 일에 단호하시다. 하지만 결코 필요 이상으로 고통을 주시지는 않는다. 하나님은 우리의 다급하고 절박한 외침에 웃음을 터뜨리지도 않으신다. 하나님께는 "돈 짤라 미"의 어리석은 기도도 다 소중한 자녀의 외침이기 때문이다.

5. 발 냄새

요한복음 13장에서 주님은 제자들의 발을 씻어주신 후에 자신의 본을 따라 그들도 그렇게 서로 사랑해야 한다고 말씀하신다. 발을 씻어준다는 것은 무엇을 의미하는가? 우리는 실제로 서로의 발을 씻어주어야 하는가? 물론 그렇지 않다. 주님은 우리가 서로의 발까지라도 씻어줄 수 있을 만큼 깊이 사랑하라고 명하신 것이다. 발은 우리 몸에서 가장 더럽고 냄새나는 부분이다. 따라서 발을 씻어준다는 것은 상대방의 가장 못나고 역한 모습까지도 용납하고 받아들여야 함을 의미한다. 그 연약하고 부족한 부분을 껴안고 인내함으로써 깨끗하고 아름다운 모습이 되게 해야 한다는 것을 의미한다. 이것이 창조적인 사랑이다. 참 사랑은 사람을 변화시키는 창조적인 능력을 지니고 있다. 주님은 우리에게 이러한 사랑의 본을 보이셨고 또 명하셨다.

세상을 사랑한다는 말은 너무 추상적인 말이다. 하지만 내 옆의 구체적인 인물을 사랑하는 것은 너무나 힘들다. 발을 씻어주는 사랑은 상상할 때는 고상하고 감동적으로 느껴져도 막상 실천하려면 너무 힘들다. 지독한 발 냄새를 맡아본 적이 있는가? 오죽하면

코가 문드러질 것 같다는 표현을 쓰겠는가? 하지만 영혼의 발 냄새에 비하면 신체의 발 냄새는 아무 것도 아니다. 우리는 다 죄와 자기중심성으로 뒤틀린 자아의 역한 발 냄새를 풍기는 자들이다. 그래서 우리는 적당한 거리를 유지하고 싶어 한다. 가까이 다가서면 내 발 냄새를 상대방에게 들킬 것 같고, 또 상대방의 발 냄새에 질식할 것 같은 고통을 느낄 것 같기 때문이다. 발을 씻어주는 사랑은 낭만적이지 않다. 우리가 서로 발을 씻어주는 것은 주님이 우리의 발을 씻어주셨기 때문이다. 자신의 발 냄새의 지독함을 아는 사람만이 타인의 발 냄새에 대해 불평하지 않는다.

차를 타고 가면서 이런 대화를 나누던 중 아내에게 물었다. "당신의 발 냄새는 어때?" 아내는 "나는 발 냄새 없어요"라고 답했다. "그게 바로 당신의 발 냄새야. 교만한 것 말야." 그러자 아내는 "당신의 발 냄새는 바로 그 판단하는 태도예요. 얼마나 지독한 지 알아요?"라고 반격해 왔다. 그렇다. 우리는 다 발 냄새가 진동하는 자들이다. 하지만 사랑하기 때문에 견딜 수 있는 것이다. 주님의 사랑의 그 진한 향기를 맡을 때에만 우리는 서로의 발 냄새를 잊을 수 있다. 아아, 발 냄새!

6. 진짜 멋있는 사람

"당신은 어떤 사람이 멋있다고 생각해?" 이런 질문을 아내에게 던진 적이 있었다. 이럴 때 아내는 대개 자신의 생각을 말하지 않고 도리어 내게 되묻는다.

"당신은요?"

"내가 먼저 물었잖아."

"어차피 당신이 하고 싶은 말이 있어서 꺼낸 거 아니에요, 그러니 뜸 들이지 말고 얘기해 봐요."

"음, 나는 실력이 있으면서 겸손한 사람이 멋있다고 생각해."

"나도요."

대화는 싱겁게 끝났다. 나는 멋있는 사람에 대한 내 정의가 아내에게 감동을 주고, "정말 듣고 보니 그러네요. 참 정곡을 찔렀다고 생각해요", 이런 감탄 섞인 반응을 기대했지만, 아내는 별 흥미 없다는 듯 성의 없이 내게 동의해 버림으로써 대화에 종지부를 찍었다. 나는 조금 멋쩍어져서 부연설명을 생략해 버렸다.

실력이 있으면서 겸손한 사람! 생각만 해도 멋있지 않은가? 실력이 있는 사람을 보면 마음이 시원해진다. 나는 여기서 학벌이나 자격증을 논하는 것이 아니다. 실력 자체를 말하는 것이다. 자기가 하는 일에서 전문가적인 철저함과 높은 완성도를 지향하는 사람은 신뢰가 간다. 그 분야에 있어서는 그 사람에게 믿고 맡길 수 있다는 생각이 들 때 얼마나 마음 든든한가. 중학교 때 기술 선생님은 동시에 훈육주임을 겸하셨는데, 가르침보다는 아이들을 패는 쪽에 탁월하셨다. 수업에 들어오셔서는 언제나 "다 알지요?"라고 말하면서 무엇 하나 제대로 설명해 주신 적이 없었다. 본래 기술 쪽에 관심도 이해도 부족한 나로서는 시험 때마다 교과서와 참고서를 그냥 외울 수밖에 없었다. 그러던 어느 날 담당 선생님에게 사정이 생겨서 다른 선생님이 들어오셨다. 그분은 수세식 화장실의 원리를 간단히 설명하셨는데, 그 이치가 너무 오묘해서 나는 기술이란 것이 이토록 재미있는 과목이었나 싶어서 놀라지 않을 수 없었다. 처음으로 실력 있는 분을 만난 것이었다. 불행히도 그 선생님의 강의는 그것이 처음이자 마지막이었다.

내가 재미있게 보았던 TV 프로그램 중에 두 팀이 요리대결을 벌이는 일본 프로가 있었다. 이 프로 중간에 요리에 들어가는 재료나 기구를 최상으로 제공하는 산지를 찾아가 소개하는 내용이 나온다. 그것을 보면서 나는 "아, 이것이 일본인들의 장인정신이구나!" 하고 감탄하지 않을 수 없었다. 옥수수 하나, 망고 하나를 재배해도 세계 최고를 추구하는 그 철저함에 고개가 숙여진다. 무엇이든 그 일의 완성도를 높이기 위해 최선을 다하면 예술이 된다. 그리고 모든 예술은 감동을 준다. 실력 있는 사람은 멋있다.

하지만 실력이 있어도 교만한 사람은 반갑지 않다. 그 실력에는 경의를 표하지만, 자기 실력을 믿고 뽐내고 자랑하는 거만한 모습에는 불쾌감이 느껴진다. 자신감을 넘어서 자기가 최고인양 다른 사람을 무시하고 늘 자기자랑으로 가득 찬 사람을 보면 정나미가 떨어진다. 때로 사람들의 자의식을 엿보게 될 때가 있는데, 대체로 사람들은 자신의 강점을 실제보다 더 크게 평가하는 경향이 있다. 실력은 중요하지만 교만의 첩경이기도 한 것이다. 차라리 실력은 없지만 겸손한 사람이 훨씬 낫다. 우리는 실력과 겸손 가운데 양자택일을 할 필요는 없다. 실력이 있으면서도 얼마든지 겸손할 수 있기 때문이다. 언젠가 대천덕 신부님께서 어떤 기독교인 교수님을 소개하신 글을 읽은 적이 있다. 그분은 뛰어난 지식과 실력을 가졌지만 결코 위협적으로 느껴지지 않는 소박한 분이라고 하셨다. 나는 이 묘사를 읽고 한 번도 이분을 뵌 적이 없지만 당장 이 교수님이 좋아졌다. 이런 분이라면 그 앞에 고개를 숙이고 많은 가르침을 받고 싶은 마음이 들 것이다.

실력과 겸손을 기준으로 네 종류의 사람을 말할 수 있다. 첫째, 실력이 있고 겸손한 사람, 둘째, 실력은 있지만 교만한 사람, 셋째, 실력은 없지만 겸손한 사람, 넷째, 실력도 없으면서 교만한 사람. 네 번째 부류에 속한 사람도 있겠는가 하고 생각하겠지만, 의외로 많은 사람이 여기에 속한다. 나는 우리 그리스도인들이 겸손 쪽은 강조하면서도 실력 쪽은 무시하는 경향이 있지 않는가 하는 생각이 든다. 기독교에서는 은혜를 너무 강조하기 때문일 것이다. 하지만 은혜는 게으름이나 책임회피를 정당화하지 않는다. 바울은 다른 모든 사도들보다 더 열심히 주님을 위해 수고한 후에 "나의 나 된 것은 은혜로 말미암은 것이다"라고 고백했다. 은혜는 용납하시는 사랑일 뿐 아니라 변화시키시는 힘이다. 우리는 하나님의 영광을 위해 최선을 다해야 한다. 결코 세 번째 부류에 만족해서는 안 된다. 실상 참으로 겸손하다면 최선을 다하기 마련이고 최선을 다할 때 실력이 향상되는 것은 당연하다. 실력이 꽃의 아름다움이라면 겸손은 꽃의 향기다. 못생겨도 향기로운 꽃이 아름다우면서도 악취를 풍기는 꽃보다는 낫겠지만, 왜 둘 다 갖출 수 없단 말인가? 실력이 있으면서 겸손한 사람, 진정 멋있는 사람이 되어 하나님께 영광을 돌리자.

7. 코람 데오(Coram Deo), 하나님 앞에서

오래 전에 달라스에서 청년들의 집회를 인도하던 때의 일이다. 기독청년들이 어떻게 살아야하는지를 주제로 강의를 했는데, 강의 후에 한 청년이 제게 찾아와서는, 그런 모든 복잡한 이야기가 무슨 소용이 있느냐는 어조로 "저는 그저 진실 하나면 된다고 생각합니다"라고 말하는 것이었다. 물론 그 말에 수긍할 수 있었지만, 그 청년의 태도가 거북하게 느껴졌다. 그래서 "진실이 무엇인지 아느냐?"고 물었다. 그는 자신 있는 태도로 자신은 오직 진실만을 추구하며 산다고 대답하는 것이었다. 진실이 무엇인가? 누가 진실을 안다고 말할 수 있을까? 그 청년과의 대화 이후로 이 문제를 계속 생각해오고 있다. 실상 그 청년과의 대화 이전부터 삶에서 가장 중요한 것은 진실이라고 생각해왔다. 하지만 진실을 추구하고자 할 때 가장 먼저 부딪히는 벽은 바로 내 자신이 진실하지 않다는 것이었다. 진실의 사전적 정의를 아는 것과 내면에서부터 경험적으로 진실을 아는 것은 전혀 별개의 문제다. 진실이 무엇인지 아는가? 진실에 눈떴다고 생각하는가?

칼빈의 삶의 모토는 코람 데오, 즉 '하나님 앞에서'였다. 이 말만 큰 진실이 무엇인지를 정확히 보여주는 것은 없다고 생각한다. 예레미야는 만물보다 거짓되고 심히 부패한 것이 인간의 마음이라고 했다. 인간에겐 진실이 없다. 타락한 인간의 본성, 즉 자아는 너무나 간교하고 왜곡되어 있다. 우리는 진실을 보고 감동하고 또 마음에 진실하고 싶은 소원도 가질 수 있지만, 정작 진실하지는 못하다. 그래서 인간적 차원에서의 진실은 자신이 진실하지 않다는 사실을 깨닫는 것이며, 그러한 자각은 성령께서 주신다. 오직 하나님만이 진실하시다. 그분에게는 거짓이 조금도 없으시다. 우리는 하나님 앞에서 살 때에만 진실할 수 있다. 많은 경우 하나님은 우리의 거짓됨을 보여주심으로써 우리를 참된 진실로 이끄신다. 내 안에 악과 거짓을 깨닫는 것, 그래서 자신을 신뢰하지 않고 끊임없이 하나님 앞에서 자신을 돌아보려고 하는 것, 그것이 진실을 향해 가는 길이다. 우리는 성령의 지배를 받음으로써만 양심에 거리낄 것 없는 진실한 상태에 이를 수 있다. 이것이 우리가 늘 하나님 앞에서 살아야 할 이유이다.

8. 오직 나와 내 집은

여호수아서 24장을 묵상하던 때다. 본문은 여호수아가 세겜에서 이스라엘 백성을 이끌고 하나님과의 언약을 갱신하는 장면이다. 여호수아는 먼저 하나님이 조상 아브라함을 부르신 일부터 시작해서 가나안으로 인도하신 일, 애굽에서의 노예생활, 모세를 통한 출애굽 사건과 광야생활 등 지난 일들을 회고한다. 그는 하나님이 이스라엘에게 베푸신 모든 은혜를 추억한 후 백성들에게 한 가지 선택을 요구하는데, 그들이 하나님을 섬길 것인지 아니면 가나안의 신을 섬길 것인지를 결정하라고 촉구한다. 그러면서 "오직 나와 내 집은 여호와를 섬기겠노라"고 선포한다. 이 말씀을 묵상하면서 가슴에 벅찬 감동을 느꼈다. 다른 사람들은 어떤 결정을 내리든지 간에 "오직 나와 내 집은" 하나님만을 섬기겠다는 확고한 여호수아의 신앙은 비느하스나 갈렙처럼 하나님께 대한 진실한 충정에서 나온 고백이었다. 비록 소수라 할지라도 신실한 종들의 헌신으로 여호와 신앙은 그 맥을 이어온 것이다. 물론 그조차도 인간의 공로가 아니라 하나님의 은혜이지만. 나는 이 말씀을 지금까지 여러 차례 묵상했었는데 이번에는 새로운 점을 보게 되었다.

나는 이 말씀을 묵상할 때마다 늘 "나"에게 초점을 맞추어왔다. 제자의 길을 가르치고 촉구하는 목회자로서 많은 사람들이 참 제자의 길을 가려고 하지 않는 것을 오래도록 봐왔다. 그 때마다 다른 사람들에게 영향을 끼치지 못한다는 사실 때문에 무력감과 패배감이 밀려오기도 하였다. 하지만 비록 내가 다른 사람을 바꾸진 못해도 내가 나 자신을 향해서는 선택할 수 있다는 사실이 기뻤다. 나만이라도 주님을 따르겠다는 것이다. 그런데 이번에는 "내 집"이라는 표현에 눈길이 갔다. 나는 주님을 따른다 해도 우리 아이들이 그렇지 않다면 어떻게 되겠는가? 바울은 로마서에서 자신의 동족이 그리스도를 믿을 수만 있다면 자신이 그리스도에게서 끊어질지라도 상관 없다고 말한다. 나도 아이들을 생각할 때 비슷한 심정이다. 내가 주님을 끝까지 믿는다고 해도 우리 아이들이 신앙에서 떠난다면, 그래서 주님을 부인하고 주님과 상관없는 사람들이 된다면 과연 내가 기쁠까? 상상만 해도 가슴이 미어진다. 솔직히 말하면, 차라리 내가 구원을 잃더라도 자녀들은 주님의 사람이 되었으면 좋겠다. 그런데 그게 내 마음대로 되는 것이 아니지 않는가. 자녀들도 독립된 인격체들이니 부모의 뜻대로 어찌 할 수 없다. 다만 부모로서 내가 할 수 있는 일은 아이들을 위해서 간절히 기도하고 본을 보이고 말씀으로 잘 가르치는 것뿐이다. 우리를 둘러싼 세상이 너무 강하고 그 영향력이 너무 깊고 넓고 진하게 미쳐 있기에 자녀들이 바른 신앙 안에서 자라기가 어려워졌다.

말씀을 묵상하다가 이런 생각들로 마음이 무거워졌을 때, 나는 다시 본문을 보았다. 여호수아는 먼저 하나님이 행하신 일들을 선포한다. 그는 하나님이 자신들을 택하셨고 인도해 오셨다고 말한다. 하나님이 자신들을 위해서 싸우셨다고 외친다. 하나님의 백성됨은 우리에게 달린 것이 아니라 하나님께 달려 있다는 고백이다. 하나님이 강제로, 기계적으로 당신의 백성으로 만드시는 것은 아니고, 인격적으로 우리를 대하시고 감화시키시며, 우리가 자원하는 마음으로 반응하도록 오래 기다려주신다. 따라서 우리의 인격적인 결단과 믿음의 반응이 필요하지만, 그것조차 하나님이 우리 안에서 이루시는 은혜의 역사의 결과인 것이다.

자녀들의 신앙은 물론이고 나 자신의 신앙을 유지하는 것도 하나님의 은혜뿐이다. 따라서 우리는 하나님만을 의지하고 당신의 뜻을 우리 안에서 이루시도록 간절히 기도해야 한다. "오직 나와 내 집은"이라는 표현은 하나님께서 은혜의 손길이 붙들어주신다는 믿음이 전제되어 있는 것이다. 내 결심에 초점을 맞춰서는 안 되고 하나님의 은혜를 믿고 신뢰하는 것에 초점을 맞춰야 한다. 여호수아의 고백은 굳센 결심과 이를 악무는 굳은 각오가 아니라, 하나님의 주권적 사랑에 감복하여 기쁨과 감사 속에서 드리는 사랑의 고백인 것이다. 이를 깨닫고 나니 다시 기쁨과 감사가 충만해졌다. 진심으로 주님께 고백할 수 있었다. "오직 나와 내 집은 여호와를 섬기겠습니다."

9. 예수만 섬기는 우리 집

정초가 되면 한 해를 어떻게 살 것인지를 생각하면서 목표를 세우고 각오도 새롭게 다진다. 이를 위해 한 해 동안 붙들고 살 성경구절을 정하기도 한다. 물론 내 마음대로 마구잡이로 택하는 것이 아니고, 주님이 지금 내게 말씀하고 계시다고 여겨지는 구절, 즉 내 신앙 여정에 적절하다고 여기는 말씀을 기도와 묵상 중에 정한다. 금년에 내가 정한 성구는 여호수아 24장 15절의 마지막 부분이다. "오직 나와 내 집은 여호와를 섬기겠노라." 나는 이 구절을 금년 한 해 뿐 아니라 아예 우리 집의 가훈으로 삼기로 했다. 이 구절을 약간 변형해서 "예수만 섬기는 우리 집"으로 문구를 정했다. 이 문구는 찬송가 305장 "사철에 봄바람 불어 잇고"의 후렴에 나오는 가사이기도 하다. 나는 이 찬송가가 너무 좋다. 가사와 곡이 둘 다 좋으며, 곡을 만든 이들이 한국인이라서 더욱 맘에 든다. 나는 "예수만 섬기는 우리 집"(수 24:15)을 금년에 주님이 내게 주신 성구로, 그리고 앞으로 우리 집 가훈으로 정하고 아이들에게도 가르쳐주었다. 가정예배 바인더에 이 문구를 넣어 표지를 만들어서 모든 가족들에게 나눠주었다.

예수만 섬기는 우리 집! 얼마나 멋진가! 내게 가장 큰 기쁨과 위로를 주는 두 단어가 있다면, 그것은 예수님과 가정이다. 그 둘을 합쳐 놓았으니 듣기만 해도 가슴이 설레는 것은 당연하다. 신앙생활을 하면 할수록 예수님을 잘 믿는 것이야말로 최상의 가치란 것을 더욱 깊이 깨닫고 있다. 예수님을 잘 믿는 것은 수단이 아니라 목적이다. 예수님을 잘 믿으면 하는 일마다 축복을 받아 성공하게 되고, 온 가족이 건강하고, 또 아이들도 공부 잘하게 된다는 말이 아니다. 예수님을 믿는 것은 우리의 번영이라는 목적을 추구하는 수단이 아니다. 오히려 거꾸로다. 내가 하는 일이 잘 되기를 바라고 우리 몸이 건강하고 아이들도 슬기롭게 자라주기를 원하는 것은 예수님을 더 잘 섬기기 위해서다. 그렇다고 예수님을 섬기기 위해서는 성공과 건강과 재능이 꼭 필요하다는 말은 아니다. 무엇이든지 내게 주어진 것으로 최선을 다해 정성껏 섬기면 예수님은 기뻐하신다. 부부에게 가장 중요한 것은 사랑이다. 서로 사랑하기에 가정을 이루는 것이고, 그 사랑을 활짝 꽃 피우기 위해 좀더 나은 여건을 추구하는 것이다. 그 순서와 중요성이 뒤바뀌면, 그러니까 좀 더 나은 경제적 형편과 삶의 여건을 얻기 위해 배우자를 얻고 결혼을 한다면, 본말이 전도된 선택이 된다. 사랑을 위해 다른 것들이 필요한 것이지 그 반대가 아니다. 예수님을 믿는 것은 예수님과 사랑의 관계에 들어가는 것이다. 그러기 위해서는 먼저 예수님의 매력에 빠져야 한다. 성령께서 우리 마음의 눈을 열어주시면 우리는 예수님의 영광을 보고 예수님의 얼굴에 드러난 하나님의 영광을 보게 된다. 예수님처럼 거룩하신 분, 예수님처럼 의롭고 진실하고 겸손하고 온유하고 인자하신 분을 본 적이 있는가? 예수님을 참으로 알게 되면 그분을 흠모하지 않을 수 없다. 또 우리에게 베푸신 예수님의 사랑을 알게 되면 그분을 사랑하지 않을 수 없다. 그분은 나를 희생적으로 사랑하셨다. 내가 받을 심판을 대신 받으셨고, 내가 겪어야 할 고통과 죽음을 대신 당하셨다. 예수님의 사랑을 알게 된 자들은 너무 고맙고 황송해서 예수님을 위해서라면 목숨을 바쳐도 아깝지 않은 마음을 갖게 된다. 내게 주님께 드릴 수 있는 생애가 한번 뿐인 것이 아쉬울 뿐, 주님께 드리기 아까워 망설이는 일은 없다. 이것이 믿음이요 사랑의 비밀이다.

나는 예수님의 사랑을 받았고 예수님을 사랑한다. 나는 우리 아이들을 사랑한다. 내게는 예수님 다음으로 우리 아이들이 소중하다. 우리 아이들이 다른 집 아이들보다 더 잘생겼거나 더 똑똑하거나 더 착하기 때문이 아니다. 하나님이 우리 부부에게 이 아이들을 맡겨주셨고, 그 일을 감당하도록 부모의 사랑을 주셨기 때문이다. 나는 우리 아이들에게 최선의 것, 최상의 선물을 주고 싶다. 그것은 예수님을 믿는 신앙이다. 나는 우리 아이들이 무엇보다도 예수님을 잘 믿는 사람들이 되기를 원한다. 그 애들이 세상에서 꼭 성공하고 잘 나가야 한다고 생각하지 않는다. 그렇게 되면 좋겠지만 그렇게 되지 않아도 괜찮다. 그 애들이 예수님을 알고 그분의 사랑에 사로잡혀 산다면, 어떤 형편에서든지 행복하고 기쁘게 살 수 있을 것을 알기 때문이다. 온 가족이 예수님의 사랑에 사로 잡혀 서로 사랑하면서 예수님만 섬기며 살아가는 믿음의 가정처럼 아름다운 그림이 또 있을 수 있을까? 세상의 가치관을 따르지 않고, 자기만족을 추구하며 성공과 번영이라는 우상을 섬기지 않고, 오직 예수님의 말씀만을 좇으며 그분만 섬기는 우리 집! 나는 우리 집이, 또 우리 교우들 집집마다 모두 예수만 섬기는 가정들이 되기를 기도한다. "고마워라, 임마누엘, 예수만 섬기는 우리 집!"

10. 행복과 감사

한국에서 고등학교 때 배운 영어 문장 중에 "Happiness consists in satisfaction(행복은 만족에 있다)"라는 것이 있었다. 선생님은 이 문장으로 어떤 문법을 가르치려 했던 것 같은데, 나는 이 문장의 내용에 더 마음이 끌렸다. 명언이라고 생각했던 것이다. 후에 어떤 분에게 이 문장을 말씀드렸더니, 그분은 "행복한 돼지가 되기보다는 불행한 소크라테스가 되겠다"는 말은 어떻게 생각하느냐고 물으셨다. 그분의 요지는 행복이란 것이 객관적인 상태인지 아니면 주관적인 느낌인지를 먼저 물어야 한다는 것이었다. 나는 잠시 혼란스러웠지만 결국에는 둘 다여야 한다고 결론에 이르렀다. 행복이란 주관적인 만족만일 수 없다. 마약을 하면서 황홀경에 빠져있는 사람이 지극히 행복하다고 말할 때, 우리는 동의할 수 없을 것이다. 그의 행복은 객관적 실재에 근거한 것이 아니기 때문이다. 반면에 객관적으로는 행복의 조건을 다 갖추었다고 해도 주관적으로 만족이 없다면 그 또한 행복이라고 말할 수 없을 것이다. 참된 행복은 객관적으로 복된 상태에 있고 그것을 주관적으로 깨닫고 느낄 때 이루어진다. 그렇다면 그 둘을 잇는 연결고리는 무엇인가?

주님은 산상수훈의 팔복에서 하나님 나라의 백성을 묘사하시면서 그들에게 "행복하여라"라고 선언하셨다. 그들은 하나님 보시기에, 즉 객관적으로 행복한 자들이었다. 하지만 그들이 자신들의 복된 상태를 깨닫지 못한다면 어떻게 될까? 팔복에 묘사된 사람들은 성령의 은혜로 내면의 성화 과정을 거치고 있기에, 어쩌면 주관적인 만족을 추구하는 자들은 아니라고 해야 할 것이다. 따라서 그들은 자신들이 행복한지 여부에 별 관심을 두지 않을 것이다. 그들은 행복이 아니라 거룩을 추구하기 때문이다. 하지만 그들은 행복하냐는 질문을 받을 때 그렇다고 대답할 것이다. 그들이 진정 목말라하고 사모하는 참된 의를 하나님께서 그들의 심령에 채워주시기 때문이다. 그들은 객관적으로도 복된 상태에 있고 주관적으로도 만족을 느낀다. 그들에게 있어서 그 둘을 잇는 연결고리는 감사다. 그들은 하나님의 말씀을 참으로 믿고 있으며, 그에 따라 자신들이 "하늘에 속한 모든 신령한 복"을 받고 있음을 인정하는 자들이다. 감사는 나의 객관적인 상태가 하나님 보시기에 복됨을 믿음으로 인정하는 것이다. 행복의 비결은 감사다.

11. 정죄하는 습관

요한복음 8장에는 간음하다가 현장에서 잡힌 한 여인의 이야기가 나온다. 서기관과 바리새인들은 그 여인을 예수님께로 끌고 와서 모세의 율법에는 이러한 자를 돌로 치라고 되어있는데 어떻게 하면 좋겠느냐고 묻는다. 물론 그들의 의도는 뻔하고 악하다. "저희가 이렇게 말함은 고소할 조건을 얻고자하여 예수를 시험함이러라"고 요한은 밝힌다. 예수님이 그들에게 돌로 치라고 명하시면 그들은 예수님이 말씀하신 사랑과 용서는 어디로 갔느냐고 되물을 것이고, 돌로 치지 말라고 명하시면 모세의 율법을 어긴다고 따질 것이었다. 예수님은 몸을 굽히시고 묵묵히 땅에 손으로 무엇인가 쓰고 계셨다. 마침내 예수님은 몸을 일으키시고 말씀하셨다. "너희 중에 죄 없는 자가 먼저 돌로 치라." 이 말을 들은 사람들은 하나 둘씩 손에 쥐었던 돌을 내려놓고 그 자리를 떠났다. 유일하게 죄가 없으셨던 예수님은 그 여인을 정죄하지 않으셨고 다만 다시는 죄를 짓지 말라고 말씀하셨다.

    나는 이 이야기를 읽을 때 손에 돌을 쥐고 여인을 고소하던 자들과 자신을 동일시해왔다. 남을 정죄할 수 있는 자격이 내게 없다는 사실을 다시 한 번 깨닫고, 나도 예수님처럼 사랑이 충만하여 남을 용서하며 살아야겠다고 다짐한다. 하지만 내 결심은 얼마 가지 못하고, 또 다시 쉽게 남을 비판하고 정죄하는 자신을 발견하게 된다. 나의 문제는 무엇일까? 나는 이 이야기를 읽으면서 한 번도 나 자신을 간음하다 현장에서 잡혀 온 여인과 동일시한 적이 없었다. 자신의 죄를 부인하거나 변명할 여지가 전혀 없이 자신을 손가락질하며 돌로 치려는 성난 군중 앞에 수치심과 두려움에 떨며 무방비상태로 서있는 여인의 모습은 내가 정죄하지 말고 용서해야 할 사람이었지, 결코 나 자신의 모습으로 여기지는 않았던 것이다. 나는 남을 정죄할 자격이 없는 자일지언정, 내가 정죄 받아야 할 자라고는 꿈에도 생각해보지 않은 것이다. 전형적인 바리새인의 모습이다. 나의 문제는 언제나 내가 남을 용서하는 데 있었지, 내가 용서를 받아야한다는 데 있지 않았다. 이런 사고방식에 젖어있다면 손에 돌을 쥐었다 내려놓았다를 반복하면서, 나는 왜 마음이 넓지 못할까, 나는 왜 사랑이 부족할까 정도의 반성만 하고 있을 수밖에 없다. 내 실상은 그 정도가 아니다. 내가 간음한 여인인 것이다. 내가 죄를 지은 것이다. 그 사실을 뼛속 깊이 깨달을 때에만 나는 남을 정죄하지 않을 수 있다. 정죄는커녕 나부터 용서를 받아야 하기 때문이다.

12. 유행성 신앙

나는 유행을 별로 좋아하지 않는다. 우선 유행이 가장 민감하게 반영되는 의상 쪽에 대해서는 옷을 고를 줄도 입을 줄도 모르고, 또 옷걸이에 자신이 없기 때문에 진작부터 포기해버린 상태다. (일전에 three button, four button 양복이 유행했을 때도 나는 전혀 관심 밖이었다.) 옷에 대한 내 생각은 매번 무엇을 입어야 할 지 고민하지 않아도 되게 무슨 국민복 같은 것이 있으면 좋겠다는 식이니 얼마나 한심한가? (사실 모두가 그런 옷을 입고 있는 장면을 상상해보면 내가 생각해도 소름이 끼친다.) 그런 내가 목사복(사제복)을 선호하지 않는 것은 교역자를 자꾸 특별한 계층으로 구분하려는 제사장 신학에 대한 반발 때문이다. 아무튼 옷에 있어서 뿐만 아니라, 나는 대체로 모든 유행을 무의미하고 피곤한 것으로 여기는 편이다.

유행이란 무엇이며 어떻게 생기는가? 유행이란 남들과 다르고 싶어 하는 사람들과 남들과 같아지고 싶어 하는 사람들 때문에 생기는 것이라는 누군가의 말은 정말 정곡을 찔렀다고 생각한다. 어떤 사람들은 자신들이 남들과 같다는 사실을 견디지 못해 한다. 그래서 옷을 입어도 어딘가 다르게 입으려 하고 물건을 사도 뭔가 색 다른 것을 고르고 싶어 한다. 이들은 다름 또는 요즘 많이 쓰는 말로 차별화를 통해 자신들의 존재를 확인하고 드러내고 싶어 하는 자들이다. 그런가 하면 어떤 사람들은 남들과 같아야 안심이 되고 편안해진다. 그래서 항상 남들이 어떻게 하는가를 살피고 그대로 좇아 하고자 한다. 이들은 다르다는 사실에 불안을 느끼고 같아짐으로써 소속감과 자기정체성을 확인하고 싶어하는 자들이다. 전자는 유행을 선도하고 후자는 유행을 따라간다. 이 두 부류는 그 성향이 매우 다른 것 같지만, 실상은 공통점을 갖고 있다. 둘 다 남들과의 비교의식 속에서 살아간다는 것이다. 이들의 선택의 기준은 언제나 "남들"이다. 남들과 다르고 싶어 하는 심리나 남들과 같아지고 싶어 하는 심리는 실상 동전의 양면에 지나지 않는다. 마치 우월감과 열등감과 같은 경우다. 둘 다 남과의 비교에서 발생하기 때문이다. 만일 대부분의 사람들이 남들과 같던 다르던 신경 쓰지 않는다면 유행은 생기지 않을 것이다. 하기야 요즘에는 사람들의 성향 때문만 아니라, 상업주의적인 선전과 선동으로 인해 유행이 인위적으로 만들어지고 있는 실정이니 무슨 말을 더하랴?

  옷이나 생활방식 등에 있어서의 유행은 그래도 나은 편이다. 신학이나 신앙생활에도 유행이 있다는 사실에는 그저 어안이 벙벙해질 따름이다. 자유주의적인 교회는 신학에 있어서, 보수주의적인 교회는 신앙생활에 있어서 그런 경향이 짙다. 한때 교회마다 제자훈련을 해야 한다고 외쳤던 적이 있었다. 심지어는 교회가 무슨 학교냐는 반발이 나올 정도였다. 그 후에 예배 스타일에 변화가 일어난 것도 유행적인 면이 크게 작용했다. 요즘은 너도 나도 열린 예배를 말하는데, 예배의 형식을 보다 더 자유롭게 한다는 뜻인지 아니면 불신자들도 편안하게 참석할 수 있게 한다는 뜻인지 불분명한 느낌이다. 또 QT가 유행한 적도 있었다. 나도 QT 세미나를 인도하러 다닌 적이 있었는데, 목사님들 중에는 QT하면 교회가 성장하느냐고 묻는 분들도 있었다. 그렇게 보면 교회성장이야말로 최장 기간 유행하는 목회철학이다. 내적치유나 영적전투, 가정사역 등도 모두 한때 인기를 누렸던 유행 품목들이다.

신앙생활이 결코 유행을 따라서는 안 되는 이유는 신앙은 본질에 관한 것이며, 사람들이 아니라 하나님이 기준이 되시기 때문이다. 신앙이란 무엇인가? 하나님과의 바른 관계 아닌가? 그리고 그 관계로부터 파생되는 삶 전반에 걸친 새로운 질서 아닌가? 신앙은 표면적인 것이 아니다. 스타일의 문제가 아니고 형식의 문제가 아니다. 신앙은 본질의 문제고 원리의 문제다. 그 형식은 어떻게 바뀌든 관계없이 그 본질에는 변함이 있을 수 없다. 주님의 뒤를 좇는 제자의 삶이 본질적인 것이라면 제자훈련은 결코 프로그램의 문제일 수 없다. 말씀 묵상도, 참된 예배도, 성경적 가정을 이루는 일도 결코 유행성 운동이 될 수 없다. 신앙생활은 또 남들을 기준으로 하는 것이 아니다. 남들이 하니까 하고 남들이 안 하면 안하는 것이 아니다. 변함없으신 하나님 앞에 서는 것이다. 어떤 이들은 여기서도 남들보다 앞서야 한다고 생각하는 것 같다. 첨단 목회라는 말을 어디선가 읽은 적이 있는데, 마치 앞서가는 목회자, 앞서가는 교회라는 이미지를 풍겼다. 무엇을 앞서 간다는 말인가? 목회정보나 방법론에 있어서인가? 신앙생활은 유행이 아니라 말씀과 성령님의 인도를 좇아서 하는 것이다. 유행성 신앙은 다름 아닌 세상의 정신이 교회를 지배하는 모습이다. 유행성 신앙의 문제는 형식을 흉내 냄으로써 내용도 가지고 있다고 착각하게 되는 것이다. 유행을 좇지 말고 성령님을 좇자. 스타일이 아니라 본질을 추구하자. 첨단 운운하지 말고 옛 우물을 다시 파자.

13. 신앙과 사람됨

오래 전의 일이다. 잘 아는 어느 집을 방문한 적이 있었는데, 그 집과 친한 어떤 분이 오셔서 자기 아들 혼사에 얽힌 말씀을 하시는 것을 듣게 되었다. "아 글쎄 우리 아들이 뭐가 부족합니까? 믿음이 없다고 혼담을 거절하는 게 말이 됩니까? 아니, 사람 자체를 봐야지 무슨 신앙 같은 걸 가지고 자격을 논합니까?" 그 집 아들은 의사요 자타가 공인하는 수재였다. 외모도 그만 하면 빠지지 않았고 어느 모로 보나 모든 사람이 탐낼만한 신랑감이었다. 그 어머니는 그런 자랑스러운 아들이 단지 믿음이 없다는 이유로 여자 측으로부터 퇴짜를 맞은 것이 몹시 분했던 모양이다. 사람 자체를 보아야 한다는 그분의 주장은 학벌과 지적 능력, 집안 배경, 사회적으로 인정받고 경제적으로 안정된 직업 등을 염두에 둔 것 같았다.

나는 그분의 얘기를 듣다가 두 가지 생각을 하게 되었다. 첫째는 그런 좋은 조건을 갖춘 사람을 믿음이 없다고 거절한 여자가 무척 훌륭하고 존경스럽게 보였다는 것이다. 그런 여자가 어디 흔하겠는가? 그 정도 조건이면 누구나 어떻게든 혼담이 성사되기를 바랐을 텐데, 그 여자에게는 신앙이 없다면 그 모든 것이 소용이 없었던 것이다. 바울은 고린도후서 6장에서 "너희는 믿지 않는 자와 멍에를 같이 하지 말라"고 분명히 말한다. 참으로 그리스도를 자신의 주님으로 모신 사람이라면, 그리스도를 믿지 않는 사람을 배우자로 맞는 것은 사실 생각할 수 없는 일이다. 가치관과 사고방식이 달라 매사에 부딪힐 것이 뻔하고, 무엇보다도 중심이 통하지 않기 때문이다. 아무튼 누군지는 몰라도 그 여자 분의 신앙에 나는 놀라고 감동했다.

둘째는 그 어머니의 사고방식이 매우 기이하게 보였다는 것이다. 그분은 신앙이 사람됨 자체와 아무 관련이 없다고 생각하는 것 같았다. 지적 능력이나 외모, 가정환경과 직업 등은 사람됨의 주된 요소이지만, 신앙은 그저 개인의 선호 문제나 취미 정도에 지나지 않는다는 말인가? 사실 많은 교인들을 볼 때 그분이 그런 생각을 하게 된 것도 이해가 간다. 믿는다고 하지만 그 믿음이 그 사람의 인격과 사고방식에 별 영향을 주지 않는 경우를 너무 많이 보기 때문이다. 많은 사람들이 신앙을 있어도 그만 없어도 그만, 또는 있으면 좋지만 없어도 무방한 일종의 엑스트라 정도로 취급한다. 그런 신앙이라면 그 사람의 사람됨에 아무 영향도 끼칠 수 없는 것이 당연하다. 그렇다면 위에 그 어머니가 보인 반응도 전혀 이상할 바가 없을 것이다. 하지만 그런 신앙은 참된 기독교 신앙이라고 할 수 없다. 기독교 신앙이란 성경의 하나님과 그리스도를 믿는 것이다. 성경의 하나님과 그리스도는 우리의 전부를 요구하시고 우리의 온전한 헌신과 순종을 요구하신다. 내가 만들어낸 하나님을 믿는다면 내 마음대로 믿어도 되겠지만 성경의 하나님을 믿는다면 그 하나님이 정하신 믿음의 길을 따라야 한다. 다시 말하면 기독교 신앙에 있어서는 그 주도권이 우리에게 있지 않고 하나님께 있다는 것이다. 이 점을 인정하지 않는다면 기독교 신앙이라고 할 수 없다.

신앙은 삶의 한 부분이 아니라 전부에 해당된다. 따라서 삶의 모든 부분이 신앙에 따라 움직여야 한다. 가정생활이나 직업이 신앙과 분리될 수 없고 여가생활과 취미가 신앙과 분리될 수 없다. 김진홍 목사님의 "새벽을 깨우리로다"에 보면 장로가 사장인 회사의 어느 이사(자신도 집사인)가 "기업을 신앙으로 합니까?"라고 묻는 장면이 나온다. 당연하다. 기업도 신앙으로 해야 하고 학문도 신앙으로 해야 한다. 바울은 심지어 먹고 마시는 일도 하나님의 영광을 위해 하라고 말했다. 또 신앙은 인격의 여러 요소 중 하나가 아니라 중심을 형성한다. 지성, 감성, 의지에 덧붙여 영성이 또 하나의 요소가 되는 것이 아니라 지성도 감성도 의지도 모두 신앙에 따라 작용하게 되는 것이다. 기독교 신앙의 성격 자체가 이러하기 때문에, 다시 말해서 우리의 신앙의 대상이신 하나님이 우리의 전부를 요구하시는 분이기 때문에, 신앙은 사람됨과 무관할 수 없다. 사람됨에 영향을 끼치는 정도를 너머서 아예 사람됨 자체가 그 신앙에 의해 형성될 수밖에 없는 것이다. 흔히 "먼저 사람이 되라"는 말을 한다. 목사도 좋고 선교사도 좋은데 그보다 먼저 사람이 되어야 하지 않겠냐고 어느 분이 분통을 터뜨리는 것을 본 적이 있다.

그분은 아마 목사나 선교사 중에 그들의 직분이 요구하는 인격과 양식을 갖추지 못한 자들을 만나보고 마음이 상했던 것 같다. 그분의 심정 또한 충분히 이해하고 남는다. 하지만 이 경우에도 문제는 여전히 신앙이다. 인격이 갖추어지지 않았는데 신앙만 있으면 뭐 하느냐는 질문에는 그 신앙은 제대로 된 것이 아니라고 답할 수밖에 없다. 먼저 인격을 갖추고 신앙을 가져야 하는 것이 아니다. 신앙 자체가 인격의 근거요 보증이어야 한다. 실상 모든 사람은 의식하든 못하든 자신의 신앙에 의해 그 사람됨이 이루어진다. (무신론, 불가지론, 무관심도 일종의 신앙이다.) 내 사람됨은 내 신앙의 반영임을 기억하자.

3부
복음을 사는 신앙

1. 영성 지수(Spiritual Quotient)

그리스도인의 지성(mind)은 IQ(지능지수)의 문제가 아니라고 했더니 한 교우님이 "요즘에는 IQ보다 EQ(감성지수)가 더 중요하다고들 한다"는 말씀을 하셨다. 흔히 머리가 좋은 것이 가장 중요하다고 생각했던 시절이 있었는데, 이제는 정서적으로 안정되고 동기부여가 잘 된 사람이 사회에의 적응 능력이나 일의 성취도에 있어서 더 앞선다는 것을 주목하게 된 것이다. 그런데 우리 그리스도인들에게 있어서는 IQ나 EQ보다 더 중요한 것이 있다. 그것은 바로 SQ이다.

IQ는 대체로 타고나는 것이고 EQ도 어느 정도 유전적 영향을 받고 있다고 한다면 SQ는 전적으로 하나님과의 관계에서 우리의 반응에 달려있다. 따라서 이 면에 있어서 자신의 타고난 기질이나 능력 여부에 대해 자만심을 갖거나 열등의식에 빠질 이유는 전혀 없다.

그렇다면 SQ(영성지수)는 무엇이며 어떻게 측정할 수 있는가? SQ는 우리가 성령님의 인도에 얼마나 민감한지를 가리키며, 우리의 영성 상태를 말한다. SQ를 측정하는 데 어떤 객관적인 기준이 있는 것이 아니다. 결국 하나님과의 관계에서 내가 얼마나 성령의 인도하심을 민감하게 분별하고 전적으로 순종하는지는 각 사람의 외모를 보지 않으시고 중심을 보시는 하나님만이 아실 수 있다. 하지만 수치로 정확히 나타낼 수 없다 해도 대체적인 영성의 정도를 알 수 있는 한 가지 평가 방법이 성경에 나와 있는데, 바로 성령의 열매다 (갈 5:22-23). 영성지수란 성령님께 바르게 반응하는 정도를 가리키는 것이므로, 그러한 반응의 결과인 성령의 열매야말로 영성의 상태(SQ)를 보여주는 가장 확실한 척도라고 할 수 있다.

SQ가 높은 (또는 깊은) 사람은 무엇보다도 자기중심성에서 벗어난 사람이다. 성령의 열매인 사랑은 자기중심성과 가장 반대되는 특성이기 때문이다. IQ가 높은 사람들은 흔히 교만하기 쉬운데, SQ가 높은 사람은 그와 정반대다. 또 SQ가 높은 사람은 주변 사람들에게 큰 유익을 끼친다. 사랑은 섬기는 것이기 때문이다. SQ를 개발하고 싶지 않은가? SQ는 소질의 문제가 아니다. 다만 순종의 문제다.

2. 영성과 순종

요즘처럼 영성에 대한 관심이 고조되던 때가 과거에 있었는가 싶으리만큼 오늘날 사람들은 종교의 여부를 떠나서 영성에 관심을 보이고 있다. 아마 물질주의적이고 인본주의적인 현대 문화가 인간의 심성에 깔려있는 종교성을 채워주지 못했기 때문에 일어나는 현상인 듯하다. 그러나 이러한 영성에 대한 관심은 영성의 근원이 되시는 살아 계신 하나님을 향하지 않고 온갖 그릇된 영적 체험을 추구하는 양상으로 잘못 가고 있기도 하다. 이 점은 기독교 영성 운동에서도 종종 드러나는 문제다. 많은 그리스도인들이 영적 체험을 구하지만, 정작 영성의 본질인 하나님과의 바른 관계에 대해서는 이해와 관심이 부족하다.

어떻게 기도해야 하는가? 영적 훈련에는 어떤 것들이 있는가? 우리의 내적 갈등을 해결해 줄 수 있는 어떤 영적 비결들이 있는가? 등등 변화와 체험을 위한 여러 훈련과 비결들에는 큰 관심을 보이는데, 하나님 앞에 바로 살고자 하는 열망, 하나님의 뜻에 순종하고자 하는 결단은 오히려 더 적어진 것 같은 느낌이다. 마치 어떤 영적 체험을 하고 영적 비결을 깨달으면 순종이 쉬워질 것처럼 생각하는 것 같다. 순종이나 자기 부인을 영적으로 깨우치지 못한 단계에서의 몸부림 같이 여기고, 영성이 높은 단계에 들어서면 별 갈등 없이 영적인 삶을 할 수 있을 것처럼 생각하는 경향이 있다.

  순종으로 이어지지 않는 영성은 참된 영성이 아니다. 영성 훈련의 목적은 영적인 체험에 있는 것이 아니라 속사람의 변화에 있으며, 이 변화의 목적과 기준은 여전히 하나님께 대한 순종이다. 순종은 쉽지 않다. 순종에는 왕도가 없다. 매일 자기를 부인하고 자신을 쳐서 주님의 뜻에 복종해야 한다. 우리는 순종을 통해서만 하나님의 뜻을 알 수 있다. 하나님은 순종하지 않는 자들에게 당신의 뜻을 더 이상 보여주시지 않는다. 순종은 순종을 통해서만 배울 수 있다. 기쁨이나 영적 만족감, 마음의 평안 등은 순종에 뒤따르는 부산물이다. 우리의 목적은 순종이지 그 부산물들이 아니다. 온전히 순종하는 것만이 우리의 전심이어야 한다.

3. 순종의 비결

언제부턴가 내 마음의 가장 큰 소원은 주님을 기쁘시게 하는 것이 되었다. 주님이 기뻐하시지 않으면 나도 기뻐할 수 없음을 알게 되었기 때문이다. 이것은 인격적인 사랑의 원리로서 외부에서 강제된 것이 아니라 내 내면에서 스스로 느끼는 감정이다. 이러한 사랑의 원리는 아이들과의 관계에서도 확인된다. 아이들은 자신이 원하는 것과 부모가 원하는 것 사이에 충돌이 있을 경우 어느 쪽을 선택해야할지 갈등한다. 게임을 너무 오래 했다고 판단해서 이제 그만하라고 하면 대체로 아이들은 더 하고 싶다고 한다. 하지만 부모가 정말 실망하는 것을 보게 되면 결국 그만 두게 된다. 부모를 실망시키고 있다는 것을 안 순간 게임이 더 이상 재미없어지기 때문이다. 강제적으로 혹은 처벌의 방법으로 그만 두게 할 수도 있다.

하지만 진정한 순종의 비결은 사랑이다. 주님을 사랑하기 때문에 그분을 기쁘시게 하고 싶고, 그분의 뜻에 따르고 싶어지는 것이다. 그렇지 않고 두려움에서거나 복을 받기 위해서 따르는 것이라면, 인격적인 순종이라고 할 수 없다. 내 마음이 하나님의 사랑에 사로잡혀 있는지가 관건이다. 하나님에 대한 사랑이 내 마음 중심을 사로잡고 있을 때, 우리는 어렵고 힘들어도 기꺼이 순종하고자 할 것이다.

그렇다면 그런 사랑은 어떻게 가능한가? 먼저 하나님의 사랑을 체험할 때 가능하다. 사랑은 본래 내 안에 있는 것이 아니다. 인간은 타락으로 인해 자기사랑의 본능에 사로잡혀 있는 존재다. 자식에 대한 사랑이 예외이긴 하지만, 그것도 자기사랑의 연장이기 때문에 가능할 뿐이다. 사랑은 하나님께 속한 것이며 하나님으로부터 와야 한다. 하나님이 십자가에서 보여주신 그 사랑을 성령으로 말미암아 내 마음에 부어주실 때에만 사랑을 알 수 있고, 비로소 사랑할 수 있다. 이 사랑을 받아들이는 것을 믿음이라고 한다. 믿음으로 하나님의 사랑을 알게 되면, 그분을 사랑하지 않을 수 없고, 순종하지 않을 수 없게 된다. 따라서 순종의 또 다른 비결은 믿음이다. 믿음은 사랑을, 사랑은 순종을 낳는다.

4. 영성훈련의 세 가지 요소

지난 세기 후반부에 들어서서 개신교 내에 영성훈련에 대한 관심이 고조되었다. 그 동안 개신교인들이 강조해온 성경읽기와 기도 외에 소홀히 여겨온 천주교 수도원식 훈련들인 침묵, 고독, 묵상, 금식, 노동이 강조되었다. 특히 QT와 더불어 거룩한 독서(lectio divina)와 관상기도(contemplative prayer)가 큰 관심을 끌게 되었다. 나는 이러한 수도원식 영성훈련들이 나름대로 유용한 측면이 있음을 부인하지 않지만, 복음주의 기독교가 본래부터 강조해 온 일상생활 속에서 성령의 인도를 좇는 삶이야말로 영적형성(spiritual formation)의 본질적 요인이라고 생각한다. 이것을 물을 정수하는 방법에 비유하자면, 수도원식 훈련은 침전식 정수법이라고 할 수 있고, 일상생활에서 성령의 인도를 좇는 것을 여과식 정수법이라고 할 수 있다. 한 가지 덧붙이자면 침전과 여과를 통해 깨끗해진 물도 마지막으로 약품으로 처리하는 화학적 정수를 거쳐야 한다는 것이다. 성화에 있어서 이 세 가지 요소가 어떻게 작용하는지를 살펴보자.

먼저 침전식 훈련이다. 우리는 정기적으로 홀로 있는 시간을 가져야 한다. 매일 말씀묵상과 기도로 주님과 단 둘이 교제하는 시간이 필요할 뿐 아니라 때로는 번잡한 생활에서 벗어나 홀로 있을 수 있는 환경이 필요하다. 기도원에 가거나 홀로 산행에 나서는 것도 좋은 방법이다. 처음에는 온갖 잡다한 생각이 들끓고 마음은 산란해지기 일쑤지만, 며칠 홀로 시간을 보내다보면 생각은 단순해지고 마음은 평화를 되찾게 된다. 때로 고독한 시간을 갖는 것이 영성훈련에 큰 도움이 된다. 문제는 일상생활로 돌아오면 머잖아 다시 생각이 산만해지고 마음이 흐트러진다는 것이다. 이 때 필요한 것이 여과식 훈련이다. 일상생활을 피해 홀로 있는 것이 아니라, 오히려 사람들과 문제들로 부대끼는 일상생활의 한복판에서 주님의 뜻을 찾는 것이다. 침전식 훈련이 필요한 것은 일상생활이라는 여과식 훈련을 제대로 감당해내기 위해서다. 일상생활에서는 주변의 사람들과 내게 일어나는 일을 조절할 수 없을 때가 많다. 훈육관이신 성령님이 나를 내몰고 이끌어 가시기 때문이다. 우리가 할 수 있는 일은 이 모든 상황에서 믿음으로 순종하는 것이다. 그렇게 할 때 성령께서 우리를 연단시키시고 변화시키신다. 침전식과 달리 여과식 훈련은 내가 주도하는 것이 아니라 성령께서 부과하시는 것이다. 성령은 화학식 성화법인 고난을 통해서 우리를 온전히 깨끗케 하신다. 고난이야말로 심령을 깨끗케 하는 열쇠다. 결론적으로 침전식이든 여과식이든 참으로 중요한 것은 성령께서 내 마음에 역사하셔서 일으키시는 변화다. 이 화학적 변화를 성경은 성령의 열매라고 부른다.

5. 말씀의 영성

영성을 인간의 영의 작용에 초점을 맞추어 이해하려는 경향이 있지만, 참된 기독교 영성은 인간의 영이 아니라 성령님께 초점을 맞추어야 한다. 성령의 인도를 따라가는 것이 바른 영성이다. 성령님은 우리를 어떻게 인도하시는가? 말씀을 통해서이다. 많은 사람들이 성령님과 말씀을 양자택일의 대상으로 생각하는데 이는 잘못된 생각이다. 성령님과 말씀은 언제나 함께 역사한다. 말씀 없이 성령님은 역사하지 않으시고, 성령님의 역사가 없는 말씀은 죽은 문자에 그친다. 말씀의 영성은 말씀을 통해 성령님의 역사를 체험하고 하나님을 더 깊이 알아 가는 것을 말한다.

성령님은 성경의 저자들을 기계적으로 사용하지 않고 인격적으로 사용하셨다. 그들은 단지 타자기에 그친 것이 아니다. 성령님은 그들의 생각, 성격, 감정, 문화, 재능, 문체 등 그들의 인격적 특성을 통해 말씀을 주셨다. 그들은 성령님의 감화를 받았을 때 하나님의 생각을 깨달았고, 하나님의 마음을 알았다. 그들은 하나님의 심정이 되었고, 하나님의 뜻을 전했다. 모세에게 임한 하나님의 말씀을 생각해 보라. 그가 시내산에서 하나님을 뵈었을 때 경험한 그

거룩함과 엄위함을 상상해 보라. 선지자들에게 임한 말씀의 권능과 영광은 어떠했겠는가? 그들은 하나님의 심정으로 분노했고 슬퍼했으며, 절망했고 소망했다. 사도들이 보았던 성육신의 영광을 상상할 수 있겠는가? 그들은 마침내 인간의 몸으로 나타나신 말씀을 보았던 것이다. 그분을 통해 하나님을 새롭게 알게 된 사도들은 자신들이 "들은 바요 눈으로 본 바요 주목하고 그들의 손으로 만진 바"를 우리에게 전했다. 말씀의 영성이란 성경의 원저자들에게 임했던 성령의 역사를 그들이 증거한 말씀을 통해 오늘 우리도 체험하고, 그로 말미암아 우리도 그들과 같은 심정, 그들과 같은 마음으로 변하는 것을 말한다. 우리도 말씀을 통해 죄를 질타하던 예레미야의 슬픔을 느껴야 하고, "오래 전 선지자 꿈꾸던 복"을 다시 꿈꾸어야 한다. 우리도 말씀을 통해 바울이 보았던 그리스도의 영광과 십자가의 비밀을 깨달아야 한다. 하나님의 말씀은 살았고 운동력이 있다. 묵상과 믿음을 통해 우리는 말씀의 원천이신 성령님과 말씀의 통로였던 인간 저자들의 내면세계에 들어가게 되며, 그들의 생각과 감정, 그들의 소원과 의지를 공유하게 된다. 이것이 말씀의 영성이다.

6. 마음 관리법

산상수훈에서 주님은 우리의 의가 바리새인들의 의보다 낫지 못하면 결단코 천국에 들어갈 수 없다는 놀라운 말씀을 하셨다. 바리새인들이 누군가? 그들은 자타가 공인하는 의의 대가들이 아닌가? 어떻게 우리가 그들보다 더 의로울 수 있단 말인가? 주님은 외적, 형식적 의가 아니라 마음의 의를 말씀하신 것이었다. 바리새인들은 의를 추구하고 행하는 일에 힘썼지만 참으로 "행하는 일"에만 몰두했을 뿐 마음이 의롭게 "되는 일"에는 무지했던 자들이었다. 그들은 살인하지 않았고 간음하지 않았다는 것에 자부심을 느꼈지만, 주님은 미움과 음욕의 차원에서 의를 요구하셨다. 즉 마음의 의를 원하셨던 것이다.

신앙생활은 무엇보다도 마음(heart)의 문제다. 마음이 새롭게 되고 깨끗해지지 않으면 주님이 원하시는 의를 이룰 수 없다. 행동의 변화는 마음의 변화의 결과로 나타나야 한다. 마음의 변화 없이 행동만 다루려고 할 때, 우리는 바리새인들의 모순에 빠지게 된다. 실상 우리의 잦은 체험은 그 점이 사실임을 일깨워주지 않는가? 외적 행동은 어느 정도 우리 힘으로 규제할 수 있다. 마음에 사랑이 없어도 친절한 척 할 수 있고, 교만한 사람도 겸손한 척 할 수 있다. 하지만 마음 자체의 변화는 어떻게 가능한가? 마음의 변화는 주님만이 일으키실 수 있다. 주님은 우리를 중생시키시며, 우리 안에 새 마음을 주신다.

중생할 때 우리의 마음은 성령으로 인해 양심의 악을 깨닫고(회개), 그리스도의 보혈로 씻김 받고(믿음), 새로워진다. 하지만 새 마음도 관리가 필요하다. 그렇지 않으면 우리의 마음은 쉽게 메마르고 굳어지기 마련이다. 성숙한 그리스도인은 자기의 마음을 잘 관리할 줄 아는 사람이다. 마음이 교만해지거나 완악해지고 있지는 않은지 스스로 살피고 관리해야 한다. 마음의 관리가 어려운 것은 죄의 은밀함 때문이다. 죄는 너무도 은밀하게 내 마음을 사로잡고 마음에 독소를 퍼뜨리기 때문에, 일찍 손을 쓰지 않으면 마음 전체를 장악하고 휘두르는 폭군이 된다. 죄는 마음의 암이다. 너무 퍼지기 전에 일찍 발견해서 제거해야 한다. 수시로 마음을 진단하자. 진단법은 죄를 미워하고 의를 사모하는가를 살펴보는 것이다. 나는 죄에 대해 둔감해져 있지는 않은가? 나는 죄에 대해 애통하는가? 또 의를 사모하고 목말라하는가? 정직한 자기 진단만이 마음 관리의 비결이다. 말씀과 성령 앞에 정직하자.

7. 자기 부인

제자의 길의 핵심요건이 자기부인이라는 것은 성경을 조금만 공부해 본 그리스도인라면 누구나 알 것이다. 그런데 자기부인이 실제로 어떻게 이루어져야 하는지에 대해서 구체적으로 아는 사람이 의외로 많지 않다. 대체로 사람들은 자기부인을 이기적인 마음을 버리는 것 정도로 생각하는 것 같다. 자기부인이 제대로 이루어지려면 그 대상이 되는 '자기'가 무엇인지를 바로 알아야 한다. 패커(J. I. Packer)는 우리가 부인해야 할 자기는 인격적 주체로서의 자아(personal self)가 아니라 자기중심적인 육적 자아(carnal self)라고 지적했다. 우리는 생각하고, 느끼고, 의지를 발휘하는 기능 자체를 부인할 수 없다. 문제는 그러한 기능들이 자기중심적인 성향에 의해 바르고 올곧게 행해지지 않고 안으로 굽게 행해진다는 것이다. 바로 이 성향을 부인하는 것이 자기부인이다.

워치만 니는 "자아의 파쇄와 영의 해방"에서 바로 이 점을 구체적으로 설명하고 있다. 내 생각과 감정, 의지가 모두 성령님의 지배를 받아야 한다. 사람에 따라 이 중 더 강한 측면이 서로 다르다. 어떤 사람은 자기 생각이 강해서 좀처럼 자기의 판단을 양보하지 않으려 한다. 어떤 사람은 자기감정에 너무 충실하기 때문에 성령의 인도를 항상 자기감정과 동일시하려 한다. 어떤 사람은 자기의지가 너무 강해서 성령님의 지배를 받는 삶조차도 자기가 주관(control)하려고 하는 모순에 빠진다. 이 모든 것이 깨져야 한다. 흔히 사람들은 자기부인이 이렇게 근본적으로 이루어져야 한다는 사실을 모르기 때문에, 단순히 덜 이기적인 사람이 되는 것으로 충분하다고 오해한다. 그래서 여전히 자기 생각, 자기 감정, 자기 의지에 매여 자기가 중심이 되어 살아가면서도, 자기는 자기부인을 잘하고 있다고 착각한다. 구체적으로 내 생각, 내 감정, 내 의지가 깨어져야 한다. 이러한 깨어짐은 내 결심으로 되는 것이 아니라 성령님의 통제와 계시로만 가능하다. 그리스도인들은 모두 그 안에 성령님을 모시고 있다. 성령님은 수동적으로 가만히 계시는 분이 아니다. 그분은 끊임없이 우리 안에서 말씀하시고 일하신다. 그분은 성경말씀을 깨닫게 해 주시고 환경을 통해 우리의 자아를 깨트리신다. 깨어진 사람은 자기의 생각, 감정, 의지가 얼마나 죄악된 것이었는지, 얼마나 자기중심적인 것이었는지를 확연히 깨닫게 된다. 지금 내 안에서는 이러한 깨어짐이 진행되고 있는가?

8. 자기부인에 대한 오해

제자도의 제1원리는 자기부인이다. 예수님은 당신을 따르려는 자들에게 자기를 부인하고 날마다 제 십자가를 지고 따르라고 말씀하셨다. 제자도란 예수님을 주님으로 모시고 그분의 가르침에 순종하며 사는 것을 말하는데, 그렇다면 자기부인 없는 제자도란 논리적으로도 불가능함을 쉽게 알 수 있다. 자기를 부인하지 않고 어떻게 그리스도의 주되심을 인정할 수 있겠는가? 이토록 명백한 진리인데도 사람들은 자기부인이란 말을 들을 때 오해하고 불편해한다. 자기를 부인하는 일이 죽음을 통과하는 과정이기 때문에 거부반응이 어느 정도 이해가 된다. 하지만 그것 말고도 자기부인에 대한 오해는 많다.

첫째 오해는 자기부인을 구원과는 관계없는 상급의 문제로만 보는 것이다. 이것은 믿음과 행위를 지나치게 이분화하면서 자기부인을 행위로 보려는 관점이다. 하지만 자기부인은 그리스도의 주되심에 대한 자각과 믿음의 산물일뿐 구원의 공로가 되는 행위가 결코 아니다.

둘째 오해는 우리가 부인해야 할 자기 자신에 대한 것이다. 어떤 사람들은 이 자기를 단지 이기심 정도로 여기는가 하면 또 다른 사람들은 생각하고 판단하고 선택하는 인격적 주체로서의 자아 자체를 부인해야 한다고 생각한다. 전자는 자기를 매우 축소시킨 관점이고, 후자는 너무 확대한 관점으로서 실제로 실행할 수 없는 조건이다. 우리는 생각하고 판단하고 선택하는 인격적 활동을 중단할 수 없다. 그렇게 되면 우리는 하나님의 형상을 상실한 기계요 로봇에 지나지 않게 될 것이다. 우리가 부인해야 할 자아는 우리의 육신적 자아, 즉 생각, 판단, 감정, 선택 등을 안으로 굽게 만드는 자기중심성을 말한다.

셋째 오해는 자기부인은 어렵고 힘들기 때문에 자기를 부인하며 사는 삶은 불행하고 괴로울 것이라는 생각이다. 하지만 이것은 엄청난 오해다. 자기를 부인하는 과정은 죽음을 통과하는 것이므로 힘들고 어려운 것이 사실이지만, 일단 자기를 부인하고 나면 성령님의 지배를 받게 된다. 자기를 죽이는 십자가의 길만이 참된 자유와 생명으로 이어짐을 비로소 알게 된다. 우리의 불행은 자기를 온전히 죽이지 못하여 우리 안에 육신과 성령이 갈등을 일으키기 때문에 생기는 것이다. 자아를 개선하려는 노력이 아니라 자아를 죽임으로써 우리는 영생의 삶을 살 수 있는 것이다. 자기부인이 생명과 자유, 평화와 기쁨에 이르는 길이다.

9. 신앙을 설명하는 다양한 모델들

성경은 그리스도인의 삶을 다양한 모델로 제시한다. 먼저 성장 모델이 있다. 바울은 자신과 아볼로의 사역을 각각 심고 물주는 것으로 묘사하면서 오직 하나님만이 자라나게 하신다고 말했다(고전 3). 주님도 씨 뿌리는 자의 비유를 통해 말씀이 우리의 마음 밭에 떨어져서 자라나 열매를 맺는 것으로 신앙생활을 설명하셨다(막 4). 바울은 또 신앙의 성장을 식물에 뿐 아니라 몸에 비유해서 설명하기도 했다. 우리는 다 한 몸의 지체로서 함께 사랑 안에서 서로 세워감으로써 머리이신 그리스도에게까지 자라가야 한다(엡 4:16).

둘째는 치유 모델이다. 우리는 죄라는 병에 걸려 사망의 증세를 보이던 자들이었다. 하지만 예수님을 믿고 사망에서 생명으로 옮겨진 후 계속해서 죄의 병균을 물리치면서 영적 건강을 회복해 가는 중에 있다. 주님은 자신을 병든 자에게 필요한 의사라고 밝히셨다(막 2). 셋째는 경주 모델이다. 그리스도인의 삶은 푯대를 향해 하나님이 위에서 부르신 부름의 상을 위해 달려가는 경주와 같다(빌 3). 바울은 이기기를 다투는 자마다 모든 일에 절제한다고 지적했고(고후 9), 자신의 삶을 마감하면서 자신이 달려갈 길(코스)을 다 마치고 선한 싸움(운동시합)을 싸웠다고 고백했다(딤후 4). 마지막으로 전투 모델이 있다. 그리스도인의 삶은 공중의 권세 잡은 자들과의 영적 전투다(엡 6). 우리는 마귀를 대적해야 하고 사탄의 궤계를 물리쳐야 한다. (이외에도 가정생활이나 나그네 여정 모델 등 더 많지만 여기서는 이 넷에 국한해서 생각해보자)

신앙생활에 대한 이러한 여러 모델들은 자연스럽게 각각 그 특성에 따라 말씀과 교회의 역할을 다양하게 규정한다. 성장 모델에 의하면 말씀은 영의 양식에 해당되고, 교회는 가정이나 학교에 해당된다. (농사의 비유를 따른다면 밭이나 포도원에 해당될 것이다.) 그렇다면 목회자는 부모나 선생에 해당된다. 치유 모델에 따르면 말씀은 수술 칼이거나 약에 해당되고, 교회는 병원에, 목회자는 의사에 해당된다. 경주 모델에 따르면 말씀은 "법(규칙)"(딤후 2:5)에 해당되고, 교회는 선수들을 훈련하는 팀에, 목회자는 코치에 해당된다. 전투 모델에 따르면 말씀은 성령의 검(엡 6:17)에 해당되고 교회는 군대에, 목회자는 병력을 이끄는 장교나 훈련조교 쯤에 해당된다. 교회들마다 이 다양한 모델 중 강조하는 면이 조금씩 다르다. 성장을 강조하는 교회는 배움을 중시하고 성경공부와 양육을 강조하는 반면, 치유를 강조하는 교회는 은혜를 중시하고 내적 치유와 상담에 치중한다. 경주 모델을 지향하는 교회는 상급을 강조하면서 더 많이 전도하고 더 많이 봉사하라고 촉구하는 경향이 강하다. 또 영적 전투에 초점을 맞추는 교회는 승리를 외치면서 교인들에게 주님의 군사로서의 헌신과 희생을 강조한다. 이 모든 모델들이 다 성경에 나와 있고 다채롭게 그리스도인의 삶을 조명해 준다. 우리는 대체로 이 중 어느 하나에 치우치는 경향이 있는데, 의식적으로 다른 모델들도 도외시하지 않도록 주의해야 한다. 이 모델들은 상호보완적으로 적용되어야 하며 그럴 때 우리는 균형 잡힌 건강한 신앙생활을 할 수 있기 때문이다.

현대 교회와 교인들의 문제는 무엇인가? 그것은 우리들 대부분이 성숙하지 못한 어린아이들 같고, 영적으로 병약하며, 달려가기보다는 안주하려고 하고, 영적 전투에서 번번이 패배하고 있다는 것이다. 학생들이 배우지 못하는 학교, 환자들이 낫지 않는 병원, 선수들이 뛰려고 하지 않는 팀, 군인들이 패하기만 하는 군대를 생각해보라. 얼마나 한심한가? 부끄럽고 안타깝지만 우리들의 현실이 바로 그렇다.

그렇다면 그 이유는 무엇일까? 여러 이유가 있겠지만 두 가지만 지적해보자. 첫째는 관점의 문제다. 목회자들은 목회의 본질을 오해하고 교인들은 신앙생활을 오해하는 경우가 너무 많다. 어느 목사님이 교회를 설명하면서 회사에 비유하는 것을 들은 적이 있다. 그렇다면 목회자는 CEO쯤 될 것이고, 교회의 목표는 매상을 많이 올리는 것(교회성장?)이 될 것이다. 교인들은 구원을 존재의 변화가 아닌 환경의 변화로 보면서 신앙생활을 현세적 축복과 번영과 연결시키든지, 아니면 성화를 구원과 상관없는 상급의 문제로만 생각한다. 다시 말해서 배우려고 하고, 고치려고 하고, 달려가려고 하고, 싸우려고 하는 자세가 결여되어 있는 것이다. 둘째 이유는 교회가 성령의 능력을 체험하지 못하고 있는 것이다. 바른 관점을 갖고 바른 목표를 추구한다 해도 참된 변화는 성령의 능력으로만 가능하다. 성령의 능력을 좇아 하지 않으면, 제자훈련은 지식에 그치고, 내적 치유는 자기집착을 강화하며, 경주 모델은 공로주의를 불러오고, 영적 전투는 패배주의로 전락하고 만다. 지금 우리에게 필요한 것은 성경적 관점과 성령의 능력의 회복이다. 성경이 제시하는 신앙생활의 다양한 모델들을 성경적 관점을 통해 바로 이해하고 성령의 능력을 통해 실제로 이루어내는 것, 그것이 우리가 당면한 과제요 도전이다.

10. 예수님의 신앙

흔히 기독교를 향해 퍼붓는 비난 가운데는 그리스도인들은 예수님에 대한 신앙을 강조하면서도 예수님의 신앙은 본받지 않는다는 것이다. 이러한 공격에 대해 우리는 어떻게 대답할 수 있을까? 신학적으로 자유적인 입장에 선 사람들은 예수님을 이상적인 인간으로 그리면서 우리가 본받아야 할 분으로 제시한다. 반면에 보수적인 입장에 선 사람들은 예수님의 신성을 강조하면서 예수님에 대한 신앙고백을 중요시한다. 바른 신앙은 이 둘 다를 포함해야 한다. 우리는 예수님이 이상적인 인간, 완벽한 인격 이상의 존재라고 믿는다. 우리는 그분이 하나님의 아들(유일한 의미에서)이요 세상의 구주가 되신다고 믿는다. 하지만 베드로는 그의 첫 번째 편지에서 예수님의 십자가를 우리의 구속을 위한 것(3:18)일 뿐 아니라 본(2:21)으로도 제시한다. 특별히 예수님에 대한 신앙을 강조해 온 우리 보수적 신앙인들은 이제 그분의 신앙을 본받는 일에 더 힘써야 겠다.

예수님의 신앙은 하나님 아버지를 온전히 신뢰하고, 오직 그분의 뜻만을 구하는 것이었다. 요한복음은 예수님의 이 면을 특히 강조하여 드러낸다. 예수님은 아버지께서 주신 말씀만을 하셨고, 아버지께서 시키시는 일만 행하셨다. 그분은 아버지의 영광만을 구하셨고, 아버지의 뜻이 이루어지기만을 힘쓰셨다. "나의 양식은 나를 보내신 이의 뜻을 행하며 그의 일을 온전히 이루는 이것이니라"(4:34). 예수님은 얼마나 아버지와 자신을 동일시하며 사셨던지 심지어 "나와 아버지는 하나이니라"고 하셨고(10:30), 또 "나를 본 자는 아버지를 보았다"고까지 하셨다(14:9). 아버지를 온전히 신뢰하고 철저하게 순종하셨던 예수님, 아버지의 뜻만을 구하고 아버지를 기쁘시게 하는 일에만 몰두하셨던 예수님, 그래서 아버지께서 주시는 잔은 그 어떤 것도 마다하지 않으시고 다 받으셨던 예수님, 우리 주님은 그런 분이셨다. 예수님의 이 모습을 보지 못한다면, 우리는 예수님의 가장 중요한 면을 간과하는 것이다.

예수님은 우리도 당신처럼 하나님의 아들(딸)이 되게 하시려고 이 세상에 오셨다. 우리는 그분을 믿음으로 하나님의 아들(딸)이 되었고, 이제는 우리도 그분처럼 하나님의 아들 됨의 참 모습을 드러내야 한다. 하나님의 아들 됨의 특징은 아버지를 온전히 신뢰하고 순종하는 것과 아버지를 닮은 모습이다. 우리가 원수도 사랑해야 하는 이유는 그것이 하나님의 아들 됨의 모습이기 때문이다(마 5:44-45). 나는 예수님을 본받아 하나님의 아들 됨의 길을 가려는가?

11. 바울과 복음

바울은 갈라디아서에서 자신이 전한 복음 외에 다른 복음을 전하는 자는 하늘의 천사라 할지라도 저주를 받을 것이라고 강경하게 말한다. 그의 이러한 태도는 편견과 오만함 탓인가? 그렇게 생각하는 사람들도 있다. 그가 안디옥에서 게바를 면책한 일도 거만하여 사람을 함부로 판단하는 성격적 결함에서 기인한 것으로 생각한다. 그러나 실상은 전혀 그렇지 않다. 바울은 결코 편견이나 거만함 때문에 그런 태도를 보인 것이 아니었다. 그는 복음이 인간의 영원한 운명을 좌우하는 것임을 알았다. 따라서 다른 복음, 즉 인간을 영원한 파멸로 이끌어 가는 거짓 복음을 추호도 용납할 수 없었고, 베드로처럼 지도적 위치에 있는 자의 위선적 태도로 복음이 흐려지는 것을 참을 수 없었던 것이다.

바울은 복음을 자신의 생명보다 귀하게 여겼다. 왜일까? 그는 복음에서 자신의 가장 깊은 갈망의 충족을 얻었기 때문이다. 복음은 기쁜 소식인데, 복음을 믿는다고 하는 대부분의 사람들은 그다지 기뻐하는 것 같지 않다. 복음으로 인한 기쁨이 복권에 당첨된다면 느낄 흥분과 감격보다 훨씬 못한 것 같다. 많은 사람들은 성공을 원하고 좀더 많은 부와 쾌락을 원한다. 그들에게 복음, 즉 기쁜 소식이란 주가나 부동산의 가격이 올랐다거나 장사가 잘된다는 것 정도다. 그런 소원과 관점에 사로잡혀 있다면 믿음으로 의롭다 함을 받는다는 복음은 별 관심거리도 아닐 것이다.

바울의 가장 깊은 갈망은 하나님과 올바른 관계를 맺는 것이었다. 천지를 창조하시고 역사와 인간의 영원한 운명을 주관하시는 유일하신 참 하나님을 믿는 믿음은 유대인들, 특히 바리새인들에게는 생명보다 소중한 것이었다. 그러나 그 신앙은 인간을 견딜 수 없는 갈등과 고민으로 몰아간다. 왜? 살아 계신 하나님은 거룩하신 분으로서 우리에게 율법을 온전히 지킬 것을 요구하시기 때문이다. 바울은 자신이 율법의 의로서는 흠이 없는 자라고 고백할 만큼 율법을 철저히 지켰다. 하지만 율법의 외적준수로는 하나님이 요구하시는 내면 중심의 의를 이룰 수 없음을 알았다. 그가 율법에 열심을 내면 낼수록 그는 자신이 죄인임을 확연히 깨닫게 되었다. 그때 그는 부활하신 주님을 만났고, 은혜로 믿음으로 의롭다함을 받는다는 복음을 깨달았다. 복음으로 인해 그는 하나님과 올바른 관계(의)를 맺을 수 있었다. 복음은 그의 가장 큰 짐을 벗겨주었고 가장 깊은 갈망을 충족시켜 주었다. 그래서 그는 그토록 복음을 사랑했던 것이다. 나도 바울과 같다. 나도 복음으로 인해 내 속 깊은 곳에 자유와 평안을 누리고 있다. 나는 복음이 너무 기쁘다.

12. 근본을 잊지 말자

그리스도인은 은혜 의식으로 살아야 한다. 은혜 의식에서 멀어지면 멀어질수록 교만해지고 마음에 평화와 감사를 잃게 된다. 은혜 의식을 유지하는 비결은 무엇인가? 근본을 잊지 않는 것이다. 내가 어디서 부름 받았고 내 본래의 처지와 형편이 어떠했는지를 기억하는 것이다. 은혜의 근본 자리는 내가 죄인이었고, 불경건했으며, 연약한 자였고, 하나님과 원수 된 상태에 있었음을 기억하는 것이다. 내게 선함과 고귀함이 있고, 나는 본래 괜찮은 사람이라고 생각하는 습관은 은혜의 근본 자리를 떠난 모습이다. 바울은 늘 자신이 그리스도와 교회를 핍박했던 자였음을 잊지 않았다. 그토록 엄청난 선교사역을 해낸 위대한 사도였음에도 불구하고, 그가 늘 겸손히 은혜 안에 머물 수 있었던 비결은 자신의 근본을 잊지 않은 데 있었다. 하나님은 이스라엘을 택하여 가나안에 들이시면서 그들에게 그들의 근본을 잊지 말라고 누누이 강조하셨다. 그들은 수가 많거나 잘난 민족이 결코 아니었다. 하나님이 그들을 택하신 것은 결코 그들이 잘났기 때문이 아니었다. 오히려 그와 정반대였다. 그들은 스스로는 아무 것도 내세울 것 없는 지극히 작고 못나고 초라한 족속이었다. 하나님은 그런 자들을 택하셔서 당신의 은혜와 영광을 드러내기를 기뻐하시는 분이다.

  나도 은혜로 내 근본을 깊이 자각하게 된 순간이 있었다. 그때 나는 자신이 스스로는 아무 것도 할 수 없는 초라하고 부끄럽고 연약한 자임을 뼈저리게 느꼈었다. 오직 주님의 은혜만을 바라고 사모하는 것, 내가 할 수 있는 일은 오직 그것뿐이었다. 그때 주님은 내게 놀라운 은혜를 베풀어주셨고, 나는 주님을 깊이 체험할 수 있었다. 그러다가 어느덧 주님의 은혜를 점점 당연시 여기게 되었고, 근본을 잊고 내가 잘난 줄로 착각하기 시작했다. 나는 본래 괜찮은 사람이다, 근본은 착하고 진실한 사람이다, 이렇게 착각하기 시작했던 것이다. 오해도 이만저만이 아니었다. 하지만 그런 생각을 하는 순간 나는 은혜에서 멀어지고 마음이 메말라가며 자기기만에 빠져 허우적거리게 됨을 경험했다. 그때 나는 교만이 가장 무서운 죄임을 뼈저리게 깨달았다. 무엇보다도 교만에 갇히지 말아야 한다. 교만은 마치 영혼의 덫과 같다. 한번 갇히면 자신의 힘으로는 벗어나기가 불가능하다. 오직 은혜만이 우리에게 근본을 깨닫게 해주고 교만에서 벗어날 수 있게 해 준다. 근본을 잊지 말자. 근본은 나의 실상을 보여줌으로써 아픈 기억이 되기도 하지만, 하나님의 은혜가 얼마나 큰지를 보여주는 은혜의 샘이 되기 때문이다.

13. 은혜와 감사

신앙생활을 두 단어로 요약하라면 은혜(Grace)와 감사(Gratitude)라고 답하겠다. 신앙생활은 은혜에서 출발하고 은혜에 기반을 두고 있다. 하나님은 은혜로 우리를 부르셨고, 은혜로 우리를 대하신다. 그리스도인은 하나님의 무한한 은혜를 맛보고 그 은혜 안에서 살아가는 자들이다. 은혜란 무엇인가? 우리가 아무 자격이 없는데도 하나님께서 우리에게 거저 베푸시는 사랑과 호의다. 바로 이 점이 복음, 기쁜 소식이다. 하나님 그분이 은혜의 하나님(벧전 5:10)이시기 때문에 우리는 그분을 의지할 수 있고 그분 안에서 쉴 수 있다. 은혜의 결과는 무엇인가? 평화이다. 하나님께서 우리를 은혜로 받아주셨기 때문에, 이제 우리는 하나님과 화목하게 되었고 하나님이 베푸시는 모든 복을 누리게 되었다. 죄와 반역으로 인해 하나님과 원수 되었던 우리가 하나님의 용서와 용납을 받게 되었고 그분과의 화목한 관계 속에서 그분이 베푸시는 모든 복을 누리며 살게 되었다. 이것이 구원이고 평화(샬롬)이다. 이 평화는 오직 은혜로만 주어진다. 이 평화 안에 들어온 자들은 이제 그들 사이에도 평화를 누리게 된다. 하나님의 용서를 받은 자들은 서로 용서하게 되어 있고, 하나님의 사랑을 받은 자들은 서로 사랑하게 되어 있기 때문이다. 인간들 사이의 수평적 평화는 하나님과의 수직적 평화를 전제할 때만 가능하다. 이 모든 평화의 원천은 은혜이다. 그리스도인의 삶은 바로 이 은혜로 시작되고 이 은혜를 근거로 한다.

하나님의 은혜를 받고 그 결과 평화 안에서 살아가게 된 사람들이 보이는 반응은 무엇인가? 당연히 감사다. 은혜는 내가 주장할 수 있는 자격이나 공로가 없는데도 주어진 것이기 때문에, 은혜는 감사를 부른다. 감사가 없다면 아직 은혜를 모르는 것이다. 감사는 구체적으로 어떤 모습으로 드러나는가? 첫째, 감사는 자기 자랑을 하지 않는다. 다시 말해서 참으로 은혜를 깨닫고 감사하는 자들은 겸손할 수밖에 없다는 것이다. 자기 자랑으로 가득 차 있던 고린도 교인들에게 바울은 그들이 받지 않은 것이 없는데 어찌 자랑할 수 있냐고 책망한다. 그러면서 자랑하려는 자들은 주 안에서 자랑하라고 권면한다. 이것은 우리를 감사의 두 번째 특성인 기쁨과 찬송으로 이끈다. 감사는 소극적으로는 자기 자랑을 할 수 없는 겸손으로 나타나고 적극적으로는 하나님을 기뻐하고 높이는 찬송으로 나타난다. 바울은 하나님이 우리에게 은혜를 베푸신 것은 우리로 하나님께 영광의 찬송을 돌리게 하려 하심이라고 말한다(엡 1:6). 하나님을 기뻐하고 찬양하는 자는 이제 다른 사람들에게도 하나님을 자랑한다. 이것이 감사의 세 번째 특성인 증거다. 하나님께 감사가 충만한 자들은 다른 사람들에게 하나님을 자랑하고 그분의 은혜와 사랑을 증거하지 않을 수 없다. 마지막으로 감사하는 사람은 하나님의 은혜에 보답하고자 온전히 헌신한다. 그리스도인의 삶의 대원리는 헌신이다. 바울은 로마서 12장 1절에서 하나님의 모든 자비하심(은혜)을 상기시키면서 우리 몸을 하나님이 기뻐하시는 거룩한 산제사로 드리라고 권면한다. 헌신은 은혜를 체험한 사람, 그래서 감사로 충만한 사람에게는 당연한 결과다.

   요약해보자. 은혜는 하나님이 하시는 일이며 모든 것에 선행한다. 은혜의 결과는 평화이다. 그리스도인의 삶은 하나님의 은혜로 주어지는 평화 안에 믿음으로 들어옴으로써 시작된다. 감사는 은혜에 대한 우리의 반응이다. 감사는 겸손, 찬양, 증거, 헌신으로 드러난다. 감사 없이 겸손해 질 수 없다. 그러한 겸손은 가짜요 꾸밈일 뿐이다. 감사 없이 하나님을 찬양할 수 없다. 억지 찬양은 찬양이 아니기 때문이다. 감사 없는 사람은 증거할 수 없다. 자기 자신부터 불만이 많은데 어떻게 증거할 수 있겠는가? 감사 없이는 헌신도 할 수 없다. 헌신은 기쁨으로 자원하는 마음이 우러나올 때 가능하기 때문이다. 그리스도인의 삶은 하나님의 사랑을 받기 위해 노력하는 것이 아니라 먼저 하나님이 우리에게 값없이 베풀어 주신 은혜와 사랑을 맛보고, 그에 대해 감사의 마음이 넘쳐서 겸손히 찬양하고 증거하고 헌신하는 삶이다. 그러므로 우리는 무엇보다도 먼저 내게 감사가 있는지를 살펴보아야 한다. 감사가 있다면 그리스도인의 삶은 억지가 아니고 힘들지 않다. 하지만 감사가 없다면 신앙생활은 너무나 큰 부담이요, 율법주의적인 것이 될 수밖에 없다. 그리스도인의 삶의 비결은 감사다. 그리고 감사의 비결은 은혜를 깨닫는 것이다. 먼저 믿음으로 하나님의 은혜를 맛보자. 그래서 감사로 충만해지자. 감사하는 사람처럼 행복한 사람은 없다.

14. 짠 맛을 잃은 소금

주님은 산상수훈에서 제자들에게 팔복을 말씀하신 후 "너희는 땅의 소금이요 세상의 빛이다"라고 말씀하셨다. 이 말씀의 교훈을 살펴보자. 첫째, 하늘나라(천국) 백성의 삶의 현장은 이 땅이다. 우리는 하늘나라에 속한 자들이지만 이 땅에서, 즉 세상에서 살아가는 자들이다. 둘째, 우리는 세상에서 이미 드러나 있다. 주님은 제자들을 산 위에 있는 동네라고 묘사하시면서 그들의 존재와 정체는 숨길 수 없다고 말씀하셨다. 흔히 소금이 소금통 안에만 있으면 어떡하느냐고 도전하면서 세상을 향해 파고들어가야 함을 역설하곤 하는데, 그런 점도 없지 않지만, 실상 우리는 소금통 안에 있지 않고 이미 세상과 버무려져 있음을 알아야 한다. 우리는 아미쉬(Amish)들처럼 우리끼리 따로 모여 살지 않는다. 대부분의 기독교인들이, 수면시간을 제외한다면, 일주일 동안 기독교인들과 어울리는 시간보다 비기독교인들과 보내는 시간이 더 많은 것이 현실이다. 우리가 주변에 영향을 끼치지 못하는 것은 그들과 분리되어 있기 때문이 아니라, 우리에게 짠 맛이 없기 때문이다. 이 점은 세 번째 교훈으로 이어진다. 소금이 짠 맛을 잃으면 다른 것으로 짜게 할 수 없으며, 아무 소용이 없기 때문에 밖에 버려져 사람들에게 밟힐 뿐이다.

주님은 소금이 짠 맛을 잃으면 그 어떤 것으로도 다시 짜게 할 수 없다고 하셨다. 나는 과거에 신장염을 앓으면서 이 점이 사실임을 깊이 깨닫게 되었다. 설탕의 단 맛은 다른 것으로 대신할 수 있다. 예를 들면, 설탕 보다 수십 배 더 단 사카린이 있다. 하지만 소금을 대신해서 짠 맛을 내는 것은 없다. 대용소금이 있긴 하지만 전혀 짠 맛이 아닐 뿐 아니라 포타슘으로 만든 것이어서 만성신부전 환자들에겐 오히려 소금보다 더 치명적인 위험이 된다. 짠 맛을 잃은 소금은 아무 짝에도 쓸모가 없다. 교회가 짠 맛을 잃으면 세상은 교회를 짓밟고 무시한다. 지금 우리가 목격하고 있는 현실 아닌가? 짠 맛을 잃은 채 복음을 전하고 사회에 참여하겠다고 해봐야 웃음거리가 될 뿐이다. 그렇다면 교회의 짠 맛은 무엇인가? 그것은 바로 팔복의 성품이다. 첫 번째 복부터 네 번째 복은 거짓 의, 자기 의를 제거하는 과정이고, 다섯 번째 복부터 여덟 번째 복은 참된 의로 채움 받는 과정이다. 우리는 바리새적인 자기 의와 교만을 버려야 한다. 자기 의는 결코 부패를 방지할 수 없다. 그 자체가 이미 부패해 있기 때문이다. 우리가 지녀야 할 짠 맛은 참된 의, 즉 주님의 성품이다. 짠 맛을 회복하는 길은 심령이 가난해지는 것, 애통하는 것이다. 중심에서 죄를 깊이 깨닫고 회개할 때 주님은 우리의 마음을 깨끗케 하시며 참된 의로 채워주신다.

15. 제자도(1): 광도(光度)

예수님을 따르는 것을 제자도(discipleship)라고 한다. 예수님을 따르는 것과 하나님을 믿는 것은 결국 같은 것이기 때문에 (우리는 예수님을 통해 하나님을 믿는 것이므로), 제자도는 믿음과 동의어라고 할 수 있다. 우리의 제자도의 상태를 측정하려면 제자도의 몇몇 측면을 살펴보아야 한다. 첫째는 광도다. 광도란 밝기의 정도를 뜻하며, 진리에 대한 우리의 이해의 수준을 말한다. 주님을 따르기 위해서는 주님이 누구시며 주님의 가르침이 무엇인지 잘 알아야 한다. 주님의 가르침을 잘 모르면 주님을 따른다고 하면서 실제로는 내 자신의 생각을 좇아 살 수밖에 없고, 그 결과 주님의 뜻을 따르는 것이 아니라 역행하고 말 것이다. 바울은 유대인들에 대해 이렇게 책망한다. "내가 증거하노니 저희가 하나님께 열심이 있으나 지식을 좇은 것이 아니라. 하나님의 의를 모르고 자기 의를 세우려고 힘써 하나님의 의를 복종치 아니하였느니라"(롬 10:2-3). 유대인들은 열심에 있어선 둘째가라면 서러울 정도로 특출한 사람들이었다. 하지만 그들은 하나님의 아들이 오셨을 때 알아보지 못했고, 오히려 그를 죽이는 것이 하나님의 뜻이라고 생각했다. 이것은 바로 바울 자신의 체험이었다. 광도가 낮기 때문에, 진리에 대해 무지몽매하기 때문에, 신앙의 이름으로 범한 잘못이 역사상 얼마나 많았던가?

  그렇다면 광도를 높이기 위해서 해야 할 일은 무엇인가? 가장 중요한 것은 성경을 공부하는 것이다. 성경을 떠나서 주님과 진리를 알 수 있는 길은 없다. 안타까운 것은 너무나 많은 그리스도의 제자들에게 성경이 여전히 닫힌 책이라는 사실이다. 루터는 성경을 모르는 것은 그리스도를 모르는 것이라고 말했다. 다른 것들은 잘 몰라도 성경만큼은 잘 알아야 한다. 성경을 잘 알기 위해선 단지 열심히 공부할 뿐 아니라, 성령의 조명(깨닫게 해주심)을 간절히 구해야 한다. 성경을 많이 공부한다고 하면서 그릇 이해함으로써 유익이 아니라 피해를 입는 사람들을 주변에서 볼 때가 있다. 주님을 오해하고, 실상은 지극히 육적인 모습을 신령한 것으로 착각하는 사람들이 많다. 초대교회 때는 대표적으로 율법주의자들과 영지주의자들이 그러했다. 오늘날에는 훨씬 더 다양한 형태로 오해들이 퍼져 있다. 제자도의 필수요건은 광도를 높이는 것이다. 광도가 높은 사람을 본 적이 있는가? 주님을 잘 알고 신령한 삶이 무엇인지 성경적으로 바로 이해하고 있는 사람을 본 적이 있는가? 책이든 사람이든 좋은 스승을 만나야 한다. 광도가 높을수록 자유로워진다. 진리를 앎으로써 주님이 주시는 자유를 누리게 되기 때문이다.

16. 제자도(2): 온도(溫度)

제자도의 첫 번째 측면이 광도(光度)였다면 두 번째 측면은 온도(溫度)다. 이것은 우리의 헌신과 순종의 열정을 가리킨다. 아무리 주님의 가르침을 잘 알고 환히 꿰뚫고 있다고 해도 주님을 사랑하고 그분의 뜻대로 살고자 하는 열정이 없다면 무슨 소용이 있겠는가? 바울의 말을 다시 들어보자. "내가 증거하노니 저희가 하나님께 열심이 있으나 지식을 좇은 것이 아니라. 하나님의 의를 모르고 자기 의를 세우려고 힘써 하나님의 의를 복종치 아니하였느니라"(롬 10:2-3). 유대인들은 비록 지식에 있어서 오류를 범하긴 했지만 열심만큼은 타의 추종을 불허했다. 하나님께 대한 열심은 그들의 역사 속에 면면히 내려온 전통으로서 그 출발은 출애굽 당시의 제사장 비느하스였다. 그는, 이스라엘 백성이 광야에서 모압 여인들과 음행을 저질렀을 때, 모압 여인을 데리고 자기 장막으로 들어가던 족장 하나를 따라 들어가 두 남녀를 한 창에 꽂아 죽였다. 하나님은 당신께 대한 비느하스의 열심을 칭찬하셨고 그와 평화의 언약을 맺으셨다. 이 열심은 후에 엘리야(왕상 19:10)에게서도 발견되었고, 예수님 당시에는 열심당이란 분파까지 형성되었다. 유대인들은 이 전통을 이어받아 하나님과 율법에 대해 열심이 특출했다. 바울은 그들의 잘못된 지식은 책망했지만 그들의 열심은 긍정했다. 그는 그리스도인이 되기 전에 스데반의 죽임 당함을 마땅히 여겼고 그리스도인들을 잡아오기 위해 다메섹에까지 올라갈 정도였지만, 주님의 부르심을 받은 후에는 "하나님의 은혜의 복음 증거하는 일을 마치려 함에는 자기 생명을 조금도 귀한 것으로 여기지 아니할" 정도로 그 헌신이 철저했던 사람이었다. 주님은 라오디게아 교인들을 향해 덥든지 차든지 하라고 말씀하시면서 미지근한 그들을 입에서 토해내겠다고 경고하셨다. 참된 제자도는 뜨거워야 한다. 머리는 차고 밝게, 가슴은 뜨겁게 유지해야 한다.

그렇다면 어떻게 온도를 높일 수 있을까? 광도의 비결이 성경공부라면 온도의 비결은 기도다. 물론 이 기도는 내 욕심을 이루기 위한 이기적인 간구가 아니라, 하나님의 뜻을 묻고 구하는 묵상과 헌신의 기도여야 한다. 아기가 말을 배울 때 부모의 말을 수없이 많이 듣고 그 말을 따라하듯이 우리의 기도도 하나님의 말씀을 먼저 듣고 그 말씀을 따라 하는 것이어야 한다. 말씀을 묵상하며 드리는 헌신과 순종의 기도는 내 의식을 바꿀 뿐 아니라, 내 가슴에 불을 지핀다. 지속적이고 깨어있는 기도는 광도를 온도로 이어지게 한다. 뜨거운 사람이 되자. 온도가 높아야 주님의 일을 할 수 있고, 주님을 위한 희생도 기꺼이 감수할 수 있다.

17. 제자도(3): 순도(純度)

제자도의 세 번째 측면은 순도다. 순도란 동기의 순수함을 가리킨다. 주님은 산상수훈의 팔복에서 마음이 청결한 자는 복이 있다고 말씀하셨다. 키르케고르는 "마음의 청결함이란 오직 한 가지만을 뜻하는 것이다(The purity of heart is to will only one thing)"라고 말했다. 마음이 청결한 것은 내 마음에 죄와 악에 물들은 불순한 동기 없이 주님을 향한 순결하고 깨끗한 일편단심을 품는 것이다. 순도가 높지 않다면 광도와 온도가 높다 한들 무슨 소용이 있겠는가? 진리를 깨달았다고 하면서 주님을 사랑하지 않고, 주님을 사랑한다고 하면서 실상은 자기 생각과 욕심을 좇아 행한다면 그것이 어떻게 참된 제자도라고 할 수 있겠는가? 다윗의 고백처럼 주님은 중심에 진실함을 원하신다. 우리의 문제는 자신의 숨은 동기를 알아차리지 못한다는 것이다. 여기서 숨은 동기라 함은 남에게 숨기고 있는 나만의 비밀스런 동기가 아니라 나 자신에게조차 숨기고 있는, 나조차도 모르는 내 속 깊은 곳의 비뚤어진 동기를 말한다. 우리의 자아는 그만큼 교활하여서 우리의 마음을 근본 동기의 차원에서 뒤틀리게 하고 안으로 굽어지게 한다. 우리가 순수함을 사모한다고 하면서도 그렇게 되지 못하는 것은 자기기만에 빠져있기 때문이다.

 그렇다면 어떻게 순수함을 추구할 수 있겠는가? 광도와 온도가 높아져감에 따라 우리는 자아의 실상을 점점 더 명료하게 보게 된다. 주님의 거룩함을 알면 알수록 내 자아의 부패함을 알게 되고, 주님을 향한 헌신이 뜨거워질수록 내가 얼마나 자아에 집착하고 있는 사람인지를 깨닫게 되는 것이다. 성령께서 우리의 실상을 비춰주실 때 우리는 기꺼이 자기를 부인해야 한다. 그렇지 않으면 점점 더 깊은 자기기만에 빠지게 되고 우리가 그토록 혐오하고 비난하는 바리새인들의 위선에 사로잡히게 된다. 하지만 대부분의 그리스도인들은 안타깝게도 그 과정을 밟는다. 따라서 성령께서 비상 개입을 하시지 않을 수 없는 것이다. 우리에게 고난을 주심으로써 우리의 자아를 깨트리시는 것이 바로 그것이다. 고난을 통과할 때 우리는 자기기만에서 깨어나게 되고, 내 안의 숨은 동기를 확연히 보게 된다. 그렇게 자신의 실상을 깨달은 사람만이 진정으로 회개할 수 있다. 성령께서는 고난과 회개를 통해 우리의 속사람을 씻으시고 정결케 하시며, 근본 동기에서부터 올곧은 마음을 품게 하신다. 고난은 회개를 낳고 참된 회개는 자기부인으로 이어진다. 자기부인이야말로 제자도의 핵심이며 순도의 비결이다. 제자도가 주님을 사랑하고 따르는 것이라면, 자기부인을 통한 동기의 순수함 없는 제자도란 불가능하다.

18. 하나님을 사랑하는 것(1)

아주 오래 전에 어떤 청년집회에서 한 자매가 기도하는 것을 듣고 무척 인상적이라고 느낀 적이 있었다. 그 자매는 상투적인 표현을 전혀 사용하지 않았고, 마치 하나님을 무척 가까운 친구나 연인 대하 듯 그렇게 다정하게 기도했다. 그때는 "거룩하신"을 외쳐대는 장로님들의 기도에 식상했던 터라 그러한 기도가 신선하다고 생각했다. 하지만 시간이 흐르면서 하나님을 조금씩 더 알아가게 됨에 따라 하나님을 그렇게 대하는 것이 옳은 일이 아님을 알게 되었다. 하나님은 참으로 거룩하시고 위대하신 분이다. 우리가 그 사실을 깊이 깨닫지 못한 채 형식적으로 부르는 것이 문제일 뿐, 그런 표현 자체가 진부하거나 식상한 것은 결코 아니다. 오히려 하나님을 친구나 연인처럼 다정하게 부르는 것은 값싼 감상일 뿐 하나님을 바로 아는 것이 아니다. 성경 어디에 그런 식의 기도가 나오는가? 문제는 하나님을 사랑하는 것이 무엇을 의미하는지 오해한 데서 비롯된다. 하나님을 사랑하는 것은 인간을 사랑하는 것과 같은 감정과 의미가 아니다. 하나님은 우리보다 높고 크시기 때문이다. 하나님을 사랑한다는 말은 하나님을 가장 소중한 가치로 여긴다는 말이다. 하나님보다 더 가치 있고 중요한 것은 없으며, 내 부모, 처자, 심지어는 내 목숨보다도 하나님을 더 귀하게 여긴다는 말이다. 하나님을 절대요 최고로 여기는 것이 하나님을 사랑하는 것이다.

신학자 폴 틸리히는 믿음을 "궁극적 관심"이라고 정의했는데, 그의 신학에는 동의하지 않는 바가 많지만, 그 통찰은 참으로 옳다고 생각한다. 하나님을 믿고 사랑한다는 말은 그분이야말로 내 영혼, 내 존재가 궁극적으로 지향하는 대상이라는 뜻이다. 이렇게 볼 때 믿음은 인간의 본성에 자리 잡고 있는 본질적 구조라고 할 수 있다 (혹자는 이를 종교성이라고 부르겠지만). 다시 말해서 모든 사람은 나름대로의 믿음을 갖고 있다는 말이다. 문제는 그 대상이 실제로 궁극적인 존재냐 하는 것이다. 궁극적이지 않은 대상, 최고의 가치가 될 수 없는 존재를 그렇게 여길 때 그 믿음은 우상숭배가 된다. 인간은 하나님을 추구하고 하나님을 지향점으로 해서 존재하도록 지음 받은 존재다. 따라서 하나님을 사랑하는 것은 죄와 타락에서 벗어나 본래의 건강한 상태로 회복된 (구원받은) 인간의 자연스러운 모습이며, 인간은 하나님을 사랑할 때만 가장 만족스럽고 행복할 수 있다. 우리는 그렇게 지음 받았기 때문이다.

19. 하나님을 사랑하는 것(2)

하나님을 최고의 가치요 궁극적 관심의 대상으로 삼는 것은 우리의 속사람이 바른 상태, 건강한 상태에 있다면 자연스런 현상이다. 그것은 우리가 하나님을 사모하고 그분으로만 만족하도록 지음 받았기 때문이다. 그렇다면 하나님을 사모하고 목말라한다는 말은 무슨 뜻인가? 그것은 우리의 인격의 필요를 하나님만이 온전히 채워주실 수 있다는 말이다. 헬라철학에서부터 시작되는 서양의 지적 전통은 인간이 추구할 수 있는 최고의 가치를 진선미라는 개념으로 논의해왔다. 나는 종종 내가 가장 원하는 것은 무엇인가를 자신에게 묻곤 하는데, 나 역시 진선미를 원한다고 대답할 수 있다. 인간은 인격적인 존재다. 흔히 인격의 삼요소로 지정의를 말한다. 인간에게는 지적, 감정적, 의지적 차원의 의식이 있다는 말이다. 이 각각의 차원이 궁극적으로 추구하고 지향하는 바가 바로 진선미다. 우리의 지성은 진리를, 의지는 선을, 감정은 아름다움을 추구하도록 되어있다. 인간이 인격적인 존재인 까닭은 우리를 당신의 형상대로 지으신 하나님이 인격적인 분이시기 때문이다. 하나님의 인격은 진선미로 충만하시며, 따라서, 마치 물고기가 물 안에 있을 때만 만족할 수 있듯이, 인간은 하나님과 인격적인 사귐 안에 있을 때만, 그 사귐을 통해 하나님의 진선미를 맛볼 때만, 만족할 수 있다.

나는 왜 그리스도를 흠모하는가? 물론 그 질문에 대한 일차적인 대답은 그분의 십자가 사랑이 너무 고마워서라는 것이다. 하지만 거기에서 그치지 않는다. 그리스도의 순결하심, 거룩하심, 겸손하심, 진실하심, 선하심, 영광스러우심 등등 그분을 생각할 때 내 영혼 깊은 곳에서 올리는 인격의 공명(共鳴)이 있기 때문이다. 다시 말해서, 그리스도는 진리와 선과 아름다움에 대한 나의 목마름을 가장 깊이, 가장 완벽히 충족시켜주신다는 말이다. 하나님의 형상대로 지음 받은 인간은, 비록 타락으로 인해 그 하나님의 형상이 심히 파손되었지만, 본질적으로 진선미를 추구하게 되어있다. 인간은 이성과 양심, 예술성 등을 통해 진선미를 추구한다. 하지만 인간 안에 있는 죄의 파괴적 성향은 모든 것을 뒤집고 전복시킨다. 진리를 거짓으로, 선을 악으로, 아름다움을 추(醜)로 바꾸는 오용과 왜곡이 그치지 않는 것이, 아니 오히려 갈수록 더 심화되는 것이, 인간의 역사가 보여주는 바가 아닌가? 거듭남을 통해 하나님의 생명을 소유하고 하나님과의 관계가 회복된 자들만이 그분의 진선미를 제대로 볼 수 있다. 그들은 하나님을 사랑하지 않을 수 없게 된 것이다.

20. 하나님을 사랑하는 것(3)

하나님을 사랑하는 것은 하나님을 최고의 가치요 궁극적인 목적으로 여기는 것이다. 하나님이 최고의 가치가 되시는 것은 하나님만이 그분의 형상을 따라 지음 받은 우리의 인격적 필요인 진선미를 완전히 구현하고 계시며, 채워주실 수 있기 때문이다. 다시 말해서, 우리는 하나님으로만 만족할 수 있고, 하나님과의 사귐 속에서만 인간성의 온전한 충족과 참된 행복을 맛볼 수 있다는 말이다. 실상 하나님은 우리와 사랑의 사귐을 갖기 위해 우리를 창조하셨다. 따라서 우리는 하나님을 사랑할 때만 인간다워지고 존재의 목적을 이룰 수 있는 것이다. 이렇듯 하나님을 사랑함으로써 그분과 바른 관계를 맺는 것을 성경은 의라고 부르고, 하나님 대신 자기를 사랑하고 자기를 주장함으로써 그 관계를 깨트리는 것을 성경은 죄라고 부른다. 하나님을 사랑하는 것은 그분을 신뢰하고 경외하고 그분께 전적으로 헌신하고 순종하는 것이다. 하나님이 최고요 절대가 되신다면 그분께 이와 다른 반응을 한다는 것은 생각할 수 없는 일이다. 그래서 주님은 "나의 계명을 가지고 지키는 자라야 나를 사랑하는 자"라고 하셨던 것이다(요 14:21a).

며칠 전에 열 살짜리 둘째 누가가 밥을 먹다말고 느닷없이, "Dad, What is the reason for life?"라고 내게 물었다. 나는 내가 잘못 들은 줄 알고 다시 말해보라고 했더니, 정확히 위의 질문이었다. 내가 왜 그런 질문을 하느냐고 되묻자 누가는 컴퓨터 게임을 하다가 그런 생각이 들었다고 하면서, 이 게임이 싫증나면 다음 게임을 찾고, 또 다음 게임을 찾고, 그런 식으로 계속 가면 뭐가 있느냐는 것이었다. 나는 우물쭈물 이렇게 대답했다. "You know, Life is about love. You get bored with every game. You try game after game, but still after a while you get bored again. But when you are in love, I mean, true love, then you don't get bored, nor ask why, because true love deeply satisfies us. God is love, and only when we are in love with God, we don't get bored." 누가는 내 말을 알아들었다는 듯이 고개를 끄덕거렸다. 누가는 어떤지 몰라도 나는 내 대답에 스스로 수긍했다. 그렇다. 인생은 하나님과의 사랑이야기다. 하나님의 사랑 안에서만 우리는 행복할 수 있고, 하나님을 사랑할 때만 우리는 만족할 수 있다. 하나님이 슬퍼하시면 우리도 슬프고, 하나님이 기뻐하셔야 우리도 기쁘기 때문이다. 사랑의 비결은 순종이요, 순종의 비결은 사랑이다.

21. 단순한 순종

지난 세기 가톨릭의 영성지도자였던 헨리 나우웬이 인도의 테레사 수녀를 방문했을 때의 일이다. 그는 이 위대한 하나님의 사람으로부터 진정한 도움을 얻고 싶어서 자신의 내면의 갈등과 문제에 대해 열심히 말했다. 그의 이야기를 듣고 있던 테레사 수녀는 이렇게 대답한다.

"글쎄요. 당신이 하루에 한 시간씩 주님을 찬양하고 당신이 알기에 나쁜 일은 절대로 하지 않는다면... 모든 것은 잘 될 거예요."

나우웬은 그 대답이 별로 자신에게는 적합하지 않다고 느꼈다고 한다. 하지만 깊이 생각할수록 그녀의 말이 하나님으로부터 온 음성임을 깨닫는다. 후에 그는 이렇게 고백했다.

"나는 이 말을 조금도 예상하지 못했지만, 그것은 직접적이고도 그리고 단순하게 내 존재의 핵심을 뚫고 들어왔다. 나는 그녀가 진리를 말하였다는 것, 그리고 남은 삶을 그렇게 살아야 한다는 것을 알았다."

나는 기독교 영성의 두 거인의 만남에 대한 이 이야기를 매우 흥미롭게 읽었다. 나우웬처럼 테레사 수녀의 말에서 내게 꼭 필요한 하나님의 음성을 들었다. 주님을 따르는 길은 그렇게 복잡한 것이 아니다. 물론 삶의 전 영역에서 그리스도의 주되심을 좇는 일은 그렇게 단순한 것만은 아니다. 많이 고민하고 생각하고 기도하고 노력해야 하는 것이 사실이다. 하지만 신앙생활의 중심은 언제나 단순하다. 하나님을 인정하는 것, 그리고 삶의 매 순간에 구체적으로 그분의 뜻에 순종하는 것, 이 둘만 잘 지킨다면 나머지는 제자리를 찾을 것이다. 이것은 로마서 1장에서 바울이 한 말과 정확히 일치한다. 인간의 문제는 불경건(하나님을 무시하는 것)과 불의(나쁜 짓을 하는 것)라고 그는 말하지 않았던가. 우리는 이렇게 중심적이고 기본적인 면을 소홀히 하였기에 방향감각을 잃은 게 아닐까?

"나는 참으로 하나님을 중심에서부터 경배하고 찬양하는가? 내가 이미 알고 있는 하나님의 뜻에 온전히 순종하고자 하는가?"

자문해 본다. 모든 허영을 버리고 다시금 순복의 길로 되돌아온다. 테레사 수녀의 영적 통찰력은 순복에서 나온 것이 분명하다. 참 지혜는 하나님을 경외하는 데에 있기 때문이다.

22. 사랑에 기초한 의식

신앙생활에서 우리도 모르게 빠져들기 쉬운 함정 중 하나는 매너리즘이다. 우리가 강조하면서 추구하는 핵심가치들과 목표들도 그리고 여러 모임과 신앙의 행위들도, 종종 자기성찰을 하지 않으면, 피상적이고 습관적인 껍데기 신앙생활로 이어지기 쉽다. 우리는 모두 경험을 해보았을 테니 이러한 상태가 어떠한 것인지 잘 알고 있다. 그럼에도 불구하고 우리가 표면에 내세운 형식적 가치에 확신이 있기 때문에, 곧잘 스스로 잘하고 있다는 착각과 합리화에 갇히게 된다. 이럴 때 우리는 한 걸음 뒤로 물러나 스스로를 되돌아볼 필요가 있다. 우리가 하는 일들에 대해 '왜'를 묻고 큰 그림을 보아야 한다. 그렇지 않으면 방향감각을 상실하고, 내면에서부터 공허감이 올라와 머잖아 스스로 무너지고 말 것이다.

우리의 신앙생활의 근본 토대는 하나님 사랑과 이웃 사랑이다. 이 인격적 사랑의 토대에 기초하지 않으면 어떤 외형적인 행습도 무의미해진다. 왜 기도하는가? 왜 성경을 읽고 묵상하는가? 왜 가정교회로 모이는가? 왜 직장에 나가고 왜 오늘도 하루를 이렇게 살았는가? 우리가 하는 일들은 그 나름대로 다 필요하고 중요한 것들이지만, 그 동기가 사랑에서가 아니라면 진정한 기쁨과 의미를 얻을 수 없을 것이다. 우리가 매너리즘에 빠졌을 때 자신을 돌아보면 사랑이 메마른 것을 깨닫게 될 것이다. 사랑부터 회복해야 한다.

그런데 기억해야 할 것은 사랑은 일차적으로 감정이 아니라는 것이다. 만약 사랑이 감정만이라면, 우리는 수동적이 되어 감정이 생기기까지는 우리가 하던 일들을 멈추려고 할 것이다. 사랑 없이 위선적으로 하는 것보다는 안 하는 것이 낫다는 생각을 하기도 할 것이다. 사랑은 근본적으로는 지성적 판단에 근거한 의지의 결단이다. 요한은 "하나님이 이같이 우리를 사랑하셨은즉 우리도 서로 사랑하는 것이 마땅하도다"라고 한다. 우리는 먼저 믿음으로 하나님의 사랑을 내 안에 새롭게 불붙여야 한다. 그리고 나서 의지의 결단으로 사랑을 실천해야 한다. 그러면 감정도 따라 올 것이다. 새롭게 사랑을 결단하자. 그럴 때 우리는 새롭게 솟아나는 의욕을 느끼게 되고, 본질에 초점을 맞춘, 의식 있는 제자의 삶을 살 수 있을 것이다.

23. 하늘에 앉은 나의 자리

그리스도인의 삶은 앉음에서 시작한다고 워치만 니는 <좌행참>(에베소서 강해서)이라는 그의 책에서 지적한다. 하나님은 영적으로 죽은 우리를 다시 살리셔서 그리스도와 함께 하늘에 앉히셨다(엡 2:6). 이것이 성도의 위치요 신분이다. 우리는 이렇게 하늘에 앉은 우리의 신분으로부터 행함으로 나아가야 한다. 이 순서가 바뀌면 은혜가 아니라 율법이 된다. 먼저 행하려고 하고 그 후에 쉬려고 하는 것은 자연인들의 사고방식이다. 하나님은 그리스도 안에서 먼저 우리에게 쉼을 허락하시고 그 후에 행하도록 하신다. 이것이 복음이다.

구원에 있어서는 율법이 아니라 은혜가 길임을 믿으면서도 실제 신앙생활에서는 여전히 율법주의적인 사고방식을 벗어나지 못하는 경우가 많다. 우리 마음 깊은 곳에는, 그리스도와 함께 지금 우리가 하늘에 앉아있다는 그 사실을 잘 이해하지 못하고, 계속 우리의 노력과 행함으로 하늘에서 앉을 자리를 확보해야 한다는 생각을 하는 것이다. 신앙생활을 하다가 가끔씩 비신자들보다 더 마음에 평화가 없고 여유가 없는 자신의 모습을 발견하고 당황하는 신자들이 의외로 많다. 해결책은 무엇인가? 은혜로, 믿음으로 돌아가는 것이다. 그리스도와 함께 하늘에 앉은 내 모습을 보는 것이다. 우리는 이 사실을 어떻게 알 수 있는가? 하나님이 그렇다고 말씀하시니 그렇다고 알고 믿는 것이다.

지금 하늘에 앉은 내 모습은 감추어져 있다. 세상 사람들의 눈에는 보이지 않는다. 바울은 우리의 생명이 지금은 그리스도와 함께 하나님 안에 감춰져 있으며, 그리스도께서 나타나실 때에 우리도 그분과 함께 영광 중에 나타나게 될 것이라고 한다(골 3:3-4). 그 때까지 우리는 하늘에 속한 자답게 살아야 한다. 비록 몸은 땅에 살지만 우리는 땅엣 것을 구하지 말고 위엣 것을 구해야 한다. 여기에 율법주의와는 또 다른 차원의 우리의 싸움과 갈등이 있다. 한편으로는 우리의 신분으로 인해 그리스도 안에서 쉼을 누리지만, 다른 한편으로는 그 신분 때문에 새롭게 싸워야 할 싸움이 있고 겪어야 할 곤경들이 있다. 하지만 이 싸움을 위해 힘을 얻는 비결도 믿음으로 하늘에 앉는 데 있다. 하늘에 앉은 내 모습을 보자.

24. 광야의 삶의 의미

이스라엘 백성의 광야생활은 우리 그리스도인들의 신앙생활의 모형이다. 우리는 이들의 경험을 살펴봄으로써 우리의 삶에 교훈을 얻을 수 있다. 이스라엘 백성은 출애굽한 후 광야를 지나야 했다. 그전에 그들은 하나님이 모세를 통해 애굽에서 행하신 열 가지 재앙을 보았고, 기적적으로 홍해를 가르시고 그들을 바로의 군대로부터 건져주신 일을 경험했다. 그 후 그들은 시내산에서 율법을 받았고 하나님과 언약을 맺었다. 이 정도 은혜를 체험했다면, 광야를 지나는 동안 하나님을 신뢰하고, 불평 없이 그분을 따라야 할 것이 아니겠는가? 하지만 그들은 끊임없이 불평하고 원망했다. 광야에서의 생활은 비록 노예였을망정 애굽에서의 생활보다 더 못해 보였던 것이다. 물도 없고 먹을 것도 없고, 심지어는 길도 없는 광야를 지나면서 까다롭기 그지없는 여러 율법들, 특히 제사법과 정결법 등을 지켜야 했고, 그저 하릴없이 마냥 성막 위의 구름이 뜨기만을 기다려야 했다. 오죽하면 그들은 하나님이 기적적으로 내려주신 만나를 먹고 있었으면서도 애굽에서 먹었던 생선과 외와 수박과 부추와 파와 마늘들을 그리워하면서 돌아가고 싶어 했겠는가?

그렇다면 하나님은 왜 이스라엘 백성을 40년이나 광야에 두셨을까? 하나님의 목적은 그들을 오직 하나님만을 신뢰하고 섬기는 거룩한 백성으로 만드시는 것이었다. 이 일을 위해서 그들은 훈련을 받아야 했던 것이다. 출애굽한 후 시내산에서 율법을 받고 성막을 세우는 등 하나님의 백성으로서의 기본적인 준비는 갖추었지만, 막상 열 두 정탐꾼이 가나안을 탐지하고 돌아와서 보고했을 때 그들은 하나님을 신뢰하지 못했고, 전혀 하나님의 통치를 받을 준비가 안 되었음을 드러내고 말았다. 그래서 하나님은 그들을 광야에서 더 훈련하신 후에 가나안으로 들이시기로 하셨던 것이다.

광야는 훈련의 장소이지 안식이 있는 가나안 같은 곳이 아니다. 광야생활은 실상 애굽에서의 생활보다 더 힘들다. 하지만 하나님의 목적을 안다면 광야생활의 의미를 이해할 수 있고, 힘들어도 불평하거나 원망하지 않을 수 있다. 애굽의 노예생활에서 벗어났으니, 이제는 편안하고 풍요로운 삶을 누려야 한다고 생각하는 이스라엘 백성의 관심과, 애굽과 가나안 족속들의 풍속을 좇지 않고 오직 거룩하신 하나님의 법도만을 좇아 살아갈 백성으로 훈련하시려는 하나님의 관심 사이에는 너무나 큰 간극이 있었던 것이다. 우리의 구원은 안락한 삶을 누리는 것이 아니라, 하나님의 거룩한 백성이 되는 것이다. 이 점을 아는 자들은 광야를 지나면서 불평하지 않는다. 그 광야에서만 우리는 거룩한 백성으로 거듭날 수 있기 때문이다.

25. 훈련과 자유

신앙생활을 하다가 종종 부딪히는 문제는 율법주의와 반율법주의의 함정에 빠지는 것이다. 은혜를 깨닫고 열심을 내다보면 나도 모르는 새 율법주의에 빠지게 된다. 내면에서 우러나오는 기쁨과 감격에 의한 자발적인 믿음의 순종이 아니라, 해야 될 일과 해서는 안 될 일들의 목록에 매달려서 규칙을 지키기에 급급해진 자신을 보게 되는 것이다. 처음에는 주님 뜻대로 살고 싶은 마음과, 신앙성장을 체험하고 싶어서 의욕적으로 지키려던 계획과 규칙들이 어느새 또 다른 율법이 되어 짐이 되기도 한다. 이럴 때 우리는 반대의 극단으로 경도되기 쉽다. 복음은 우리를 율법에서 해방시켜 은혜의 삶으로 이끄는 것이며, 우리는 그리스도 안에서의 자유를 만끽해야 한다고 생각한다. 물론 그렇다고 우리가 성경이 분명히 죄라고 지적하는 일들을 담대히 저지른다는 말은 아니다. 그런 사람은 그리스도인이라고 할 수 없다. 하지만 경건의 훈련을 소홀히 하고, 자기부인이 아니라 적당히 자기만족적인 삶을 누리다보면, 나도 모르게 육신의 정욕, 안목의 정욕, 이생의 자랑에 빠져들고 세속적이 되어간다. 이것이 반율법주의의 함정이다. 열심을 내다 보면 율법주의에 빠지고, 자유를 누리려고 하면 반율법주의에 빠지게 되는 것이다. 이제 우리는 어떻게 해야 하는가?

해답은 훈련에 있다. 우리가 주님 뜻대로 살기 위해 세우는 계획과 규칙들은 나름대로 의미가 있고 가치가 있다. 대표적인 것으로서 술과 담배를 끊는다든지, 교회의 모임에 지속적으로 참석한다든지, 규칙적으로 말씀묵상과 기도의 시간을 갖는다든지 하는 것들을 들 수 있다. 이러한 외면적인 활동들 뿐 아니라, 생각과 말을 조심하고 동기를 순수하게 지키려하는 내면적 싸움도 있다. 우리가 이런 일들을 목표로 세우는 것은 율법주의적 사고방식 때문이 아니라, 성령을 좇아 살고 싶은 열망 때문이다. 하지만 이런 일들이 우리의 몸과 마음에 익숙해지지 않는 한, 다시 말해서 습관화되지 않는 한, 의욕과 소원이라는 본래의 동기는 퇴색하고 의무감과 부담만 남게 된다. 성령을 좇아 사는 삶이 내게 새로운 본성과 습관으로 자리 잡지 못하는 한 율법주의든 반율법주의든 어느 쪽도 해결책이 될 수 없다. 참 자유는 훈련만이 가져다준다. 악기를 자유자재로 다루는 연주가들을 보라. 그들은 얼마나 자유로운가? 내가 아무 악기든 들고 마음대로 다룬다고 해서 음악이 되는 것은 결코 아니다. 자유롭게 되려면 훈련을 통해 막힘이 없는 경지로 나아가야 한다. 이 점은 영적 생활에서도 결코 다르지 않다.

26. 습관과 훈련

생각을 심으면 행동을 낳고, 행동을 심으면 습관을 낳고, 습관을 심으면 성품을 낳고, 성품을 심으면 인생을 낳는다. 우리가 잘 아는 격언이다. 변화의 공식이라고 불러도 좋고, 성공적인 인생의 공식이라고 불러도 좋을 것이다. 변화는 어떻게 일어나는가? 먼저 생각이 바뀌어야 한다. 생각이 바뀌지 않는 한 변화는 일어나지 않는다. 생각이 바뀌면 행동이 바뀌게 된다. 행동을 바꾸지 못하는 생각은 몽상에 지나지 않는다. 하지만 한 두 번의 행동으로는 근본적인 변화를 이루지 못한다. 문제는 성품이 바뀌어야 한다는 것이다. 행동은 외적인 것이고 성품은 내적인 것이다. 참된 변화는 내면에서 일어나 외면으로 나타나야 한다. 그렇다면 어떻게 성품은 변화되는가? 행동과 성품 사이의 연결고리는 무엇인가? 바로 습관이다. 습관은 행동이 반복될 때 생긴다. 일단 행동이 습관화되면 외적인 것이 내면화되기 시작한다. 반복학습이란 그래서 무서운 것이다. 세뇌시키는 가장 좋은 방법도 반복이다. 한 행동을 반복하게 되면 습관이 되고, 일단 습관이 되면 그것은 몸과 마음에 익숙해져서 쉽게 바뀌지 않는다. 얼마나 습관의 힘이 지속적이고 강력하면 "세 살 버릇 여든까지 간다"는 속담까지 생겼겠는가? 습관은 성품을 바꾼다. 그리고 인생이란 성품이 거두는 열매일 뿐이다.

　LA에서 목회를 하고 계신 어떤 목사님의 기사가 신문에 난 것을 읽은 적이 있다. 내가 아는 목사님이라 관심을 갖고 읽어보았는데, 그분은 목회에서 가장 중요한 것은 교인들의 습관을 바꾸는 것이라고 말씀하셨다. 나는 이 글을 읽고 무릎을 쳤다. 정말 그렇다!, 라는 탄성이 터져 나왔다. 이분의 말씀은 정곡을 찌르고 있었다. 생각하면 할수록 목회의 본질을 가장 쉽게 설명한 말이라고 동의하지 않을 수 없다. 목사의 가장 큰 소원은 교인들을 변화시키는 것이다. 교인들이 영적으로 잘 자라서 성숙한 그리스도인들이 되게 하는 것이야말로 목회의 본질이고 목사의 기본 사명이다. 말씀을 정성껏 선포하는 것도, 열심히 가르치고 권하는 것도, 다 그 목적을 위해 하는 일이다. 그래서 교인들이 "목사님, 설교에서 은혜 받았습니다"라고 말하는 것이 그렇게 반가운 것이다. 그 이유는 내가 설교를 잘하는구나 하는 자기만족적 교만 때문이 아니고, 오늘 설교를 통해 이 분이 조금 더 변화되겠구나 하는 기대 때문이다. 하지만 그런 말을 여러 번 들어도 실제 별로 변화되지 않는 현실을 보면서 점점 더 자신의 목회나 사역에 대해 회의하게 되는 것이 목사들의 일반적인 고민이다. 문제는 어디에 있는가? 교인들의 말이 진실이 아니었단 말인가? 예의적으로 말한 경우도 많겠지만, 그래도 진심으로 표현한 경우도 많을 것이다. 문제는 습관이 형성되지 않았다는 것이다. 말씀을 들을 때, 깨달음을 통해 은혜를 받을 때,

우리는 진심으로 생각이 바뀌고 마음이 동한다. 그래서 행동으로 옮기려 하고 실천하려고 한다. 한 두 번은 그렇게 한다. 하지만 얼마 못 가 다시 옛 습관으로 되돌아가고 만다. 아침에 일어나자마자 성경 읽고 기도해야지 하고 결심하고 몇 번 실행해 보지만, 어느덧 다시 신문부터 손에 쥐고 앉아있는 자신을 보게 된다. 남편이나 아내의 흉을 보지 말아야지 하다가도 어느 새 불평하고 비난하고 있는 것이다. 무엇인가 눈에 보이지 않는 어떤 힘이 우리를 사로잡고 조정하고 있는 듯이 우리는 매번 제 자리로 돌아오고 만다.

 습관이란 무엇인가? 습관은 몸과 마음에 익는 것이다. 내게 익숙해져서 의식하지 않아도 저절로 행하게 되고 반응하게 되는 것이다. 우리의 생각과 몸은 일정한 패턴을 따르려는 경향이 있다. 처음에 그 패턴이 형성되기까지가 힘이 들지만, 일단 그 패턴이 형성되기만 하면 몸과 생각, 마음은 그 패턴을 따라 움직인다. 그것이 습관이다. 몸도 그렇지만 생각과 마음도 그렇다. 영성에 대해 많은 글을 쓰신 달라스 윌라드 목사님은 영적 형성(spiritual formation)을 매번 우리의 의지가 어떤 결정을 내리고 어떤 방향으로 향할 때마다 그것이 패턴이 되어 굳어지는 것이라고 설명하셨다. 행동은 습관을 낳는다. 문제는 이미 형성된 습관을 새로운 습관으로 바꾸는 일이 너무나 어렵다는 것이다. 그렇다면 어떻게 해야 하는가? 이 때 필요한 것이 훈련이다. 훈련은 반복해서 실행하는 것이다. 훈련은 반복을 통해 그 일이 습관이 되게 하는 것이다. 훈련은 언제나 재미없고 힘들다. 처음에는 의욕을 갖고 시작하지만 곧 단조롭게 보이고 무의미하게 느껴지는 것이 훈련이다. 하지만 훈련을 통하지 않고는 습관을 바꿀 수 없다. 경건의 삶도, 늘 생각을 바르게 갖고자 하는 것도, 말을 조심하는 일도, 남을 배려하고 섬기는 것도 다 훈련을 통해 습관이 되어야 한다. 일단 습관이 되면 그것은 새로운 천성이 된다. 성화는 거룩한 습관을 쌓는 것이다. 습관을 바꾸자. 습관이 바뀌기까지 자기훈련을 늦추지 말자.

27. 연약함과 완악함

신앙생활은 쉽지 않다. 우리를 대적하는 영적 원수들이 있기 때문이다. 우리가 믿음으로 살려는 것을 방해하고, 우리를 주님으로부터 멀어지게 하려는 원수들의 공작이 끊임없이 우리를 괴롭히기 때문에, 신앙생활은 힘들고 어렵다. 우리가 대항해서 싸워야 할 신앙생활의 원수들은 세상, 육신, 사탄이다. 세상은 우리를 둘러싸고 있는 우리 밖의 원수다. 세상은 하나님 나라의 가치관과는 정 반대되는 가치관을 우리에게 강요하고 온갖 욕망의 만족을 제시하며 우리를 현혹한다. 요한은 세상으로부터 오는 것을 육신의 정욕, 안목의 정욕, 이생의 자랑이라고 폭로하면서, 이 모든 것이 결국은 지나갈 것이라고 말한다. 하지만 세상만으로는 우리가 겪는 어려움을 제대로 설명할 수 없다. 문제는 우리 안에 세상과 내통하는 반역세력이 있다는 것이다. 그것을 성경은 육신이라고 부른다. 이 육신은 타락한 인간 안에 있는 죄의 본성으로서 그 핵심은 자기중심성이다. 루터는 이를 "자기 안으로 굽어진 본성"이라고 묘사했다. 우리의 육신은 끊임없이 자기영광과 자기만족을 추구하며 자기를 주장하고자 한다. 세상은 바로 이러한 우리의 육신을 공략한다. 이 둘은 자석처럼 서로 끌고 잡아당긴다. 하지만 우리의 궁극적인 원수는 세상과 육신 배후에 있는 사탄이다. 사탄은 배후에서 이 양자를 조정하면서 우리를 넘어뜨리려 한다. 우리는 어떻게 해야 하는가?

　세상과 사탄은 우리가 대항하고 물리칠 수는 있지만, 직접 조절할 수는 없다. 하지만 우리 안에 있는 육신은 우리가 제어할 수 있다. 그 일은 성령의 능력으로 육신을 계속 십자가에 못박음으로써 가능하다. 이미 우리 안에는 육신보다 더 강력하신 성령께서 거하신다. 따라서 성령을 좇아 행할 때 우리는 육신을 이길 수 있다. 이 육신과의 싸움에서 우리는 때로 연약하여 넘어지고 패배하기도 한다. 베드로의 모습이다. 반면 육신에 사로잡혀 있는 모습도 있다. 이 상태에 있는 사람은 자신이 육신에 사로잡혀 있다는 사실조차 모르거나 부인한다. 육신과 싸우는 것이 아니라 육신의 지령에 충실히 따르면서 더욱 육신을 강화하려고 한다. 이는 완악한 모습으로서 바로 유다의 모습이다. 우리는 연약함에 처할 수는 있지만 완악함에 빠져서는 안 된다. 우리가 가장 두려워해야 할 것은 바로 완악함에 빠지는 것이다. 완악함이 심해질수록 회개가 어려워진다. "오직 오늘이라 일컫는 동안에 매일 피차 권면하여 너희 중에 누구든지 죄의 유혹으로 강퍅케 됨을 면하라"(히 3:13).

28. 변화의 길

사람은 어떻게 변화될 수 있는가 하는 것이 나의 집요한 화두이다. 내가 얻은 결론은, 진정한 변화는 성령님만이 하실 수 있다는 것이다. 우리 인간이 할 수 있는 일이 아니다. 하지만 그렇다고 해서 가만히 있기만 하면 되는 것은 아니다. 성령님은 우리가 하는 어떤 일들을 통해 역사하시기 때문이다. 변화를 위해서 우리가 해야 할 일들 중 가장 중요한 두 가지가 있다.

첫째, 무엇보다 하나님의 말씀을 섭취하는 것이 중요하다. 하나님의 말씀은 성령께서 우리를 변화시키기 위해 사용하시는 가장 강력한 도구이다. 하나님의 말씀은 살았고 운동력이 있는 예리한 매스이며, 우리의 숨은 동기를 드러내고 우리의 내면의 실상을 적나라하게 파헤쳐서 병든 부분을 제거해준다. 또 적극적으로는 영적 성장에 필요한 양식이 된다. 말씀의 바른 공급을 위해 가장 강조하고 싶은 방법은 강해설교와 개인성경묵상(QT)이다. 이 두 방법은 쉽게 적응할 수 있는 것이 아니다. 많은 훈련과 노력이 필요하다. 하지만 일단 성경이 말하는 것을 파악하는 훈련이 되면, 그때는 하나님의 말씀을 들을 수 있는 귀가 열리게 된다.

둘째, 성도의 교제이다. 성령님은 교제의 영으로서 믿는 자들 사이에 교통을 이루신다. 서로 용납하고 위로와 격려를 통해 서로를 세워줄 때, 사랑과 선행을 격려하는 몸의 삶을 경험할 때 우리는 변한다. 강해설교나 개인성경묵상이 많은 훈련을 요구하듯이, 교제도 많은 훈련과 노력을 필요로 한다. 서로를 조금씩 더 깊이 알아가면서 사람들의 내면의 모습을 파악하게 된다. 외모가 있듯이 내모도 있다. 서로 사랑한다면 각자의 내모를 알고 그 내모에 맞춰 서로를 보듬어 안으려 할 것이다. 그 은근한 배려와 사랑을 경험해 본 사람은 성령께서 우리 안에서 이루고자 하시는 연합의 신비를 더듬어 짐작하게 된다. 우리 교회의 작은 모임들이 성령 안에서 마음과 마음이 이어지고 서로의 내모가 짝처럼 맞물리는 자리가 되기를 바란다.

말씀과 교제는 성령님께서 일하시는 통로이다. 우리는 성령님의 역사를 다 파악하거나 이해하지 못한다. 하지만 이런 기본적인 의무들에 충실할 때 성령님은 우리 안에서 역사하실 것이다.

29. 숨은 동기

신앙 여정에서 내 신앙의 피상성을 깨트리는 충격적인 도전에 직면했던 몇 번의 경험을 기억한다. 그 중 하나가 "숨은 동기"를 점검하라는 도전이었다. 어느 선교단체에서 나온 신앙잡지에서 이 말을 처음 접했다. 그 순간 내게 강렬하고 신선한 충격으로 다가왔다. 나는 "숨은 동기"라는 단어를 보는 순간 둔기에 얼어맞은 것 같았다. 그때까지 내가 희미하게 느끼고 있었던, 내 속 깊은 곳에 미처 소화되지 않은 채 불편하게 자리 잡고 있었던 어떤 감정이 건드려지는 것을 깨달았기 때문이다. 숨은 동기! 그렇다. 내 속 깊은 곳에는 나도 밝히 의식하지 못하고 있던 어떤 동기가 숨어있었던 것이다.

동기가 중요하다는 것은 누구나 아는 사실이다. 문제는 우리의 진정한 동기가 무엇이냐 하는 것이다. 우리가 겉으로 내세우는 명분이나 당위성, 정당성이 우리의 진정한 동기가 아닐 때가 많다는 것을 우리는 잘 알고 있다. 그러면서도 우리는 남들에게 그렇게 표방할 뿐 아니라 스스로도 그렇다고 믿는다. 아니 믿고자 한다. 왜? 우리의 숨은 동기가 바르지 못하기 때문이다. 그 숨은 동기의 실상을 드러내고 싶지 않기 때문이다. 아니, 나 자신도 직면하고 싶지 않기 때문이다.

숨은 동기의 특징은 숨어있다는 것이다. 그것이 떳떳하지 못하고 바르지 못하다는 것은 누구보다도 우리 자신이 안다. 이기적이고 자기중심적인 동기가 잘못이라는 것을 내 양심이 고발하기 때문이다. 그 양심의 소리는 나를 아프게 하고 괴롭게 한다. 그래서 그 동기를 숨긴다. 나 자신에게도 숨기는 것이다. 숨은 동기는 자기기만이며 죄의 특성이다. 숨은 동기를 찾아내지 못하는 한 우리는 결코 진실할 수 없다. 자기의 실상을 부인하고 있기 때문이다. 그렇다면 어떻게 나의 숨은 동기를 찾아낼 수 있을까? 또는 누가 그것을 지적해주고 드러내 줄 수 있을까? 하나님만이 그 일을 하실 수 있다. 숨은 동기를 드러내어 바르게 교정해 주는 것은 성령님께서 말씀을 통해 하시는 일이다. "하나님의 말씀은 살았고 운동력이 있어 좌우에 날선 어떤 검보다도 예리하여 혼과 영과 및 관절과 골수를 찔러 쪼개기까지 하며 또 마음의 생각과 뜻을 감찰하나니… 오직 만물이 우리를 상관하시는 자의 눈앞에 벌거벗은 것같이 드러나느니라"(히 4:12). 말씀 앞에 정직할 때만 우리는 숨은 동기를 깨닫고 바로잡을 수 있다. 숨은 동기를 점검하자.

30. 우리는 사랑받기 위해 태어났는가?

당신은 사랑받기 위해 태어난 사람
당신의 삶 속에서 그 사랑 받고 있지요
태초부터 시작된 하나님의 사랑은
우리의 만남을 통해 열매를 맺고
당신이 이 세상에 존재함으로 인해
우리에게 얼마나 큰 기쁨이 되는지
당신은 사랑받기 위해 태어난 사람
지금도 그 사랑 받고 있지요

많은 사람에게 사랑받고 있는 한 복음성가의 가사다. 나는 처음 이 복음성가를 접했을 때 약간 낯간지러운 느낌이 들었다. 너무 노골적으로 사랑받고 싶어 하는 우리의 마음을 드러낸 듯해서다. 이 노래가 현대인들의 비뚤어진 자기애에 호소하고 있지 않나 하는 염려가 반드시 기우만은 아닌 것이, 기독교와 관계없는 TV 드라마에서도 이 노래를 가끔 배경음악으로 사용하는 것을 볼 수 있기 때문이다. 하지만 곰곰이 생각해보면 이 노래의 가사는 참으로 옳다고 하지 않을 수 없다. 모든 사람은 사랑받기 위해 태어나는 것이 사실이기 때문이다. 하나님은 우리를 사랑하기 위해 지으셨고, 우리가 그 사실을 깨닫든지 그렇지 않든지 우리를 지극히 사랑하신다. 성경적 관점에서 볼 때 이 노래는 분명 진실을 말하고 있다. 그럼에도 불구하고 이 노래가 주는 왠지 석연치 않은 느낌은 어찌 된 것일까? (나만의 편견일까?) 나는 다음의 몇 가지 오해가 있을 수 있기 때문이라고 생각한다.

첫째, 우리가 사랑받기 위해 태어났다는 말은 우리에게 사랑을 요구할 수 있는 권리가 있다는 뜻은 아님을 알아야 한다. 하나님이 우리를 사랑하시기 위해 지으셨고 또 지극히 사랑하시는 것은 사실이지만 그것은 그분이 우리에게 베푸시는 은혜이지, 우리가 요구할 수 있는 권리는 아닌 것이다. 도대체 우리의 존재 자체가 하나님의 은혜로 말미암아 가능했던 터에 우리에게 무엇을 요구할 수 있는 권리가 있다는 발상이 어떻게 가능하겠는가? 모든 것은 하나님의 은혜다. 우리가 이 사실을 깨닫고 인정한다면, 우리는 이 노래를 비뚤어진 자기애를 만족시키기 위해 부르지 않고, 하나님의 무한한 은혜에 감사하며 부를 수 있을 것이다.

둘째, 우리가 사랑받고 있다는 사실을 우리가 또는 세상이 주관적으로 정해 놓은 어떤 기준을 놓고 확인하려고 해서는 안 된다는 것이다. 하나님이 참으로 나를 사랑하신다면 이러저러해야 한다고 하면서, 그렇지 않기에 하나님은 나를 사랑하지 않으시는 것이라고 판단한다면, 매우 잘못된 생각이다. 하나님은 이미 갈보리 언덕에서 당신의 아들을 내어주심으로써 우리에 대한 당신의 사랑을 확증하셨다(롬 5:8). 눈에 보이는 여건들을 놓고 그분의 사랑 여부를 따지려 하는 것은 하나님의 사랑을 믿지 못하는 불신이다. 하나님은 지금 이 순간 나를 사랑하고 계신다. 그분은 그분의 크신 지혜로 최선의 것을 우리에게 주신다. 따라서 우리는 믿음과 감사의 마음으로 이 노래를 불러야 한다.

셋째, 우리가 서로를 향해 이 노래를 부를 때 우리는 상대방을 사랑하겠다고 다짐하는 것임을 알아야 한다. 당신은 사랑받기 위해 태어난 사람이라고 우리가 진심으로 노래한다면, 그렇기에 이제 나는 당신을 사랑하겠다고 약속하는 것이 아니고 무엇이겠는가? 이 노래를 부르면서 내가 받아야 할 사랑만 생각하고 있다면 잘못된 일이다. 오히려 나는 이미 하나님의 사랑을 받고 있음으로 이제부터는 다른 사람들을 사랑하겠다고 다짐하는 뜻에서 이 노래를 불러야 한다. 우리는 사랑받기 위해 태어났을 뿐 아니라, 사랑하기 위해 태어난 존재들이다. 실상은 다른 사람들을 사랑할 때 우리는 우리가 사랑을 받고 있다는 사실을 더욱 분명히 깨닫게 된다.

우리는 사랑받기 위해 태어났는가? 그렇다. 하나님은 우리를 사랑하시기 위해 창조하셨고, 십자가를 통해 그 사랑을 확증하셨으며, 지금도 우리를 사랑하고 계신다. 우리는 그 사랑이 우리의 권리가 아니라 그분의 은혜임을 기억하고, 눈에 보이는 형편에 따라서가 아니라 그분의 말씀을 좇아 그 사랑을 확신하면서 이제 사랑

받은 자로서 다른 사람들을 사랑하며 살아야 한다.

"그러므로 사랑을 입은 자녀 같이 너희는 하나님을 본받는 자가 되고 그리스도께서 너희를 사랑하신 것 같이 너희도 사랑 가운데서 행하라"(엡 5:1-2a).

31. 깊이 있는 신앙

일전에 어느 유명한 지도자가 미국의 복음주의는 3천 마일이나 넓지만 깊이는 3인치 밖에 되지 않는다고 개탄하신 적이 있다. 많은 사람이 그분의 말씀에 공감과 동의를 표했다. 나는 한국 교회도 마찬가지라고 생각한다. 우리의 문제는 겉모습은 그럴 듯하게 꾸미고 있지만 속이 허하다는 것이다. 겉으론 반짝거리고 무언가 있는 듯싶은데 한 꺼풀 벗기고 들어가 보면 제대로 된 내용이 없는 것이다. 기독교적 가치관도 제대로 형성되지 않았고, 복음의 능력이 삶의 전반에 영향을 끼친 결과로서의 기독교 문화도 이루어지지 않았다. 경건의 모양은 있으나 경건의 능력이 없고, 신학적 사변은 있으나 하나님을 참으로 아는 지식은 없다. 한 마디로 신앙에 깊이가 없는 것이다.

그렇다면 어떻게 깊이 있는 신앙을 추구할 수 있을까? 깊이 있는 신앙이란 하나님을 깊이 아는 것을 말한다. 하나님을 깊이 아는 사람은 유행적 시대사조의 물결에 흔들리지 않고 반대와 역경 앞에서도 의연할 수 있다. 깊이 있는 신앙을 추구하려면 무엇보다도 말씀을 깊이 묵상해야 한다. 하나님을 아는 길은 사실상 말씀 외엔 없다. 성경이 참으로 하나님의 말씀임을 확신하고 그 말씀을 깊이 파고들어야 한다. 말씀을 통해서 하나님의 생각, 심정, 성품을 깨달아야 한다. 하나님의 눈으로 세상을 보고 하나님의 가슴으로 세상을 품어야 한다. 그렇게 되면 말씀과 생활의 괴리로 인해서, 하나님의 뜻과 세상의 실상 사이의 거리로 인해서 고민하고 괴로워하지 않을 수 없게 된다. 선지자들이 그랬고, 사도들이 그랬고, 무엇보다도 우리 주님이 그러셨다.

신앙의 깊이는 고뇌의 깊이에 비례한다. 이러한 고뇌는 우리를 기도로 이끈다. 내 안락과 번영을 추구하는 기복적 기도가 아니라 세상의 불의와 악과 싸우는 전투적 기도를 하게 된다. 무엇보다도 내 안에 깊이 뿌리박혀 있는 육신을 거부하고 죽이기 위해 주님의 겟세마네의 기도에 동참하게 된다. "내 원대로 마옵시고 아버지의 원대로 하옵소서." 자기부인의 기도는 우리를 십자가의 삶으로, 자기희생의 삶으로, 기꺼이 복음과 함께 고난 받는 삶으로 인도한다. 고난을 통해 연단 받을 때 우리의 신앙은 깊어진다. 묵상과 고뇌, 기도와 고난이 있어야 신앙이 깊어진다. 하나님을 깊이 알고, 주님의 십자가에 깊이 동참하고, 자신의 내면 가장 깊은 중심에서부터의 진정한 갱신과 헌신을 추구하자.

32. 항상 기뻐하고 감사하는 신앙

한경직 목사님이 가장 좋아하시던 성경구절은 데살로니가전서 5장 16-18절이었다고 한다. "항상 기뻐하라. 쉬지 말고 기도하라. 범사에 감사하라. 이는 그리스도 예수 안에서 너희를 향하신 하나님의 뜻이니라." 나도 이 구절을 무척 좋아한다. 하지만 이 구절을 생각할 때마다 목에 가시가 걸린 듯 불편함이 느껴지는 것도 사실이다. 그 이유는 내가 늘 기뻐하고 감사하며 살지 못한다는 것과 또 기뻐할 수 없는 상황, 감사할 수 없는 경우가 많은데, 어떻게 그렇게 할 수 있느냐는 반발 때문이다. 그러면서도 이 말씀은 진리이고 하나님의 뜻이라는 것을 인정하고 있으니, 나는 이 구절에 애증을 동시에 느끼고 있는 셈이다.

어느 날 나는 이 명령이 실제로 가능하다는 것을 불현듯 깨닫게 되었다. 항상 기뻐하는 것이 가능한 이유는 바로 하나님 때문이다. 전능하시고 선하신 하나님이 살아계시고, 그 하나님이 나의 아버지가 되셔서 나를 책임지시고 보호하시고 인도하시는 것이 사실이라면, 또 지금 내가 그 하나님의 사랑의 대상인 것이 사실이라면, 상황과 형편과 관계없이 항상 기뻐할 수 있지 않겠는가? 또 내게 일어나는 모든 일이, 좋은 일들 뿐 아니라 나쁘게 보이는 일들까지도, 모두 하나님의 뜻 안에서 일어나는 것이며, 하나님이 내 유익을 위해서 허락하시는 것을 믿는다면 어찌 감사하지 않을 수 있겠는가? 항상 기뻐하고 범사에 감사하는 것이 가능한 이유는 바로 하나님이 계시기 때문이다. 삶의 모든 상황을 그 하나님의 관점에서 보게 해 주는 열쇠는 바로 기도다. 항상 기뻐하고 범사에 감사하려면 기도를 통해 내 마음의 초점을 하나님께 맞춤으로써 하나님의 관점으로 모든 것을 볼 수 있어야 한다. 쉬지 말고 기도하라는 명령은 24시간 내내 항상 기도만 하라는 말이 아니다. 그것은 불가능하다. 또 러시아 정교의 고전인 "순례자의 길"에 나오는 것처럼 "예수의 기도"("주 예수여, 나를 불쌍히 여기소서")를 쉬지 않고 반복하라는 말도 아니다. 이 명령을 실천하는 길이 있다. 첫째, 매일 정해 놓은 기도의 시간을 빼먹지 말고 지키는 것이고, 둘째, 항상 기도 안에 깨어있는 것이다. 즉 내 의식의 흐름이 기도의 흐름이 되게 하는 것이다. 그런 식으로 기도를 통해 하나님과 막힘없는 교제 가운데 살아갈 때, 우리는 그 하나님을 인해 기뻐하고 범사에 감사할 수 있다. 항상 하나님을 기뻐하고, 하나님을 감사하고, 하나님께 기도하자.

33. 탐루(探淚)의 신앙

요즘 토기장이 성경학교에서 히브리서를 가르치면서 나 자신부터 말씀의 은혜를 많이 체험하고 있다. 특히 예수님이 우리의 대제사장 되신다는 사실이 너무 고맙고 눈물겹다. "우리에게 있는 대제사장은 우리 연약함을 체휼하지 아니하는 자가 아니요 모든 일에 우리와 한결같이 시험을 받은 자로되 죄는 없으시니라"(히 4:15). 주님은 우리의 연약함을 경험하신 분이다. 그래서 참으로 우리를 이해하실 수 있고 도우실 수 있다. 특별히 주님은 우리의 슬픔을 아신다. 이사야는 주님을 고난의 종으로 제시하면서 이렇게 묘사하고 있다. "그는 멸시를 받아서 사람에게 싫어버린 바 되었으며 간고를 많이 겪었으며 질고를 아는 자라"(사 53:3a). 여기서 간고를 많이 겪고 질고를 안다는 표현을 영어성경(NIV)에서는 "a man of sorrows, and familiar with suffering"으로 번역하고 있다. 주님은 고난에 친숙하신 슬픔의 사람이셨다. 오래 전 신장투석을 하면서 슬픔의 시간을 통과하고 있었을 때, 내 머릿속에 이 구절이 반복해서 떠올랐던 것을 기억한다. "질고를 아는 자라."

슬픔을 경험해 본 적이 있는가? 슬픈 영화나 소설을 보고 느낀 것이 아니라 내 자신이 직접 슬픔을 겪어 본 적이 있는가? C. S. 루이스는 <헤아려 본 슬픔>이라는 책에서 아내를 잃고 비통에 잠겼던 때의 일을 상세히 묘사한다. 나는 그 글을 읽고 루이스가 훨씬 더 좋아졌다. 슬픔을 명쾌히 분석하는 것이 아니라, 그 안에 빠져 허우적거리는 그의 모습이 오히려 내게 위로를 주었다. 슬픔은 마치 눈에 보이지 않는 벽이 나를 둘러싸고 있는 듯 사람들과 나를 차단한다. 남들은 나를 위로하기 위해 여러 말을 하지만, 그 말들은 전혀 내게 와 닿지 못한다. 함께 있지만, 전혀 다른 세계에 있는 것이다. 입 밖으로 내뱉지는 않아도 "당신들은 모른다"는 말이 목까지 올라온다. 하지만 주님은 아신다. 주님은 간고를 많이 겪고 질고를 아시는 분이다. 주님이 영광과 권능의 자리에서 그분의 능력과 자비로 나를 구원해 주셨다면 그 구원에 감사는 하겠지만, 주님을 친숙하게 느끼지는 못했을 것이다. 하지만 주님은 내려오셨다. 주님은 들어오셨다. 우리의 슬픔의 자리로. 권능의 주님이 나를 위해 무력해지셨고, 영광의 주님이 나를 위해 멸시를 받고 배척을 당하셨다. 나는 주님이 우리를 구원해주지 않으셨을지라도 우리와 슬픔을 함께 겪고 슬픔의 사람이 되셨다는 그 사실만으로도 너무 고맙다. 그럼 그리스도인 그들은 누구인가? 같이 울어줄 수 있는 심장을 가진 자들이다. 탐루의 사람, 즉 눈물을 흘리는 자들을 찾는 사람들, 그들 곁에서 같이 울어줄 줄 아는 자들일 것이다. 눈물의 영성이 절실한 때다. 찬가 일색의 신앙에서 애가가 절실한 때다.

34. 중심과 임재

성경에는 주님이 내 안에 거하시고 내가 주님 안에 거한다는 표현이 자주 등장한다. 그리스도를 믿는 자는 그리스도와 연합한 것이며, 이 연합은 그리스도와 내가 서로 안에 거하는 상호 내주의 역학으로 작용한다. 그리스도께서 내 안에 거하심은 그분이 나의 중심이 되신다는 뜻이다. 그분은 내 생각과 감정, 의지의 중심에 거하시면서 나를 다스리시고 주관하신다. 토마스 켈리는 이 그리스도의 중심성을 신성한 중심(Divine Center)으로 불렀다. 그리스도인의 삶은 언제나 이 신성한 중심에서 흘러나와야 한다. 하지만 우리는 그리스도 대신 자아가 중심을 차지하게 할 때가 많다. 그러할 때 우리는 비록 그리스도인이라 해도 비신자들과 별반 다를 바 없는 모습을 띠게 된다. 그것은 육에 속한 삶이며, 하나님의 영광을 가리는 것이다. 반면에 그리스도를 중심에 모신 삶은 성령의 인도를 따르는 것으로서 그분의 풍성한 생명을 맛보고 드러낸다.

내가 그리스도 안에 거한다는 말은 무슨 뜻인가? 그 말은 내가 그리스도께 속했다는 뜻이며, 무엇을 하든지 그리스도의 이름으로, 즉 그분의 신분과 능력으로 행한다는 뜻이다. 내가 그리스도 안에 거함을 그분이 나를 두르고 감싸고 계신 임재의 모습으로 그려보자. 그분의 신성한 임재(Divine Presence)는 마치 공기처럼 나를 둘러싸고 있으며, 나는 그분을 호흡하고 언제 어디서나 그분과 동행한다. 나의 겉모습이 어떠하든지 나는 그분을 옷 입고 있다. 외적인 상황이 어떠하든지 그분의 보호와 돌보심 안에 있다. 언제 어디에 있든지 그분은 나와 함께 하시며 나를 지키시고 인도하신다.

중심과 임재는 그리스도와 연합한 우리가 그분과 상호내주의 관계 속에서 살아감을 보여주는 좋은 이미지다. 내 안에는 그분이 나의 중심이 되셔서 나를 다스리시고 주관하신다. 나의 모든 삶은 그리스도에 의해 좌우되며, 그분으로부터 흘러나온다. 내 밖에는 그리스도께서 나를 둘러싸고 계시며, 나를 보호하시고 나와 동행하신다. 중심과 임재를 보여주는 좋은 그림이 바로 포도나무와 가지의 비유이다. 가지가 포도나무에 붙어있는 것은 내가 그리스도 안에 거하는 것으로서 그분의 임재를 보여주고, 포도나무의 양분과 수액이 가지에 공급되는 것은 그분이 내 안에 거하시면서 나의 중심과 생명이 되어주시는 모습이다. 지금 내 중심에는 그리스도가 계시는가? 나는 지금 그리스도의 임재에 둘려있는가?

35. 중심의 진실

신앙생활에서 가장 중요한 요소를 지적하라고 한다면 중심의 진실이라고 답하겠다. 기독교 신앙은 결국 하나님과의 사랑 이야기이다. 하나님이 먼저 우리를 사랑하셨고, 그 사랑을 깨달은 우리가 이제 하나님을 사랑하게 된 것이 바로 기독교 신앙이다. 그렇다면 이 사랑의 관계에서 가장 중요한 것은 중심의 진실일 것이 당연하지 않겠는가? 하나님에 대한 마음 중심에서부터의 진실한 사랑이 없다면 그것은 참된 신앙이 아니다. 제 아무리 뜨거운 열심과 해박한 성경지식이 있다 해도, 봉사와 전도에 힘쓴다 해도, QT나 새벽기도에 빠짐이 없고 장로, 권사, 심지어는 목사의 직분을 받았다 해도, 마음에 주님을 향한 진실한 사랑이 없다면, 그것은 껍데기 신앙일 뿐이다. 이런 모든 일들은 중심에 진실한 사랑이 없어도 얼마든지 할 수 있다. 자기를 나타내고 다른 사람들의 인정을 받고 싶어서, 또는 열심을 내지 않으면 하나님의 사랑에서 제외될 것 같은 율법주의적 사고방식 때문에, 또는 이 세상에서는 축복을 더 많이 받고 주님 앞에 가서는 상급을 더 많이 받기 위해서, 얼마든지 그렇게 할 수 있다. 하지만 진실한 사랑 외에 다른 것들이 동기가 된 그러한 신앙생활은 주님이 기뻐하시는 것이 결코 아니다. 신앙은 사랑이기 때문이다.

우리는 어떻게 중심에서부터 주님을 향한 진실한 사랑을 품고 또 실천할 수 있을까? 먼저 이 사랑은 우리 스스로 품을 수 있는 것이 아니다. 성령께서 거듭나게 하시고 우리 안에 새 마음과 새 영을 주셔야 이 사랑을 가질 수 있다. 참으로 거듭난 사람이라고 해서 매 순간 주님만을 위해 살 수 있는 것은 아니다. 하지만 그 마음 중심에 주님을 향한 사랑이 있음을 부인할 수 없다. 육신과 자아에 휘둘려 사랑이 아닌 욕심을 좇아 살 때조차도 그런 자신을 부끄럽게 생각하고 온전히 주님만을 사랑하지 못하는 죄송함에 마음이 아플 수밖에 없다. 거듭난 사람의 중심에는 주님만을 사랑하고 싶은 간절한 소원이 심겨져 있기 때문이다. 내게 이 사랑이 있다면 더는 속지 말자. 육신을 좇아 살면 사망에 이를 뿐이다. 오직 성령께서 주시는 진실한 사랑을 좇아 살 때만 생명과 평안을 맛볼 수 있다.

주님을 묵상하면서 내 속에서 말씀하시는 성령의 음성에 귀 기울임으로써 내 속 깊은 곳 중심에 그분이 심어주신 진실을 다시 붙잡자. 그 진실에 불을 붙여달라고, 그 사랑에 사로잡히게 해 달라고, 간절히 기도하자. 매 순간 그 사랑을 좇아서 행하는 훈련을 시작하자. 중심의 진실을 좇아서 살자.

36. 마중물 사랑

펌프 옆에 놓여있는 한 동이 물을 마중물이라고 한다. 이 물은 마시라고 있는 것이 아니라 펌프에 집어넣어 지하수를 끌어올리라고 있는 것이다. 이 물을 넣지 않으면 펌프가 작동하지 않는다. 대체로 펌프 옆에 "사용 후 반드시 물을 채워놓으시오"라는 푯말이 붙어있는 이유다. 젊은이들과 사랑과 결혼에 대해 이야기할 때, 내가 언제나 해 주는 말은 첫 눈에 반하거나 사랑에 빠지는 연애감정은 마치 이 마중물과 같다는 것이다. 이기적인 인간들이 결혼해서 가정을 이루게 하시려고 하나님은 마중물 같은 이 연애감정을 선물로 주신다. 이 연애감정은 진짜 사랑이 아니다. 사랑에 빠져있는 동안에는 연인을 위한 섬김이나 희생이 전혀 힘들지 않다. 마중물이 내 안에서 작용하고 있기 때문이다. 이 연애감정이 지속되는 동안 우리는 진정한 사랑을 키워야 한다. 그러면 연애감정이 사라진 후에도 인격적인 헌신을 지킬 수 있고, 결혼생활을 아름답게 유지할 수 있다. 많은 사람이 연애감정을 진짜 사랑으로 착각하기 때문에, 그 감정이 식으면 사랑이 끝났다고 생각하고 헤어진다. 하지만 연애감정은 마중물일 뿐 펌프가 끌어올린 진짜 사랑이 아니다.

마중물의 원리는 신앙생활에도 적용된다. 주님을 인격적으로 처음 알게 될 때, 주님의 사랑을 깨닫고 거듭남을 체험할 때, 우리는 은혜의 감격에 사로잡힌다. 찬송이 너무 감동적이고 말씀이 꿀처럼 달며 기도시간이 전혀 지루하지 않다. 교회생활이 너무 재미있고 주님을 생각하면 가슴이 뭉클해진다. 우리는 이러한 은혜체험을 믿음이라고 생각한다. 은혜의 체험이 클수록 우리는 믿음이 좋다고 생각한다. 하지만 이러한 은혜는 마중물과 같다. 주님의 선하심과 아름다우심에 흠뻑 도취하게 함으로써 우리 안에 진짜 믿음을 끌어올리시려는 주님의 선물인 것이다. 이러한 은혜의 감격은 시간이 지나면 사라지기 마련이다. 어떤 사람들은 이 은혜를 되찾기 위해 여러 집회를 전전하거나 어떤 신비한 체험을 갈망한다. 이것은 잘못된 태도다. 진정한 믿음은 은혜의 감동이 사라진 후에 비로소 드러난다. 때때로 우리는 "사망의 음침한 골짜기"를 지나기도 하고, "영혼의 어두운 밤"을 경험하기도 한다. 그럴 때도 말씀을 붙잡고 믿음을 지키면 처음 체험한 것과는 또 다른 은혜를 맛보게 된다. 첫 사랑처럼 강렬하지는 않지만 더 깊고 더 풍성한 하나님의 사랑을 알게 된다. 마중물 은혜에 집착하지 말고 참 믿음을 키우자.

37. 우상숭배의 위험성

이스라엘 백성의 가장 큰 죄는 우상숭배였다. 구약을 읽어보면 이스라엘 백성의 죄가 크게 세 가지였음을 알 수 있다. 첫째는 영적인 것으로서 우상을 섬기고 하나님을 멀리한 것이다. 둘째는 도덕적인 것으로서 개인적으로는 부정직과 불의, 성적 타락이었고, 사회적으로는 부자나 권력자들이 가난한 자들이나 사회 약자들을 억압하고 착취한 것이었다. 셋째는 정치적인 것으로서 강대국들의 위협 앞에서 하나님만을 의지하지 않고 주변 국가들의 도움을 받아 위기 상황을 벗어나려 한 것이었다. 이 세 가지 죄는 긴밀하게 서로 연결되어 있었고, 그 중심에 우상숭배가 있었다.

먼저 하나님이 아닌 우상을 섬기는 것에서 타락은 시작되었다. 우상을 섬기는 것은 이방인들의 풍속을 따르는 것이기에, 이는 단지 종교적인 행위에 그치지 않고 우상숭배적인 삶의 방식 전체를 받아들이는 것을 의미했다. 따라서 영적 타락은 도덕적인 타락으로 이어질 수밖에 없었다. 또 우상을 섬기는 것은 하나님만을 의지하지 않는 것을 뜻하기 때문에, 정치적이고 군사적인 위기 상황에서 이방인들과 손잡으려고 한 것은 당연한 결과였다. 한 마디로 이방인들의 신을 따라감으로써 하나님의 백성으로 부름 받은 이스라엘이 이방인들과 조금도 다르지 않게 되었던 것이다. 하나님이 우상숭배를 그토록 미워하셨던 것은 그것이 근본적인 죄이고, 다른 모든 죄악의 원인이었기 때문이다.

우상을 섬기는 자는 우상을 닮을 수밖에 없다. 우리는 우리가 섬기는 대상과 같아지게 마련이다. 우상이란 하나님 대신 하나님 자리에 들어앉아서 우리의 예배와 흠모의 대상이 되는 존재다. 우상은 우리의 욕망의 투사(projection)로서 우리가 원하는 것들을 이루어주는 존재로 여겨진다. 따라서 우상을 섬기는 것은 자신의 욕망을 섬기는 것이며, 그러한 자는 자신의 욕망의 노예가 될 수밖에 없다. 물론 현대의 우상은 더 이상 돌이나 나무를 새겨 만든 형상들이 아니다. 현대의 우상은 형상을 지니지 않은 인간의 욕망 그 자체다. 또는 욕망이 추구하는 대상들이다. 인간의 욕망의 대상은 무엇인가? 재물과 건강, 지위와 권력, 쾌락과 명예 등이 아닌가? 이러한 것들 자체는 나쁜 것이 아니지만, 문제는 그것들이 하나님 자리에 앉아있다는 것이다. 하나님을 사랑하고 섬길 때 하나님께서 우리의 안전과 의미가 되어 주시는 것이 창조질서인데, 인간은 스스로 하나님이 되고자 했고, 그 결과 자신들의 욕망을 다스린 것이 아니라 섬기게 되었다. 우리는 우리가 섬기는 대상을 닮는다. 하나님을 사랑하면 하나님을 닮고, 욕망을 섬기면 욕망의 화신이 된다.

38. 기복주의를 이기는 소망의 신앙

현대 한국이나 미국의 기독교인들의 신앙생활에서 가장 부족한 측면이 있다면, 그것은 소망이 아닌가 생각한다. 한 번 우리 자신을 정직하게 살펴보자. 나는 무엇을 진정 바라고 있는가? 노골적으로 기복주의적 신앙을 추구하는 사람들 뿐 아니라, 내 욕심보다는 하나님의 뜻대로 살려고 자기를 부인하고자 한다는 신자들까지도 대부분 그들이 바라는 것이 이생에 초점을 두고 있는 것처럼 보인다. 영적으로 강건하고 체험이 풍성하며 기쁨과 평안이 충만한 삶을 원하는 것이다. 물론 이러한 바람이 잘못되었다는 말은 아니다. 하지만 우리는 이생에서 완전한 행복과 평화를 누릴 수 없다. 신앙이 좋다고 인생풍파에서 제외되는 것도 아니며, 믿음으로 산다고 해서 항상 승리하는 것만도 아니다. 바라는 내용이 물질적이고 세속적이냐 또는 영적이고 신앙적이냐를 막론하고, 양쪽 모두 이생에서 그것들을 성취하고자 한다는 점에서는 동일하게 보이는 것이 사실이다. 하나님이 우리를 위하여 예비하셨다는 그 영광에 대해서는 잘 알지도 못하고 그것을 소망한다는 것은 너무 추상적이고 막연한 것처럼 보이는 것이 사실 아닌가? 내 영적 시야가 현세의 지평에 갇혀 있지는 않은가?

    초대교인들은 하늘에 쌓아둔 소망을 붙잡고 살았다(골 1:5). 그들이 많은 어려움을 기꺼이 감수하고 심지어는 순교까지도 감내할 수 있었던 것은 그 소망이 너무나 생생했기 때문이다. 그들은 주님의 재림과 그때 주어질 영광을 소망했다. "위엣 것을 생각하고 땅엣 것을 생각지 말라. 이는 너희가 죽었고 너희 생명이 그리스도와 함께 하나님 안에 감추었음이니라. 우리 생명이신 그리스도께서 나타나실 그 때에 너희도 그와 함께 영광 중에 나타나리라"(골 3:2-4). 흔히들 내생이나 하늘의 소망을 강조하면 이생에서는 도피적이고 소극적인 삶을 살게 될 것처럼 생각하지만, 도리어 초대교인들에는 그러한 소망이 적극적인 삶의 동기가 되었다. "우리가 소망으로 구원을 얻었으매 보이는 소망이 소망이 아니니 보는 것을 누가 바라리요? 만일 우리가 보지 못하는 것을 바라면 참음으로 기다릴지니라"(롬 8:24-25). 우리는 신앙생활을 바로 배워야 한다. 지금 모든 것을 다 누리려고 하는 것은 믿음이 아니라 조급함일 뿐이다. 승리주의적 태도가 좋은 신앙이 아니다. 그보다는 나의 무력함과 부족함을 겸손히 받아들이고 인내하며 기다릴 줄도 알아야 한다. 나는 무엇을 소망하며 기다리는가?

39. 말할 수 없는 영광스러운 즐거움

성경을 읽다보면 때로 하늘의 영광이 구름을 뚫고 비취듯 놀라운 감동을 느낄 때가 있다. 사도 베드로가 초대교인들의 경험을 묘사한 다음 구절도 그러한 경우 중 하나다. "예수를 너희가 보지 못하였으나 사랑하는도다. 이제도 보지 못하나 믿고 말할 수 없는 영광스러운 즐거움으로 기뻐하니 믿음의 결국 곧 영혼의 구원을 받음이라"(벧전 1:8-9). 베드로는 말할 수 없는 영광스러운 즐거움의 경지가 있으며 자신의 독자들이 그 즐거움을 경험하고 기뻐하고 있다고 서술한다. 초대교인들과 현대교인들 사이의 가장 두드러진 차이점은 바로 이 기쁨의 경험에 있다고 나는 생각한다. 그들은 모든 면에서 지금 우리보다 훨씬 못한 형편에 처해 있었다. 일반적인 삶의 질에 있어서 뿐 아니라 기독교 신앙을 인해서 받아야 했던 핍박 때문에도 그러했다. 하지만 그들에게는 억누를 수 없는 기쁨이 있었다. 도대체 그들 안에서 샘처럼 솟아났던 기쁨의 비결은 무엇이었을까? 베드로는 그들이 믿음의 결국 곧 영혼의 구원을 받았기 때문이라고 말한다. 하지만 그 점에서라면 우리도 마찬가지가 아닌가? 우리도 구원을 확신하고 있지 않은가? 그런데도 우리는 그들이 누렸던 기쁨을 실제로 체험하지 못하고 있는 것은 무슨 까닭인가?

초대교인들의 기쁨의 원천은 예수님에 대한 사랑이었다. 그들은 베드로나 다른 사도들처럼 예수님을 직접 보지 못했지만 사도들이 전해준 예수님을 믿었고 그 결과 그분을 사랑하게 되었다. 사도들이 전해 준 예수님은 추상적인 신학이론이 아니라 우리처럼 몸을 입고 지상에 사셨던, 말씀이 육신이 되셨다고 밖에는 표현할 길 없는 그러한 분이셨다. "말씀이 육신이 되어 우리 가운데 거하시매 우리가 그 영광을 보니 아버지의 독생자의 영광이요 은혜와 진리가 충만하더라"(요 1:14). 예수님을 통해 하나님의 영광을 본 자들은 하늘의 생명을 맛보게 되었고, 그들의 증거를 통해 예수님을 믿는 자들에게 그러한 감동은 그대로 전염되었다. 초대교인들의 기쁨의 비결은 바로 예수님의 영광을 보고 그분을 사모하고 사랑하게 된 것이다. 그들에게 구원이란 그들이 그토록 사모하는 예수님을 다시 만나는 것이요 그분의 영광에 동참하는 것이다. 예수님의 영광을 모르는 자들은 구원이 무엇인지 모르는 것이고, 따라서 구원의 확신이 있다고 말해도 구원의 감격과 기쁨이 있을 수 없다. 지금 우리에게 필요한 것은 예수님의 영광을 보는 것, 역사상 최대의 기적인 그분의 인격을 아는 것이다. 예수님을 알고 그분을 사랑하게 되면 말할 수 없는 영광스러운 즐거움으로 기뻐하지 않는 것이 오히려 이상한 일이다.

40. 나의 달려갈 길

바울은 자신의 삶을 일종의 경주로 생각했다. 그래서 그는 곧잘 자신의 삶을 "나의 달려갈 길"이라고 표현했다. 사도행전 20장에는 바울이 아시아를 떠나 예루살렘으로 가기 전에 밀레도에서 에베소의 장로들을 청하여 작별인사를 하는 장면이 나온다. 이미 바울이 예루살렘에 가면 결박과 환난을 당하게 될 것이라는 예언의 말씀이 있었기 때문에, 많은 사람이 그의 예루살렘 행을 만류했다. 하지만 그는 "나의 달려갈 길과 주 예수께 받은 사명 곧 하나님의 은혜의 복음 증거하는 일을 마치려 함에는 나의 생명을 조금도 귀한 것으로 여기지 아니하노라"(행 20:24)라고 외치면서 자신의 결심을 꺾지 않았다. 달려갈 길에 대한 그의 이러한 의식은 "형제들아, 나는 아직 내가 잡은 줄로 여기지 아니하고 오직 한 일 즉 뒤에 있는 것은 잊어버리고 앞에 있는 것을 잡으려고 푯대를 향하여 그리스도 예수 안에서 하나님이 위에서 부르신 부름의 상을 위하여 좇아가노라"(빌 3:13-14)라는 고백에서 잘 드러난다. 이 신앙이 있었기에 그는 로마 감옥에서 죽기 직전에 쓴 마지막 편지인 디모데후서에서 "내가 선한 싸움을 싸우고 나의 달려갈 길을 마치고 믿음을 지켰으니 이제 후로는 나를 위하여 의의 면류관이 예비되었다"(딤후 4:7-8)라고 고백할 수 있었다.

우리 시대 신앙생활의 가장 큰 적은 무엇일까? 현대 미국이나 한국의 그리스도인들에게 가장 큰 적은 안주하려는 태도가 아닐까 싶다. 현대인들의 우상은 안락한 삶이다. 자신의 편리와 안정지대가 침해당하지 않는 범위에서만 신앙생활하려고 하는 것이 대체적인 모습이다. 우리에게는 바울이 말한 목표의식이나 죽음을 불사하면서까지 완수하고자 하는 사명의식이 없다. 자신의 삶을 달려갈 길로 보지 않는 것이다. 그렇기에 어디로 가야 한다든지, 지금 무엇에 힘써야 한다든지 하는 의식이 없고, 그냥 편하게 지내는 것으로 만족한다. 상급을 구원과 동일한 것으로 보는가, 아니면 별개의 것으로 보는가에 관계없이, 상급은 우리의 신앙생활에서 매우 중요한 동인이 되어야 한다.

바울은 하나님이 위에서 부르신 부름의 상을 위하여 좇아가는 삶을 살았다. 신앙생활을 경주로 보는 것은 주님의 부르심이 있기 때문이다. 은혜로 구원받는다는 말은 우리는 아무 것도 하지 않고 가만히 있어도 구원이 저절로 이루어진다는 뜻이 아니다. 은혜는 우리를 움직이는 동력이다. 가장 강력한 동력이다. 은혜 받은 증거는 성도가 주님의 부르시는 그 날까지 안주하지 않고 달려가는 것으로 드러난다.

4부
문학에서 빚은 신앙

1. 양치는 언덕

오래 전에 읽었던 미우라 아야꼬의 소설 <양치는 언덕>을 설교 준비를 하면서 다시 읽었다. 목사의 딸인 나오미는 부모의 반대를 무릅쓰고 고등학교 친구의 오빠 료오이찌와의 결혼을 감행한다. 결혼 전에는 어린아이처럼 순수하다고 느꼈던 남편이었는데, 결혼하고 보니 매일 밤 늦게 귀가하고 술주정은 물론이고 심지어 복잡한 여자관계까지 있는, 참으로 견딜 수 없는 사람이었다. 더는 견디지 못하고 친정으로 돌아온 나오미는 자신들의 말을 듣지 않고 집을 나간 딸을 위해 언제나 문을 열어둔 채 기다리고 계셨던 부모님의 따뜻한 사랑과 용서를 체험한다. 남편이 자신을 찾아 부모님 집에 왔을 때 자신은 결코 그를 용서할 수 없다고 생각한다. 더욱이 료오이찌의 정부가 자신의 고등학교 동창인 데루꼬라는 사실을 알고 난 후로는 더욱 남편을 상대하고 싶어하지 않는다. 하지만 아버지 고스께 목사는 나오미에게 남편을 용서하라고 권면한다. 그러면서 아주 뜻밖의 이야기를 들려준다. 어떤 남자가 있었는데, 아내의 언니와 눈이 맞아 바람을 피웠단다. 그 남자의 아내는 그러한 남편과 언니를 모두 용서해 주었다. 그 남자는 회개하고 신학교에

가서 목사가 되었다. 놀랍게도 아버지는, 바로 자신이 그 남자였다고 고백한다. 나오미는 아버지의 말을 듣고 어머니에게 어떻게 그런 일을 용서할 수 있었느냐고 묻는다. "나는 하나님과 결혼한 것이 아니야. 인간은 누구나 실수를 할 수밖에 없는 존재지"라고 대답해준다.

결핵으로 피를 토하면서도 아내에게 용서받기 위해 열심히 그림을 그렸던 료오이찌는 크리스마스 이브에 마지막으로 데루꼬를 찾아가 관계를 청산하려고 한다. 화가 난 데루꼬가 준 수면제를 탄 술을 마시고 돌아오다가 료오이찌는 끝내 길 위에서 잠이 든 채 죽고 만다. 남편의 죽음 후에 나오미는 남편이 그린 그림을 보고 통곡한다. 그 그림에는 십자가 밑에서 그리스도가 흘리는 피를 얼굴에 맞으며 그리스도를 바라보고 서 있는 료오이찌 자신의 모습이 그려져 있었다. 한 사람의 변화의 과정을 설득력 있게 묘사한 저자는 예리한 심리분석을 통해 인간내면의 실상을 밝혀낸다. 인간은 죄를 지을 수밖에 없는 존재이며 용서를 받아야 할 존재라는 것을. 일독을 권한다.

2. 아, 아슬란이여!

아이들 봄방학을 맞아서 온 가족이 루이스(C. S. Lewis) 원작의 <나니아 연대기>(Chronicles of Narnia)라는 영화를 보러갔다. 이미 원작도 읽었고 BBC에서 만든 영화도 보았던 터라 내용은 익히 알고 있었다. 별 기대 없이 보기 시작했는데, 나는 영화의 뒷부분에 이르러 큰 감동을 받았다. 자꾸 흐르는 눈물을 손으로 연신 닦아내는 내 모습을 옆에서 보던 디도가 "아빠, 울어요?"라고 물었다. 반대쪽에 앉았던 아내도 울었던 모양이다. 디도는 그쪽을 보고도 "엄마, 왜 울어요?"라고 물었다. 재미있는 영화를 보면서 아빠, 엄마가 우는 것이 디도로서는 잘 이해가 되지 않았을 것이다.

내가 눈물을 흘리게 된 것은 이 영화를 통해 주님의 모습을 새롭게 보게 되었기 때문이다. 피터, 수잔, 루시가 사자 아슬란을 찾아갔을 때다. 아슬란이 막사에서 나오자 그 앞에 진치고 있던 모든 동물들이 다 그 앞에 무릎을 꿇었고 세 아이들도 함께 무릎을 꿇었다. 나는 그때 장엄함(majesty)이라는 단어의 의미를 실감할 수 있었다. 아슬란이 상징하는 우리 주님의 장엄하심과 영광을 나는 그 순간 가슴 깊이 깨달았다. 아, 이것이 주님의 모습이구나. 인간의 몸으로 오셔서 고난을 겪으시던 모습만이 주님의 전부가 아니었다. 주님은 왕의 위엄을 지니신 영광스러운 분이셨다. 나는 아슬란 앞에 무릎을 꿇고 싶은 강한 충동을 느꼈다. 그 주님의 장엄하심(majesty) 앞에서 내 명예의 하찮음이란! 영화가 좀더 진행되자 아슬란이 형제를 배신한 에드먼드를 마녀의 손에서 건져내기 위해 자신을 마녀의 포로로 내어놓는 장면이 나온다. 모두가 잠든 깊은 밤에 홀로 마녀의 진영을 향해 무거운 발걸음을 옮기던 아슬란의 그 슬프고 외로운 모습을 보면서 가슴이 찢어지는 아픔을 느꼈다. 왜 만왕의 왕이신 주님이 십자가를 지셔야 했던가? 내 죄 때문이 아닌가? 내가 에드먼드였다. 내 죄는 날카로운 비수가 되어 내 가슴을 찔렀다. 마녀에게 붙들려 온갖 조롱과 멸시를 겪고 죽임을 당한 아슬란을 붙잡고 울다가 잠이 든 수잔과 루시의 절망과 슬픔은 그대로 내 몫이었다. 하지만 그것이 끝이 아니었다. 새벽 동이 터 올 때 아슬란은 다시 살아난다. 그를 뉘여 놓았던 돌판이 깨지고 동터오는 아침 햇살을 배경으로 황금빛 갈기를 휘날리며 포효하는 아슬란의 그 위용은 부활의 생명과 힘을 강하게 느끼게 해 주었다. 주님이 살아나셨다. 주님이 부활하셨다. 내가 이 영화를 보고 운 것은 이 감격 때문이었다. 아, 아슬란이여! 왕이신 주님을 찬양합니다. 부활이요 생명이신 주님을 경배합니다.

3. 어떤 비유

오래 전에 <Life Is Beautiful>이란 영화를 보았다. 그중 한 장면이 내 마음에 깊은 인상을 주었다. 전쟁 전에 주인공 구이도와 수수께끼를 함께 즐기던 독일 의사가 수용소 사람들의 신체검사를 하다가 거기 끌려온 구이도에게 개별적으로 만나자는 눈짓을 보낸다. 그 의사로부터 도움을 받을 것을 기대했던 구이도는 따로 만난 자리에서 그가 수수께끼를 풀어달라고 자기에게 도움을 요청하는 것을 듣고 망연자실해 한다. 한 사람의 목숨이 오고가는 마당에 수수께끼를 못 풀어서 울상을 짓는 그 의사의 모습은 코믹하다 못해 분노를 자아낸다. 그 무신경, 무감각이야말로 전쟁이 가져다 준 가장 큰 비극이요 폐해였다. 나는 그 때 그 의사에 대해 분노하다가 바로 그 모습이 나에 대한 비유였음을 깨달았다. 내 주변에 주님을 모르고 죽어 가는 사람이 수없이 많은데, 나는 그들에게 살 길을 가르쳐주기보다는 하찮은 수수께끼 놀이를 같이 즐기고 있는 모양새가 아닌가? 그 의사는 바로 내 모습이었다.

다윗은 나단의 비유를 듣고 불같이 진노했다. 양이 엄청 많은 부자가 가난한 이웃의 단 한 마리 양을 빼앗아 자기에게 온 손님을 대접했다는 얘기를 듣고 분노하지 않는 사람이 있다면, 그는 양심과 도덕적 판단력이 심각하게 잘못된 사람일 것이다. 분노가 충천하여 준엄한 심판을 선언하는 다윗의 서슬 푸른 기세는, 다음 순간 "당신이 그 사람이오!"라고 호통 치는 나단의 소리에 대번에 꺾이고 만다. 다윗은 꿈에도 자신이 그 부자와 같은 사람이라는 생각을 해보지 않았기 때문이다. 남의 이야기에는 그토록 바른 판단을 내리고 정의로운 해결책을 제시할 수 있었던 다윗이었지만, 자신의 끔찍한 범죄 사실에 대해서는 완전히 눈이 가려져 있었던 것이다. 나는 이 이야기를 읽고 다윗의 모습에서 죄의 자기기만성과 이중성을 보았다. 자신은 그보다 더 끔찍한 죄를 짓고서도 태연히 타인의 잘못에 대해 정의로운 심판을 선언하는 그의 모습은 위선의 전형이었다. 다윗이 그 부자에 대해 분노하듯이 나 또한 다윗에 대해 분노했다. 나단처럼 나도 마음속으로 "바로 당신이 그 부자요"라고 다윗을 질타했다. 그때 불현듯 나는 "네가 다윗이다"라고 외치시는 주님의 음성을 들었다. "너는 다윗을 비난함으로써 부자를 비난했던 다윗의 모습을 반복하고 있지 않은가?" 다윗의 이야기는 바로 나에 대한 비유였다. 나 역시 내 모습은 보지 못하고 타인의 잘못에 분노하고 있지 않은가? 이중적인 사람은 다윗만이 아니었다. 내가 다윗이었다.

4. 기다림

고등학교 1학년 여름방학이 끝나갈 무렵, 나는 그 전 해부터 앓고 있던 신장염이 악화되어 병원에 몇 주간 입원해 있었다. 병실의 하얀 천장을 침대에 누워 바라보면서 "기다려야 한다"는 생각을 끝없이 반복했다. 무엇을 기다린다는 말인가? 사실 그 순간에는 기다리는 것 외에 달리 할 수 있는 일이 없었다. 신장염은 뾰족한 치료방법이 있는 것이 아니기에 절대 안정을 취하며 기다리는 것이 최선이었다. 그때 내가 기다리고자 했던 것은 무엇이었을까? 빨리 병이 낫기를 기다렸던 것일까? 우선 퇴원해서 집으로라도 돌아갈 수 있기를 기다렸던 것일까? 물론 그랬을 것이다. 하지만 그때 내가 기다렸던 것은 그 이상의 무엇이었다. 자의식 과잉이었던 그 시절, 성인의 문턱에 서서 이제 막 내 앞에 펼쳐질 삶을 바라보면서, 한편으론 기대와 꿈에 부풀어 가슴 설레기도 하고 다른 한편으론 무력하게 병상에 누워서 바라만 볼 뿐 능동적으로 달려갈 수 없는 것을 안타깝게 생각하면서, 어쩔 수 없지만 다만 기다려야 한다고 자신을 달래고 있었다. 그때의 기다림의 의식이 어찌나 강렬했던지, 나는 지금도 그 순간을 똑똑히 기억하고 있다. 그 기다림은 기대와 인내의 양면을 모두 지니고 있었다. 내 삶은 이렇게 기다림으로 시작되었다.

그 때 이후 나는 줄곧 기다림의 삶을 살아왔다. 미국에 오기를 기다렸고, 대학에 들어가기를, 또 졸업하기를 기다렸다. 대학 마지막 해에 신장이 망가져서 투석을 시작했을 때는 이식을 기다렸고, 건강을 되찾은 후에는 신학교 졸업과 안수, 그리고 배우자를 기다렸다. 결혼 후 아이들을 낳고 가정적으로 안정되었을 때, 또 섬기던 교회에서의 목회경험이 어느 정도 틀이 잡혔을 때, 나는 오래 전부터 꿈꾸어오던 가정교회의 비전을 실천에 옮기기 위해 교회 개척을 기다리기 시작했다. 그 후 질그릇교회를 개척해서 지금에 이르게 되었다. 생각해보면 그 동안의 많은 기다림은 이러저러하게 다 이루어졌다. 그렇다면 이제 나는 더 이상 기다리지 않게 되었는가? 그렇지 않다. 나는 지금도 여전히 기다리며 살고 있다. 목회 자체가 기다림인 까닭이다. 지난 몇 년의 경험을 통해 나는 "목회는 기다림이다"라는 귀한 통찰을 얻었다. 목회는 하나님의 때를 기다리고 사람을 기다리는 것이다. 사람 만나기를 기다리고 또 그 사람이 성장하기를 기다린다. 또 교회가 하나님의 뜻에 따라 움직이기 위해선 하나님의 때를 기다려야 한다. 이렇게 기다림은 목회의 본질에 속한 것이므로 목사로 있는 한 나는 앞으로도 기다림을 멈출 수 없을 것이다.

생각해보면 삶 자체가 기다림이다. 지금까지 살아오면서 기다림의 내용은 바뀌었지만, 기다림 자체는 중단된 적이 없었다. 시인

서정윤은 "홀로서기"에서 "기다림은 만남을 목적으로 하지 않아도 좋다"라고 쓰고 있지만, 만남 또는 이루어짐을 전제로 하지 않는 기다림은 기다림이라고 할 수 없다. 모든 기다림은 만남/이루어짐을 목적으로 한다. 그렇기에 기다림은 설렘과 아픔을 동시에 가져다주는 것이다. 황지우는 "너를 기다리는 동안"이란 시에서 "기다려 본 적이 있는 사람은 안다/세상에서 기다리는 일처럼 가슴 애리는 일 있을까"라고 고백한다. 그렇다. 기다림은 가슴 아리는 일이다. 문을 열고 들어오는 사람마다 "너"일 것이라고 기대했다가 네가 아님을 알게 되었을 때 가슴에 밀려오는 실망과 애림을 경험해 보지 않은 사람이 있겠는가? 어찌 만남에 대한 기다림뿐이랴? 모든 기다림은 힘들고 아프다. 이처럼 힘든 기다림이기에 때로 중단하고플 때도 있지만, 기다림은 삶의 본질이기에 우리는 기다리는 것을 멈출 수 없다.

나는 요즘 또 다른 기다림이 내 안에 꿈틀거리는 것을 느낀다. 목회에만 몰두한 동안 잠시 잊고 있었던 다른 기다림이 생각난 것이다. 그것은 이생에서의 구체적인 성취를 바라보는 것이 아니다. 지금까지 모든 기다림이 다 성취된 후에도 여전히 남아서 또 다시 나로 하여금 가슴 설레게 하는 이 내면의 기다림은 무엇인가? 평소 의식의 표면에 강하게 부각되지는 않지만 한시도 사라지지 않는 기다림, 내 존재의 심연에 자리 잡고 있는 이 근원적 기다림은 무엇인가? 그것은 내 삶이, 내 존재가 궁극적으로 지향하는 목적지에 대한 것이다. 다른 모든 기다림은 이 근원적 기다림을 일깨우는 표지판에 불과하다. 그것은 하늘 아버지와의 만남이요 집으로 돌아감이다. 그것은 주님과의 재회다. 그렇다. 아직 한 번도 주님을 만난 적이 없지만, 그럼에도 그분과의 만남은 다시 만남이다. 왜 그런가? 그분을 뵐 때 확연히 깨닫게 될 것이기 때문이다. 나는 그분을 처음부터 알고 있었다는 사실을 말이다. 그분은 나를 내내 기다려오셨다는 사실을 말이다. 도종환은 먼저 간 아내를 그리는 시 "유월이 오면"에서 이렇게 고백한다. "당신을 다시 만나지 않고는/내 삶은 완성되지 않습니다/당신을 다시 만나야 합니다/살아서든 죽어서든/꼭 당신을 만나야만 합니다." 이 시는 주님과의 만남을 기다리는 내 심정을 그대로 표현하고 있다. 그렇다. 나는 주님을 다시 만날 것을 기다리고 있는 것이다. 고등학교 1학년 가을 병실에서 경험했던 삶에의 열망으로 가득 찬 그 기다림은 결국 삶을 너머선 더 큰 기다림으로 이어졌던 것이다.

5. 책상 서랍 속의 동화

몇 년 전에 보았던, 중국의 명감독 장이모가 연출한 '책상 서랍 속의 동화'라는 영화를 이번 휴가 중에 다시 한 번 보았다. 13살 짜리 웨이 민 쯔는 1-4학년 학생들이 모두 28명밖에 되지 않는 작은 시골 초등학교에서 이 학교 선생님이 모친상으로 한 달 간 고향을 다녀올 동안 임시 교사직을 맡게 된다. 자신도 초등학교밖에 졸업하지 못한 웨이의 주된 임무는 가르치는 일 보다는 학교를 떠나는 아이가 없도록 하는 것이었다. 그러던 어느 날 한 여자아이가 달리기 선수로 뽑혀서 도시로 옮겨가게 되었다. 또 며칠 후에 장휘거라는 말썽꾸러기 남학생이 가난한 집안 사정으로 인해 돈을 벌어오겠다고 도시로 떠나갔다. 웨이는 아이들이 학교를 떠나는 것을 두고 볼 수가 없어서 마침내 장휘거를 찾아오기 위해 길을 나선다. 도시로 간 웨이는 사방으로 수소문을 하며 역 광장에서 확성기 안내도 해 보고 벽지도 만들어 보는 등 모든 노력을 기울였지만 소용이 없었다. 그러던 중 방송을 하는 것이 가장 좋은 방법이라는 것을 듣고 방송국에 찾아가서 국장을 만나 사정을 해 보려고 하는데, 이틀을 문밖에 서서 기다려도 만날 수가 없었다. 마침내 굶주리고 지친

초췌한 웨이의 모습을 창밖으로 내다 본 국장의 따뜻한 배려로 웨이는 방송 프로에 출연해서 장휘거를 찾는 내용을 전할 수가 있었고, 밥을 얻어먹기 위해 한 식당에 빌붙어 있던 장휘거는 그 방송을 보고 웨이 선생을 만나 함께 고향으로 돌아오게 된다.

  능숙한 말솜씨로 방송을 진행해 가는 세련된 도시 여성 옆에서 촌티가 다닥다닥 붙은 채 눈물을 글썽이며 "장휘거, 어디 있니? 나랑 집으로 돌아가자"라고 말하는 웨이의 모습은 나의 눈시울을 뜨겁게 했다. 동시에 진정한 선생의 자격이 무엇인지를 깨우쳐 주었다. 그것은 지식을 넘어선 사랑이다. 웨이에게는 학생들을 가르칠 수 있는 지식도 능력도 없었지만, 자기가 맡은 학생을 끝까지 책임지려는 헌신과 사랑이 있었다. 그러한 웨이의 모습은 한 마리 길 잃은 양을 찾아 산을 넘고 물을 건너는 선한 목자 되신 주님을 연상케 한다. 한편의 수채화 같은 이 영화를 모든 교우님들에게 추천한다.

6. 피터 크리프트의 위대한 발견

피터 크리프트(Peter Kreeft)는 내가 무척 좋아하는 기독교 철학자다. 그는 화란 개혁주의 가정에서 태어난 개신교인이었는데, 후에 가톨릭으로 옮겨 간 특이한 이력을 지녔다. 내가 "옮겨 갔다"고 표현하고 개종이란 말을 쓰지 않은 데는 이유가 있다. 그는 비록 가톨릭 교인이 되었지만, 그의 신앙은 복음주의와 매우 흡사하기 때문이다. 그는 C. S. 루이스와 소크라테스를 가장 좋아하고 어려운 철학적, 신학적 주제를 쉽게 풀어내는 탁월한 재능을 가지고 있다. 아쉽게도 그의 책들이 한국에서는 별로 소개되지 않았는데, 영어로 읽는 것이 별 부담이 되지 않는 분들이라면 그의 책들을 읽을 것을 기꺼이 추천하는 바다. 그가 쓴 글 중에 "The Three Most Profound Ideas I Have Ever Got(내가 깨달은 가장 심오한 세 가지 생각)"이란 것이 있는데, 일전에 주일학교 설교에서 세 번에 걸쳐 소개한 적이 있었다. 그 때 어른들도 설교를 들었으므로 이미 아는 내용이겠지만, 다시 한 번 소개하고 싶다.

첫 번째는 그가 여섯 살인가 일곱 살 때 깨달은 것이다. 어느 주일에 교회에서 돌아오는 길에 그는 주일학교에서 들은 말씀을 이

리저리 생각하다 섬광처럼 놀라운 진리를 깨달았다. 그는 즉시 가장 신뢰하는 권위인 아빠에게 그 깨달음을 확인했다. "아빠, 교회에서 우리에게 가르치는 모든 것, 우리가 성경에서 배워야 하는 모든 것은 결국 한 가지로 요약할 수 있지요? 우리가 이것만 기억하고 있으면 다른 것들은 다 괜찮겠지요?" 그의 아빠는 회의적인 표정으로 그에게 물었다. "무슨 한 가지? 세상에는 중요한 것들이 많이 있단다." "제 말은요, 언제나 하나님께서 내게 원하시는 것이 무엇인지 묻고 그대로 하면 된다는 것이에요. 그렇지요?" 아빠는 인정하지 않을 수 없었다. "네 말이 맞구나, 아들아. 바로 그거야." 그가 깨달은 첫 번째 놀라운 진리는 "인생에서 정말 필요한 것은 오직 하나 뿐"이라는 것이었다. 그것은 바로 하나님의 뜻을 알고 그 뜻대로 행하는 것이다.

두 번째 진리는 첫 번째 것과 논리적으로는 밀접하게 연결되어 있지만 시간적으로는 그가 일생에 걸친 경험 끝에 깨닫게 된 것이었다. 그것은 "행복에 이르는 길은 자기 망각적 사랑"이라는 것이다. 사람들은 자기를 중심으로 살면서 행복을 구하는데, 그 길은 불행에 이르는 첩경이다. 행복은 그 자체를 목적으로 구할 때, 또는 자기를 위해 살 때 오지 않고, 다른 이들을 위해 살 때 부산물로 오는 것이기 때문이다. 이 진리는 쉽게 관찰할 수 있다. 자기의 건강을 위해 온갖 좋은 것을 다 먹고, 자기의 안락을 위해 모든 배려를 다 하고, 늘 자기를 마음과 뜻과 정성을 다해 사랑하는 사람들 중에 행복한 사람을 본 적이 있는가? 반면에 자기에 대해 잊어버리고 주님을 위해, 남을 위해 열심히 사는 사람들은 온갖 어려움과 역경을 통과하면서도 기쁨과 감사가 충만하지 않던가? 이 간단한 진리를 깨닫기가 왜 그렇게 어려운지!

세 번째 진리는 로마서 8:28의 말씀이다. "하나님을 사랑하는 자 곧 그 뜻대로 부르심을 입은 자들에게는 모든 것이 합력하여 선을 이루느니라." "하나님은 위대하시고 선하시니 우리에게 주신 음식을 인해 감사드립니다"라는 아이들의 식사기도가 보여주듯이, 하나님이 전능하시고 완전한 사랑이시라면, 그 하나님의 자녀들에게 일어나는 모든 일은 결국은 선일 수밖에 없는 것은 당연하다. 지금 당장은 그렇게 보이지 않을지 모르지만, 그것은 우리가 다 알지 못하는 하나님의 어떤 뜻이 있기 때문이고, 궁극에 가서는 그 모든 것이 하나님이 이루실 아름다운 선을 위해 필요했던 것임을 우리는 알게 될 것이다.

피터 크리프트는 자신의 깨달음을 밝힌 후에 그 세 가지 진리보다 더 위대한 진리를 칼 바르트라는 신학자가 말했다고 소개한다. "바르트 교수님, 교수님은 수십 권의 책을 쓰셨고 많은 사람들은 교수님을 세계에서 가장 뛰어난 신학자라고 생각합니다. 교수님이 깨달은 많은 내용 중 가장 심오한 생각은 무엇입니까?"라는 질문을 받은 바르트는 잠시 생각한 후 이렇게 대답했다고 한다. "예수님이 나를 사랑하신다는 것입니다(Jesus loves me This I know)." 이에 덧붙여 나도 또 한 사람의 뛰어난 통찰을 소개하고 싶다. 칼빈주의 신학자인 존 파이퍼(John Piper)는 그가 깨달은 가장 중요한 진리를 이렇게 말한다. "하나님은 우리가 그분 안에서 가장 만족해할 때 우리 안에서 가장 영광을 받으신다(God is most glorified in us when we are most satisfied in him)." 하나님으로 인해 기뻐하는 것이야말로 우리의 존재 목적이며, 하나님을 가장 기쁘시게 하는 길이다. 인생에서 가장 중요한 것은 무엇일까? 우리가 구해야 할 단 한 가지는 무엇일까? "내가 여호와께 청하였던 한 가지 일 곧 그것을 구하리니 곧 나로 내 생전에 여호와의 집에 거하여 여호와의 아름다움을 앙망하며 그 전에서 사모하게 하실 것이라"(시 27:4).

7. 몸에 밴 작은 친절

법정 스님의 수필집에 수연스님이란 분에 대한 다음과 같은 추억이 적혀 있다. 함께 버스를 타고 가는데, 창문에 박힌 나사 하나가 헐거워져 빠질 듯하자, 이 분은 작은 칼을 꺼내 그것을 꼭 조여 놓으셨다는 것이다. 남들이 신경도 쓰지 않는 그런 일에도 마음을 쓰며 매사에 주변을 돌아보고 남을 배려하시던 스님의 선한 인상을 그린 글이었다. <패치 아담스>(Patch Adams)는 인간적인 의술을 추구했던 한 의사에 대한 영화다. 정신병동에서 새로 들어온 사람들에게 이상한 질문을 던져 당황하게 만들던 한 환자가 있었는데, 어느 날 아담스가 그와 이야기하던 중 그의 컵에서 물이 조금씩 새는 것을 보고 반창고로 그 부분을 패치(patch)해 주었다. 그 후 그는 패치 아담스(Patch Adams)로 불리게 되었다. 오래 전 S목사님이 인도하시던 리더훈련에 참석했을 때의 일이다. 당시 신학생이던 나는 수업을 마치고 부지런히 달려와야 겨우 시작시간에 맞출 수 있는 형편이었다. 그날도 간신히 지각을 면할 정도로 도착했는데, 내 옆에 앉으셨던 S목사님은 책상 밑으로 조용히 치킨 맥너겟(Chicken McNugget) 박스를 내게 내미셨다. 저녁식사를 못하고 온 나를 위해서 준비해두셨던 것이다. 그 훈련모임에서 배운 모든 내용 중 그 일이 가장 기억에 남는다.

   우리를 감동시키는 것은 이렇듯 작은 친절들이다. 산을 옮기는 큰 믿음도 중요하고 자기 몸을 불사르게 내어주는 영웅적 희생도 중요하다. 하지만 그런 일들은 일상적인 일들이 아닐뿐더러, 오히려 사람의 어떠함을 보여주는 데는 그다지 신뢰할 수 있는 근거가 아닐 수 있다. 우리는 의식적으로 마음만 먹으면 꽤 큰일도 할 수 있고, 자신을 억제하고 평소와 다르게 행동할 수 있기 때문이다. 오히려 의식하지 않은 채 평소에 습관적으로 나오는 행동들이야말로 한 사람의 진정한 모습을 더 잘 보여준다. 작은 친절들이 고맙고 반가운 것은 그렇듯 비의도적인 평상시 모습이기 때문이다. 재능이나 업적, 유명세나 지위 등을 떠나 한 사람의 인간적 성숙을 보여주는 것은 바로 그러한 평상시 마음씀씀이다. 주님은 회당장 야이로의 딸이 죽어간다는 기별을 받고 급히 그 집으로 가시던 노중에서도 당신의 옷자락을 만진 혈루병 여인을 돌아보셨다. 아무리 급한 순간에도 인간에 대한 자상함과 친절을 잊지 않으셨던 주님의 제자들이라면 우리도 작은 친절이 몸에 배어있어야 한다. 그리스도인들은 무엇보다도 그렇듯 착한 사람들이어야 한다.

8. 약함의 신학

마르바 던(Marva Dawn)은 캐나다 밴쿠버에 있는 Regent College에서 영성신학을 가르치는 교수다. 그녀의 책 <세상 권세와 하나님의 교회>(복있는사람)는 성경에 나오는 "정사와 권세"의 실상을 파헤치고, 교회가 어떻게 타락한 권세가 되지 않을 수 있는지를 다루고 있다. 그것은 교회가 기꺼이 약함을 받아들이고, 주님의 능력으로만 행할 때 가능하다고 말한다. 그녀가 말하는 약함의 신학은 결국 루터의 십자가의 신학과 같은 것이며, 현대교회를 휩쓸고 있는 강함의 신학, 영광의 신학과 대조를 이룬다. 우리는 기꺼이 약함의 위치에 머물러야 하며, 우리가 하나님의 능력을 체험하지 못하는 이유는 그 약함의 자리를 우리 자신의 힘으로 떠나려고 하기 때문이라고 던은 말한다. 던이 추구하는 약함의 신학은 질그릇에 담긴 보배를 강조하는 우리 교회의 신앙과 일치한다. 그녀는 그 진리를 평생 자신의 체험을 통해서 확증하며 살았음을 간증한다.

어떤 날에는 과도한 긴장 때문에 완전히 진이 빠져 버리는 때가 있다. 나는 늘 관절염에 걸린 두 손과, 저는 한쪽 다리와, 보지 못하게 된 한쪽 눈, 듣지 못하는 한쪽 귀와, 17% 정도만 기능하는 양쪽 신장과, 꿈틀 운동을 하지 못하도록 죽어버린 위 신경과 장 신경과, 암 수술과 턱 수술 이후 남은 통증과, 남은 한쪽 눈의 시력마저 곧 잃어버릴지도 모른다는 두려움, 다리뼈 고정 수술 이후 떨어져 나온 뼈 조각들이 계속 염증을 일으켜 결국 다리를 절단할 수도 있는 가능성을 안고 살아가야 하기 때문이다. 심지어 위에 열거한 것이 그녀가 겪고 있는 고난의 전체 목록이 아니다. 하나님은 정말로 나를 이토록 약하게 하실 필요가 있으신가, 라고 그녀는 울부짖는다.

그런데 던은 이 질문에 스스로 대답하기를 "그렇다"라고 한다. 이토록 불편한 몸을 이끌고 평생을 살아오면서 그녀는 매순간 하나님만 의지하고 살 수밖에 없는 삶의 축복을 노래한다. 나는 이 글을 읽고 울었다. 특별히 17% 정도만 기능하는 신장이란 표현에 가슴이 뭉클했다. 나보다 훨씬 더 심한 상태가 아닌가? 그런데도 그녀의 맑은 심성은 주님의 은혜와 선하심에 대한 감사로 충만해 있다. 이지선 자매(화상 입은 얼굴로 하나님을 증거하는 자매)의 간증을 들었을 때 느꼈던 감동이 되살아났다. 약함을 두려워하는 믿음 없는 우리들에게 이분들은 그 약함이야말로 하나님의 강함을 체험하는 자리임을 역설한다.

9. Basic Christian

로저 스티어가 쓴 존 스토트의 전기 <Basic Christian>을 읽었다. 이 제목은 존 스토트의 베스트셀러 <Basic Christianity>(기독교의 기본진리)의 제목을 패러디한 것이다. 존 스토트의 전기로는 친구인 Timothy Dudley-Smith가 쓴 두 권짜리 결정판이 이미 나와 있다. 하지만 스티어의 이 책은 스토트에 대한 여러 일화들을 소개하는 식으로 쓰였기 때문에 읽기가 훨씬 쉽고 재미있다. 빌리 그래함이나 마틴 로이드-존스 등 동시대의 영적 거장들과의 친분에 대한 이야기나 복음을 위해 결혼, 학문의 길, 감독의 자리 등을 포기했다는 스토트의 개인적인 고백은 그에 대한 많은 궁금증을 풀어주기에 족했다. 내 신앙여정에 가장 큰 영향을 끼쳐주신 영적 스승으로 내 마음에 모시고 있는 존 스토트 목사님의 면모들을 더 알게 되면서, 나는 한편으론 그에 대한 존경의 마음이 솟아났고, 다른 한편으로는 도저히 흉내 낼 수 없는 엄청난 수준 차이 때문에 자괴감이 들기도 하였다. 하지만 결론적으론 스토트 목사님의 삶에서 우리가 볼 수 있는, 한 사람을 변화시키는 복음의 능력과 하나님이 그의 사역을 통해서 수없이 많은 사람에게 베푸신 영적 유익과 은혜를 생각하면 진심으로 하나님께 감사와 찬송을 돌릴 수밖에 없다.

이 책을 읽으면서 무엇보다도 내 마음에 깊은 인상을 받은 것은 그에 대한 주변 사람들의 증거다. 흔히 멀리서 볼 때는 훌륭했던 사람도 가까이 가면 많은 흠이 보이기 마련인데, 스토트 목사님을 알았던 모든 사람들은 한결같이 그를 존경하고 있다는 점에 놀랐다. 그들은 오랜 기간 그를 옆에서 보면서 그의 겸손과 진실함에 큰 감동을 받았다고 증언한다. 그에게도 젊었을 때는 접근하기 어려운 차가움과 거리감이 있었다. 하지만 사람들은 세월이 지나면서 더 편해지고 인간적으로 따스해지는 변화와 성숙을 지켜볼 수 있었다. 특히 스토트의 비서로 평생을 보낸 프랜시스 화이트헤드 여사는 자신이 평생 그 곁을 지킬 수 있었던 결정적인 이유로 그의 진정성(authenticity)을 꼽았다. 그는 뛰어난 설교가요 목회자요 지도자였지만, 무엇보다도 겸손히 주님을 따르고자 했던 제자였다. 평상시 몸가짐과 매너는, 목사요 기독교 지도자로서의 직업적인 것이 아니라 진심으로 주님을 본받고자 했던 한 신앙인의 태도였다는 것이다. 내가 존 스토트를 존경하는 이유도 그의 지성과 설교, 리더십 같은 재능에만 있지 않고, 그의 인간됨, 그리스도를 닮은 모습(Christlikeness)에 있다. 그는 설교한 대로 살았던 지도자였다.

10. 내 일생의 한 권의 책

<순례자의 길>은 러시아 정교의 영성을 보여주는 대표적인 고전이다. 이 책의 주인공은 "쉬지 말고 기도하라"는 주님의 말씀을 어떻게 실천할 수 있을지 고민하다가 어떤 수도원 원장으로부터 "예수의 기도"(주 예수여, 나를 불쌍히 여기소서)를 끊임없이 반복하는 것이 그 길임을 배운다. 그 원장은 그에게 <필로칼리아>라는 러시아 영성지도자들의 글을 모아놓은 고전을 한 권 선물하는데, 그는 일생 그 한 권의 책을 붙들고 순례의 길을 간다. 나는 그의 이야기를 읽으면서 한편으론 감동과 깨달음을 얻었지만, 다른 한편으로는 복음주의 신앙과는 결이 다른 신앙전통들 간의 차이점을 확연히 볼 수 있었다. 그들은 성경을 신앙의 중심에 놓고 있지 않았다. 왜 그 순례자는 성경보다 <필로칼리아>에 더 매달렸을까? 이런 모습은 천주교 영성전통에서도 쉽게 볼 수 있다. 신비한 체험 중심의 영성에 대한 글들은 참고할 대상으로 삼을 수는 있어도 우리 신앙의 기준으로 삼을 수는 없다. 그 체험이 아무리 깊고 놀랍더라도 하나님을 아는 지식의 절대권위는 성경에 있다.

많은 그리스도인들이 입으로는 성경의 중요성을 인정하면서도

실제로는 성경을 잘 알지 못한다. 성경을 잘 알려면 전문적인 신학공부가 필요하다고 생각하여 그 조건을 갖추지 못한 평신도들은 처음부터 체념해버리고 만다. 하지만 이건 오해다. 신학공부가 유익한 것은 사실이지만, 전문적인 신학지식이 없어도 얼마든지 성경을 깊이 읽을 수 있다. 사실 대부분의 영성 고전들보다 성경이 더 쉽다. 문제는 깊이 그리고 인내를 갖고 파고들지 않은 데 있다. 성경을 수필 읽듯이 가볍게 읽고서 곧장 깨닫기를 기대한다면, 고기를 씹지 않고 죽처럼 술술 넘기려는 것과 같다. 바울의 편지를 받은 초대교회 교인들을 상상해보라. 그들은 그 편지를 거의 외우다시피 읽고 또 읽었을 것이다. 또 다른 교회에 보낸 바울의 편지들을 구하기 위해 얼마나 애를 썼을 것이며, 구하게 되면 그 내용을 얼마나 열심히 탐독했겠는가? 바울의 편지들에서 시작해보라. 짧은 편지를 하나 택해 매일 한 권씩 한 달 동안 읽어보라. 그 내용이 훤히 기억될 것이다. 그런 식으로 일 년을 읽으면 바울의 모든 편지들에 익숙해질 것이고, 성경에 눈이 환히 뜨일 것이다. 말씀의 능력과 생명을 맛볼 것이다. 성경을 내 일생의 책으로 삼자. 다른 책들은 별로 읽지 못해도 크게 문제될 것이 없다. 하지만 성경을 모르면 그것은 너무 큰 손해요 수치다. 한 책의 사람, 성경의 사람이 되자.

11. 길은 여기에

가끔 찾아가는 헌 책방에서 미우라 아야꼬의 <길은 여기에>를 발견했다. 한국 사람들이 많이 사는 동네라서 그런지 미국 헌 책방에서 한국 책을 보게 된 것이다. 이미 세 번 정도 읽은 책이었지만, 누군가에게 주면 좋을 것 같아 사두었는데, 앞부분을 훑어보다 그만 다시 한 번 끌려들어갔다. 이 책은 읽을 때마다 깊은 감동과 깨달음을 준다. 저자의 글 솜씨가 뛰어난 탓도 있겠지만, 신앙을 찾아가는 저자의 진지한 구도적 자세와 그녀를 신앙의 길로 이끌어 준 주변 그리스도인들의 진실한 모습이 마음에 와 닿은 때문일 것이다. 이 책을 읽으면서 느낀 점을 나누고 싶다. 첫째, 예수님을 믿는 것은 진리의 길, 참된 삶의 길을 가는 것이다. 저자는 전쟁이 끝나면서 찾아온 가치관의 혼란에 충격을 받고 무엇인가를 믿는 일에 심한 어려움을 느낀다. 마음의 혼란에 몸의 질병이 더해지자 삶의 의욕을 잃고 허무에 빠져 허우적거리는 그녀에게 한 사람이 나타난다. 어릴 적 친구 마에가와 다다시라는 그리스도인 청년이었다. 그의 사랑과 도움에 힘입어 그녀는 조금씩 삶의 의미를 깨달아가고 마침내 신앙을 갖게 된다. 그녀에게 있어서 신앙이란 인생의 궁극적인 목적을 깨닫고, 창조주시며 자신의 인생의 주인 되신 하나님께 귀의하는 것이었다. 하나님을 믿는 것은 그녀에게 있어서 자신의 행복을 위한 수단이 아니라, 삶의 의미요 인간의 본분이었던 것이다.

둘째, 이 책을 통해서 나는 예수님을 전하는 것은 말만이 아니라 인격적인 사랑과 헌신으로 이루어지는 일임을 배웠다. 깊은 회의에 빠져있던 저자에게 마에가와 다다시가 지식과 논리로만 접근했다면 기독교에 대한 반발과 오해만 불러일으켰을 것이다. 다다시는 물론 말로도 기독교 신앙을 설명했지만, 아야꼬를 변화시킬 수 있었던 근본 동인은 그의 진실한 사랑, 연인의 사랑을 뛰어넘는 신앙의 사랑이었다. 아사히가와에 살던 아야꼬가 삿뽀로에 있는 병원에 입원하였을 때, 다다시는 그곳 교회의 니시무라 장로님께 그녀를 부탁하는 편지를 보낸다. 아무 기대도 하지 않았던 자신의 병상을 찾아오신 장로님의 헌신적 봉사에 감동한 아야꼬는 마침내 병상에서 세례를 받는다. 나는 이 장면을 읽고 크게 감동했다. 한 사람이 하나님의 품으로 돌아오는 일은 얼마나 아름답고 고귀한가? 그 일을 위해 수고와 정성을 아끼지 않는 그리스도인들의 사랑과 헌신은 또 얼마나 아름답고 감동적인가? 나는 이 책을 읽고 예수님을 믿는다는 것의 의미를, 그 영광스러움을 다시 한 번 되새겨보았다. 그것은 존재의 변화요 삶의 방향전환이다. 예수님이라는 새로운 삶의 길을 가는 것이다.

12. 어떤 유대인의 간증

스탠 텔친이란 유대인이 있었다. 그는 성공한 사업가로서 사랑하는 아내와 두 딸을 둔, 정말 남부러울 것 없이 살던 사람이었다. 그러던 어느 날 대학을 다니던 딸로부터 받은 한 통의 전화가 그의 삶을 온통 뒤바꿔놓고 말았다. 평소에 자주 전화했던 딸은 그날따라 매우 조심스럽게 말머리를 꺼내더니 자신에게 일어난 일을 털어놓았다. 예수님을 메시아로 받아들였다는 것이었다. 그는 충격을 받았다. 그는 자신의 귀를 의심했다. 어떻게 자신의 딸이, 그토록 순종적이고 사랑스러운 딸이 유대인들의 원수의 편에 설 수 있단 말인가? 그는 어렸을 때 자신을 경멸하고 "그리스도를 죽인 자"라고 욕하던 그리스도인들을 떠올렸다. 전화를 끊기 전 딸은 간곡한 목소리로 성경을 읽어볼 것을 당부했다.

그는 딸을 설득하기 위해서 바로 성경을 읽기 시작했다. 일단 그리스도인들의 성경인 신약을 펼쳤다. 마태복음은 유대인이 유대인들에게 쓴 것으로서 바로 자신들의 조상들로부터 시작하고 있었다. "아브라함과 다윗의 자손 예수 그리스도의 세계라." 그는 처음으로 성경의 세계에 발을 들여놓았다.

그러던 어느 날 그는 어느 도시에서 열린 기독교 집회에 참석하게 되었다. 그곳에는 그리스도를 믿게 된 유대인들이 수백 명 참석하고 있었다. 그 중 한 사람이 그에게 구약의 몇몇 장들을 읽어볼 것을 권했다. 유대인이었지만 구약을 거의 읽어본 적이 없었던 그는, 그 장들에서 자신이 전혀 예상하지 못했던 내용들을 보게 되었다. 시편 22편에는 메시아의 처형 장면이 담겨있었고, 이사야 53장에는 메시아가 고난을 당하는 이유가 설명되어 있었다. 예레미야 31장을 읽고 그는 자신들의 언약(옛 언약) 안에 이미 새 언약의 약속이 담겨 있는 것을 깨달았고, 다니엘 9장에서 그는 한 왕의 백성이 예루살렘을 멸망시키기 전에 기름부음을 받은 자가 끊어질 것이라는 예언을 읽었다. 이 말은 로마의 장군 디도에 의해 주후 70년에 예루살렘이 멸망당하기 전에 메시아가 죽임을 당하리라는 예언이었는데, 이는 예수님의 죽음을 가리키는 것임이 명백했다. 그는 마침내 예수님 앞에 무릎을 꿇었고, 그분을 자신의 메시아로, 주님으로 영접했다. 떨리는 손으로 집에 전화를 건 순간, 그는 이미 아내 역시 그리스도인이 되어 있는 것을 발견했다. 나는 이 간증을 듣고 울었다. 한 사람이 그리스도를 믿고 하나님께로 돌아오는 이야기보다 더 감동적인 이야기가 있을 수 있을까? 그 어떤 신학도, 그 어떤 신비체험도, 예수님의 주되심과 구세주 되심을 인정하는 믿음의 고백을 뛰어넘을 수 없다. 그리스도는 하나님의 비밀이요 만유의 주님이시다.

13. 상처 입은 치유자

헨리 나우엔은 그의 책 <상처 입은 치유자>에서 성문에 앉아 자기 상처의 붕대를 하나씩 풀고 묶는 메시아에 대해 말한다. 다른 사람들은 붕대를 한 번에 모두 풀어버리지만, 메시아는 혹시 급히 도움이 필요한 사람이 있을 경우를 대비해서 하나씩 풀고 묶는다는 것이다. 이 이야기는 첫째, 메시아도 다른 사람들과 마찬가지로 자신의 상처를 갖고 있다는 것을 보여주며, 둘째, 메시아는 자신의 상처에만 몰두하지 않고 다른 사람들의 어려움을 돕고자 한다는 것을 보여준다. 메시아에게 상처가 있다는 말은 얼핏 이해하기 어렵다. 메시아라면 상처가 없어야 하지 않겠는가? 상처가 있다면 자신부터 치유를 받아야지 남을 도울 처지가 못 되는 것 아니겠는가? 하지만 이사야도 주님의 상처를 말한다. "그가 찔림은 우리의 허물을 인함이요 그가 상함은 우리의 죄악을 인함이라. 그가 징계를 받음으로 우리가 평화를 누리고 그가 채찍에 맞음으로 우리가 나음을 입었도다"(사 53:6). 사실 주님은 상처가 있음에도 메시아가 되시는 것이 아니라, 바로 그 상처로 인해 메시아가 되실 수 있었다. 주님의 상처야말로 우리의 치유의 근원이 되기 때문이다.

주님의 상처 뿐 아니라 우리의 상처도 다른 사람을 위한 치유의 능력이 될 수 있다. 바울은 하나님을 "우리의 모든 환난 중에서 우리를 위로하사 우리로 하여금 하나님께 받는 위로로써 모든 환난 중에 있는 자들을 능히 위로하게 하시는 이"(고후 1:4)라고 묘사한다. 물론 우리의 상처가 다른 사람을 위한 치유의 능력이 되려면, 먼저 우리가 고침을 받아야 한다. 우리의 상처에는 환경에 의한 것뿐 아니라, 우리 자신의 죄와 허물로 인한 것까지도 다 포함된다. 어거스틴은 "하나님을 사랑하는 자 곧 그 뜻대로 부르심을 입은 자들에게는 모든 것이 합력하여 선을 이루느니라"는 구절을 설명하면서 여기에는 우리의 죄까지도 포함된다고 말한다. C. S. 루이스의 <사자, 마녀, 옷장>에서 형제들을 배신했던 에드문드는 용서받고 회복된 후에 의인 에드문드(Edmund the Just)가 된다. 혈기로 충만했던 요한이 변해서 사랑의 사도가 된 것이나, 그토록 자기 의가 강했던 바울이 주님을 만난 후 누구보다 은혜를 강조하는 사도가 된 것은 우연이 아니다. 교회를 핍박했던 그의 수치스러운 상처는 결코 교만해질 수 없도록 그를 낮추시는 하나님의 은혜의 통로가 되었다. 주님의 징계는 사랑으로 인한 것이고 치유를 위한 것이다. 주님께 매 맞은 자리에서 향기가 난다. 당신의 상처로 내 상처를 고치시고 내 상처로 다른 사람들을 고치시는 상처 입은 치유자 주님을 찬양하자.

14. 하나님의 임재 연습

로렌스 형제는 <하나님의 임재 연습>이란 기독교 고전의 저자로 유명하다. (이 책은 그가 직접 쓴 것이 아니고 보퍼트 수도원장이 그와 나눈 대화와 서신들을 엮어서 그의 사후에 출판한 것이다.) 그는 17세기 프랑스의 카멜 수도원의 말단 수사였으나, 매순간 하나님의 임재 앞에 살려는 노력을 통해 깊은 영성에 도달할 수 있었고, 주변 동료들에게 큰 영향을 끼치게 되었다. 그는 주방에서 일하는 동안 동료들의 떠드는 소리와 접시 부딪히는 소리 같은 소음에도 불구하고, 엄숙한 미사에 참석하고 있을 때와 마찬가지로 고요히 하나님의 임재 앞에 머물 수 있었다고 간증한다. 언제나 하나님의 임재 안에 머물고자 했던 그의 노력은 개신교 종교개혁의 지도자였던 칼빈의 모토 "코람 데오(하나님 앞에서)"를 연상케 한다. 또 순간순간을 하나님을 의식하며 살기 위해 노력했던 20세기 필리핀의 선교사 프랭크 로박의 영적 실험과도 일맥상통한다. 이처럼 하나님의 임재 안에 머무는 삶은 시대와 교파를 초월해서 하나님을 깊이 알았고, 그분과의 친밀한 교제를 누렸던 모든 하나님의 사람들의 공통적인 경험이었다. 그들에게는 하나님의 임재가 이론이 아니라 실제였고 그리스도인의 삶의 본질이었다.

그렇다면 어떻게 하나님의 임재(Presence)를 매순간 연습하며 살 수 있을까? 하나님의 임재와 관련된 몇 가지 사항을 살펴보자. **첫째, 하나님의 임재를 체험하기 위한 조건은 우리의 거룩함, 순결함(Purity)이다.** 주님은 산상수훈의 팔복에서 "마음이 청결한 자는 복이 있나니 저희가 하나님을 볼 것임이요"라고 말씀하셨고, 히브리서의 저자는 "거룩함이 없이는 아무도 주를 볼 수 없다"고 말씀하셨다. 하나님은 거룩한 분이시기 때문에 결코 죄와 악과 함께 하시지 못한다. 우리가 육신에 속해서 살고 있다면 주님은 원하셔도 우리를 가까이 하실 수 없다. 주님의 거룩하신 성품이 우리 속에 있는 죄와 악을 거부하시기 때문이다. 주님만 우리를 거부하시는 것이 아니라, 우리 자신도 우리가 육신에 속해 있는 한 하나님께 가까이 나아가기를 원하지 않게 된다. 어둠의 속성은 빛을 싫어하고 멀리하는 것이기 때문이다. 따라서 무엇보다도 먼저 우리는 내면의 정결함과 거룩함을 추구해야 한다. 그 일은 어떻게 가능한가? 성령님께서 내게 깨닫게 해 주시는 모든 죄를, 작은 것까지도 남김없이 자백하고 회개함으로써 가능하다. 죄란 결코 외적으로 드러난 행동만이 아니다. 내 속의 비뚤어지고 안으로 굽어진 자아가 곧 죄다(Packer: 동기에서부터 뒤틀린 마음[motivationally twisted heart]). 모든 것을 자기중심적으로 판단하고 추구하려고 하는 성향 자체가 죄다. 그리스도인은 성령으로 거듭남을 통해 이러한 자기중심성에서 근본적으로 해방된 자다. 따라서 이제 성령님의 세밀한 음성을 듣고 그에 따라 동기의 차원에서까지 진정한 자기부인을 할 수 있게 되었다. 성령께서 말씀으로 우리의 마음을 비추시고 우리의 죄를 지적해주실 때 즉각 회개하자. 우리의 심령이 깨끗해질수록 우리는 주님을 더 깊이 알게 된다.

둘째, 주님의 임재를 경험하는 수단은 기도(Prayer)다. 기도란 말의 차원이 아니라 마음의 차원이다. 내 마음이 끊임없이 주님을 구하고 주님을 갈망하는 것이다. 기도는 믿음의 표현이다. 안에 있는 믿음이 밖으로 표출되는 길이 기도이다. 죄가 하나님에 대한 거부 반응이라면, 믿음은 하나님을 사모하고 하나님께 나아가고자 하는, 하나님께로 끌리는 자력이다. 믿음으로 사는 사람은 모든 일을 하나님과 함께 하려고 한다. 하나님의 뜻을 묻고 하나님의 도움을 구하고 하나님을 의지하고 순종하려고 한다. 사랑하는 사람들이 항상 함께 있고 싶어 하고 모든 것을 함께 나누고 싶어 하는 것과 같다. 마찬가지로 사랑하는 사람들이 끊임없이 서로 대화하는 것처럼 믿음의 사람들은 끊임없이 하나님과 대화한다. 이것이 기도다. 로렌스 형제는 이 기도가 일상화, 체질화된 사람이었다. 하나님은 우리가 기도할 때 우리의 의식에 말씀하시고, 우리의 심령에 느낌을 주시며, 당신의 임재를 강하게 드러내신다. 기도는 영혼의 호흡이며 하나님의 임재를 체험하는 통로다.

마지막으로 하나님의 임재의 결과 또는 증거는 평화(Peace)다. 누군가의 말처럼 평화는 위험의 부재가 아니라 하나님의 임재다. 하나님이 함께 하실 때 우리는 어떠한 형편에서도 평화를 누릴 수 있다. 이 평화는 환경과 조건을 초월한 것이며, 바울이 기도의 응답으로 주어진다고 말한, 모든 지각에 뛰어난 그 하나님의 평강이다(빌 4:6-7). 또 단지 상황적 평화만이 아니라 인간관계에서도 평화를 맛보게 된다. 내 자아가 하나님과 화목해 있고 그분 안에서 쉼을 누림으로 다른 사람을 받아들일 수 있는 여유가 생겼기 때문이다. 하나님의 임재 안에 거하는 사람은 어떠한 상황에서도, 누구와의 관계에서도 (그것이 자신에게 달린 한) 늘 평화를 누린다. 그래서 주님은 팔복에서 마음이 청결한 (그래서 하나님을 보는) 사람 뒤에 화평케 하는 사람을 말씀하신 것이다.

15. 체험 신앙

기도원에서 <조나단 에드워즈: 생애와 사상>을 읽었다. 청교도의 최고봉이라 일컬어지는 에드워즈의 신앙과 체험, 신학을 배우면서 그들의 기독교와 오늘 우리가 경험하는 기독교 사이의 너무나 엄청난 차이와 거리감을 실감했다. 현대 기독교의 입장에서는 그들이 그토록 강조했던 회심의 체험이 몇몇 뛰어난 영적 지도자들에게나 있음직한 특별한 현상일 뿐 대부분의 교인들과는 전혀 관계가 없는 먼 나라 이야기처럼 들릴 것이다. 만일 조나단 에드워즈가 오늘 우리의 모습을 본다면 우리 중 구원받은 사람은 많지 않다고 단정할 것이 분명하다. 그에게 신앙이란 너무나 확실한 체험이었다. 신적이고 초자연적인 빛, 즉 성령의 조명으로 인해서 하나님의 거룩하심과 영광이 우리의 심령에 너무도 분명히 생생하게 각인되는 것이 회심한 사람의 체험이요 믿음이라고 그는 말한다. 내가 특히 놀란 것은 그가 감정(affection)을 매우 강조하고 있다는 사실이었다. 나는 믿음은 감정(feeling)이 아니라고 배웠고, 나 자신도 감정중심의 신앙생활의 위험성을 누누이 강조해왔다. 하지만 그가 말하는 감정이 인격의 삼요소인 지정의 중 하나(emotion)를 말한다기보다는 생생한 체험과 그 체험에 뒤따르는 전인격적인 끌림으로서의 성향을 의미함을 알게 되면, 그러한 감정이 없는 신앙은 죽은 것이라는 그의 말에 동의하지 않을 수 없을 것이다. 그에게 있어서 신앙은 머리로 이해하는 것이 아니라 (물론 그것도 포함되지만) 무엇보다도 마음으로 깨닫는 것이었다. 그것은 성령의 조명을 통해 하나님의 살아계심과 거룩하심, 그분의 영광과 은혜를 실제 체험하는 것을 의미한다.

내 신앙생활에 무엇이 결여되어있었는지 이 책을 읽으며 좀 더 확실히 알게 되었다. 물론 나도 그가 말하는 바를 어느 정도는 알고 있다고 생각한다. 실상을 말한다면 그가 말하는 그 내용이야말로 지금껏 하나님이 나를 이끌어 오신 방향이요 도달케 하신 지점이라고 고백할 수 있다. 하지만 그 중요성에 대한 확실한 자각과 그로 말미암은 열정은 한참이나 미치지 못했던 것이다. 하나님의 영광을 참으로 보고 앎으로써 성령의 능력에 사로잡혀 거룩함과 사랑의 삶을 실제로 살아내고 있는지를 묻는다면 부족함을 고백할 수밖에 없다. 우리들 대부분의 문제는 바로 이 체험의 빈약함이다. 성령충만이 무엇인지를 체험적으로 알지 못하고 있는 것이다. 그에게 체험이란 은사나 기적과 관련된 것이 아니라, 하나님의 영광에 대한 감각이요 그분의 거룩함과 사랑에 대한 자각이었다. 이 체험을 사모하고 간구하자.

16. 어느 날 꿈속에서

아주 오래 전에 꾸었던 꿈이다. 어떤 텅 빈 커다란 스타디움에서 나 혼자 걷고 있었다. 내가 마음속으로 불렀는지 아니면 내 귀에 들려왔는지는 확실치 않지만 "저 하늘에는 눈물이 없네. 거기는 슬픔도 없네"라는 복음성가가 계속 들려오고 있었다. 나는 마음속 깊이 감동을 느끼면서 슬픔 때문인지 기쁨 때문인지 모를 눈물을 흘리고 있었다. 걷잡을 수 없는 울음이 터져 나오는 동안 나는 마음이 마치 구름 한 점 없이 맑은 하늘처럼 깨끗해지는 것을 느꼈다. 그 순간 어떤 걱정도 두려움도 없이 완전한 평화가 내 마음을 가득 채우는 것을 느꼈다. 꿈속에서 나는 내 마음 상태가 그렇게 된 것에 놀라면서 그 사실이 꿈이 아니기를 바랐다. 그러다가 잠이 깨었다. 나는 한 동안 계속 그 감정에 머물면서 꿈속에서 느꼈던 평화와 기쁨의 여운을 맛보다가 다시 잠이 들었다. 다음 날 아침 눈을 뜬 후 나는 앞뒤 없이 떠오르는 그 장면과 그와 더불어 느꼈던 그 강렬한 감동을 기억했다. 하지만 감동의 기억은 있었지만, 그 감정 자체는 이미 사라지고 없었다. 내게는 그와 비슷한 꿈이 두어 번 정도 더 있었다. 어쩌면 내 속에 억눌린 감정이 있었고, 꿈속에서 그 감정이 터져 나오는 카타르시스를 느꼈던 것인지도 모르겠다.

   내가 주목하고 싶은 것은 그 감정의 원인이 아니라 그러한 감정 상태 자체다. 아무 걱정, 근심, 불안, 초조, 두려움도 없이 그토록 평화스러운 마음이 비록 꿈속에서나마 가능했던 것이다. 그것은 진정 자유가 아니었던가? 나를 얽매고 있는 모든 감정적 억압들에서 벗어났을 때 나는 꿈속에서도 그 사실이 너무 신기해서 "내가 지금 분명 자유로운 것 맞지?"라고 자신에게 물었다. 나는 믿음은 감정이 아니라고 배웠다. 감정을 추구하는 신앙은 혼란에 빠지기 쉽고, 그것은 바른 길이 아니라는 데에 나도 동의한다. 하지만 그렇다고 감정이 중요하지 않다는 말은 아니다. 믿음은 감정과 다르고 또 감정을 추구하는 것은 옳지 않지만, 건강한 믿음은 우리를 억누르는 감정적 억압들로부터 우리를 벗어나게 해 주는 것이 사실이다. 우리는 믿음으로 감사하고 믿음으로 기뻐한다. 이 때 출발은 감정이 아닌 믿음이지만 그 믿음으로 표현하는 감사나 기쁨 자체는 감정과 무관한 것이 아니지 않은가? 내가 꿈에서 느꼈던 그런 강도로는 아니었지만, 나는 때로 기도나 묵상에 깊이 들어감으로써 감정이 순화되고 억눌림에서 벗어나서 주님이 주시는 평화와 기쁨을 맛본 적이 더러 있다. 하지만 그런 경험은 너무 드물고 또 약하다. 하나님을 조금씩 더 알아감으로써 그 빈도와 강도가 더 늘어나길 소망한다.

17. 복음성가의 추억

내 신앙여정에 알게 모르게 큰 도움을 준 은혜의 수단 중 하나는 찬송가와 복음성가였다. 유년주일학교에서 부르던 어린이 찬송가와는 달리 중등부 때부터 사용했던 어른 찬송가는 나이는 어렸지만 내게 깊은 감동과 신비로운 영감을 느끼게 해 주었다. 특별히 찬송가 355장 "부름 받아 나선 이 몸"은 내 마음 깊은 곳에 비장한 충성심을 불러일으켰고, 135장 "갈보리 산 위에"는 나도 최후 승리를 얻기까지 십자가를 지고 주님을 따르고 싶다는 염원을 갖게 했다. 또 중학교 1학년 여름 수양회에서 처음 배운 "주 예수 보다 더 귀한 것은 없네"(102장)는 주님만이 내 삶의 유일한 목적이심을 일깨워주었고, 84장 "나 어느 날 꿈속을 헤매며"는 주님에 대한 간절한 사모의 마음을 품게 해주었다. 고등학교 2학년 여름, 신장염으로 휴학 중이던 나는 혼자 미국에 와서 오하이오에서 교회생활을 하던 중 새로 고등부 교사로 오신 선생님이 소개해주신 "별빛 속에 빛나는 주님", "구주를 알 때 행복 있네", "알았네 나는 알았네" 등의 복음성가들을 배우고 큰 감동을 느꼈다. 특히 마지막 복음성가는 60년대 히피 운동 끝에 허무와 방탕한 삶에 지친 젊은이들이 복음을 듣고 예수님에게로 돌아오면서 부른 노래라고 하는데, 쓸쓸함과 허무함의 느낌이 깔린 가운데 주님에 대한 진실한 신앙고백이 담겨있어서 그대로 내 심장 폐부를 찌르는 공감을 불러일으켰다.

　이렇듯 많은 찬송가, 복음성가들이 내게 은혜와 영감을 가져다주었는데, 그 중에서도 홍정표/김요배 중창의 "늘 찬송하면서"는 어느 한 순간의 감동이 아니라, 상당히 긴 기간에 걸쳐 복음의 의미를 깨우쳐줌으로써, 내 신앙의 성장에 큰 도움을 주었다. 혼자 미국에 와서 이모 집에 머물다가 그 당시 이민을 준비하던 가족과 함께 들어오기 위해 다시 한국에 나갔을 때다. 어디서 묻어왔는지는 알 수 없지만, 내 가방 속에서 "늘 찬송하면서"라는 제목이 씌어있는 복음성가 테이프(복사본)가 한 개 나왔다. 나는 이 테이프를 듣다가 가사들이 담고 있는 복음의 내용에 너무나 큰 은혜를 체험하게 되었다. 그 후 텍사스 달라스로 이민을 와서 그곳에 있는 한 한국마켓에서 4개의 테이프로 되어있는 "늘 찬송하면서" 전집을 발견하게 되었다. 그때의 감격과 전율이란! 당장 구입해서 듣기 시작했다. 각 테이프 당 20개 이상의 곡이 수록되어 있던 이 전집을 듣고 또 듣고 얼마나 들었는지 모른다. 거기 담긴 곡들을 모두 외웠을 뿐 아니라 곡의 순서까지도 저절로 내 안에서 테이프가 돌아가듯 입력되었다. 나는 이 복음성가 테이프들이 너무 좋아서 여러 질을 복사하여 교회 청년들에게 나눠주었고, 우리 교회 청년들은 테이프 뿐 아니라 복음성가집 "늘 찬송하면서"를 구입해서 거기에

수록된 곡들의 태반을 배우고 불렀다. 교회 어른들은 청년회 멤버들이 모르는 복음성가가 없는 것 같다고 감탄하기도 하셨다. 그 후 갈보리 채플(Calvary Chapel)의 마라나타 찬양팀이 만들어 낸 복음성가들을 통해서도 큰 은혜를 체험했다. "In His Time", "I Love You, Lord", "Jesus Name Above All Name", "You Are My Hiding Place", "Unto Thee O Lord" 등 영감 넘치는 곡들을 들으면서 얼마나 큰 감동과 하나님의 사랑을 느꼈던지! 최근에는 한국 사람들이 만든 복음성가들이 많이 나오고 있는데, 역시 문화와 정서가 잘 통하기 때문인지 그런 곡들이 마음에 더 다가오는 것 같다. "내 주의 은혜 강가로", "오직 주의 사랑에 매여", "나 무엇과도 주님을", "낮엔 해처럼 밤엔 달처럼" 등등.

나는 곧잘 다른 기독교인들에게 그들이 가장 좋아하는 찬송가나 복음성가를 물어본다. 그 이유는 각 사람이 좋아하는 찬송가나 복음성가를 알면, 그 사람의 신앙상태나 성향을 어느 정도 알 수 있기 때문이다. (각 사람이 좋아하는 성경구절도 마찬가지다.) 나는 빠르고 경쾌하고 밝은 곡들보다 왠지 느리고 조용하고 슬픈 듯한 곡들을 더 좋아한다. 박수를 치면서 신나게 부르는 복음성가들도 좋긴 하지만, 조용히 묵상하면서 부르는 곡들이 훨씬 더 마음에 와 닿는다. 청승맞다고 말한다면 인정할 수밖에 없다. 언제부터인가 내 마음 속 깊은 곳에 늘 울고 있는 내가 있다. 물론 내 속에 울음만 있는 것은 아니다. 깨끗하고 맑은 기쁨과 환희도 있다. 모순 같아 보이지만 이 둘이 함께 있다. 내가 슬픈 노래를 사랑하는 까닭은 슬품은 내 마음을 맑고 깨끗하게 해 주기 때문이다. 그렇게 순순해진 마음으로 밝고 환한 기쁨, 의기양양한 자신감이 아니라 주님의 은혜에 대한 감사가 충만해지는 것이다.

돌이켜 보면 내 신앙여정의 곳곳에서 아름다운 선율과 깊이 있는 신앙고백적인 가사로 이루어진 감동적인 찬송가, 복음성가들이 내게 큰 감동과 힘을 준 것을 알 수 있다. 그러한 노래들을 만든 이들의 영성과 재능, 수고에 깊이 감사드린다. 또 우리 교회 반주자와 찬양팀원들께도 감사드린다. 선한청지기교회에 있었을 때 이영관 목사님의 찬양인도에 큰 은혜를 체험했다가 그 후 작은 개척교회에서 그런 기회가 없었던 것이 늘 아쉬웠는데, 이제는 우리도 그런 호사를 누리고 있다는 사실이 너무 감사하다. 최근에 배운 복음성가 가사가 내 마음을 가득 메우고 있다. "나의 모든 행실을 주여 기억 마시고 바른 길로 인도하소서."

18. 말씀으로 살아

말씀으로 살아

말씀으로 살아
불타오르는 하나의 말씀으로
온 몸을 사르고
영혼만 남아 반짝이는
정결한 말씀으로
그렇게 살아

머언 태고의 적막
어둠을 가르고 빛으로 드러난
말씀

화염 솟아오르는 순백의 거룩
바위를 뚫고 돌판에 새겨진
말씀

"여호와의 말이니라" 외치던
미칠 것 같은 분노와 슬픔
끝없는 절망의 나락에서
그날의 소망으로 피어오른
말씀

마침내 그날 이르러
하늘과 땅이 만나고
육신이 되어 우리들 가운데 오신
그 말씀

말씀으로 살아
영혼을 찔러 쪼개고
만물을 벌거벗겨
영원한 당신 앞에 서게 하는
살았고 운동력 있는 말씀으로
그렇게 살아

19. 주님의 응답

주님의 응답

1
나는 힘들다고 말한다.
그러나 주님은 더 힘들어야 한다고 말씀하신다.

나는 괴롭다고 말한다.
그러나 주님은 더 괴로워야 한다고 말씀하신다.

내가 아프고 슬플 때, 외롭고 낙심될 때
주님은 더 아프고, 더 슬프고, 더 외롭고, 더 낙심해야 한다고
말씀하신다.

2
왜 입니까, 주님, 왜 그래야 합니까?
이렇게 힘든데, 이렇게 괴로운데

네가 죽기 위해서라고
더 낮아지기 위해서라고
온전히 깨어지기 위해서라고

힘을 원하는 나를 무력케 하시고
승리를 원하는 나를 좌절케 하시는 주님
나를 들어 바닥에 내팽개치시는 주님

3
나의 약함을 통해 당신의 능력을 보이시고
나의 가난을 통해 당신의 부요를 보이시는 주님

어둠 속에서 빛을 보라고
죽음을 통해 생명을 맛보라고
십자가를 지나 영광에 이르라고

내가 절망 속에서 몸부림칠 때
주님은 더 절망해야 한다고 말씀하신다.

20. 하나님의 가슴앓이

하나님의 가슴앓이

하나님의 눈길
끝에 머문
저 만치 수줍은
이름 모를 들꽃 한 송이

하나님의 손길
끝에 닿은
추운 겨울
가난한 아이의 터진 볼

허허로운 고목(古木)
텅 빈 가슴 속
바람 불어 더욱 아린
하나님의 마음

아, 우리 하나님의
눈길은
손길은
그 마음은
오랜 가슴앓이
사랑의 가슴앓이

   하나님의 마음을 느껴보고 싶습니다. 부와 명성, 힘과 성공의 논리가 판치는 이 세대에 하나님의 눈길과 손길은 어디를 향하실까 생각해 봅니다. 우리 주님은 "상한 갈대를 꺾지 아니하며 꺼져 가는 등불을 끄지 아니하는" 분이십니다(사 42:3). 하나님의 사랑은, 받을 자격이 없는 자(the worthless)에게 부어주시는 은혜이며, 스스로는 곤경에서 헤어나올 수 없는 자(the helpless)에게 베푸시는 자비이며, 소망 없는 자(the hopeless)를 끝까지 포기하지 않으시는 인내입니다. 우리 하나님은 그런 분이십니다. 그 하나님의 마음을 품고 싶습니다.

21. 오직 예수

오직 예수

나의 진실은
오직 예수

나의 자랑도
오직 예수

거짓과 위선에 찌든 나
자기기만의 혼탁한 웅덩이 밑에
한 줄기 솟아나는
진실의 샘
예수의 마음

끝내 다 잃고
끝내 다 무너진

부끄러운 내 빈손
가득 채우시는
예수의 사랑

눈부신 광채
내 속 깊은 곳까지
꿰뚫어 보시는 그 날
보좌에 앉으신
그분 앞에서

나의 의는
오직 예수

22. 나의 소원

보좌 앞에서

언젠가
보좌 앞에
서는 날

"사물이 영원한 빛 아래서
보여질 모습"*을
밝히
보는 날

내 속 깊은 곳
나도 미처 모르던
은밀한 내 실상
온전히
드러나는 날

그날 나는
무엇을 느낄 것인가
무엇을 말할 것인가
부끄럽고 죄송하여
보좌 앞에 조아릴 때

그때까지
아무 것도 판단하지 말자
다만 자신을 돌아볼 뿐

거룩하고 흠이 없게 하시려고
나를 빚으시는 주님의 손길
바라보면서
진실하게
겸손하게
오직 충성하면서

보좌 앞에서
내가 드릴
유일한 고백은
감사합니다
주님의 은혜

찬양합니다
주님의 영광

*윌 듀란트의 철학이야기 서문에서

23. 물처럼 살고 싶어라

물처럼 살고 싶어라

물처럼 살고 싶어라
색깔도 냄새도 맛도 없이
꾸미지 않고 제 속 내비치는
투명한 물처럼 그렇게

물처럼 살고 싶어라
늘 낮은 데로 흐르고
가다가 막히면 기꺼이 돌아가는
겸손한 물처럼 그렇게

물처럼 살고 싶어라
제 몸으로 온 세상 깨끗이 씻고
제 몸 주어 온 세상 생명 살리는
희생적인 물처럼 그렇게

물은 진실
물은 사랑
물은 생명

아, 착하디착한 물처럼 그렇게
아무도 모르게 살고 싶어라

물의 변(辯)

커피의 향기와 청량음료의 짜릿함, 주스의 달콤함이 내겐 없다.
나는 평범하다 못해 때론 진부하기까지 하다.
하지만 나는 정직하다.
내 속은 언제나 환히 들여다보인다.
당신들은 나를 볼 때 당신들을 볼 수 있을 것이다.

사람들은 내가 줏대가 없다고 말하지만 나는 유연하다고 생각한다.
다툼을 피하는 것은 용기가 없어서가 아니라 평화를 사랑해서다.
굳이 경쟁하며 올라가야 할 필요가 있을까?
누가 나를 가로막는다고 싸울 필요가 있을까?
이런 내 모습이 못난이 같은가? 그렇다면 난 못난이로 살련다.

하나님은 내게 사명을 주셨다.
세상을 깨끗이 하고 세상을 살리라는.
나는 내게 주어진 이 고상한 임무가 너무나 자랑스럽다.
그래서 신나게 세상을 씻고,
나를 필요로 하는 자들에게 즐거이 내 몸을 주는 것이다.
희생이라고 말하기엔 좀 쑥스럽다. 내가 좋아서 하는 일인데.

물에게

너를 생각하면 늘 부끄럽고 미안하다. 너를 많이 무시하고 깔보았기에.
네겐 별 매력이 없는 것 같아서 나는 눈길 한번 제대로 주지 않았지.
그러던 게 언제부턴가 생각이 달라지더구나.
네가 꽤 괜찮은 친구란 걸, 아니 매우 훌륭한 친구란 걸 알고부터.
너는 우리 주님의 성품을 많이 닮은 것 같아.
진실이란 왜 그렇게 좀처럼 눈에 띄지 않는지.
특히 나 같은 허영덩어리들에겐 말이야.
아무튼 너를 존경한다. 아주 많이.
정말 나도 너처럼 살고 싶구나.

24. 님의 그림자

님의 그림자

님의 그림자로
살고 싶어라

님이 가시는 곳
어디든 따라가고
늘 님 곁에, 님 가까이
한 치도 떨어짐 없어라

님보다 앞서지 않고
은밀히 님 뒤에 숨어
열심히 움직임 따라하는
님의 몸짓이고 싶어라

님이 웃으시면

나도 어깨 들썩이고
님이 슬퍼하시면
나도 고개 숙이리라

흐리고 구름 낀 날
흩뿌리는 비에
님의 몸 다 젖을 때
내 마음도 함께 젖어
내 모습 간 곳 없으리라

맑고 밝은 날
온 누리 환히 비추는 햇살
님의 머리 위에 쏟아질 때
밝을수록 더욱 짙어지는
님의 그림자로
살고 싶어라

제가 제일 좋아하는 찬송은 84장 "나 어느 날 꿈속을 헤매며"이다. 이 찬송은 주님이 지상에 계실 때의 모습을 복음서의 기록에서 발췌하여 생생하게 그림 그리듯 보여준다. 하나님을 믿되 예수님이 가르쳐주신 대로 믿는 것이 신약성도의 믿음이다. 하나님은 눈에 보이시지 않기에 막연한 느낌이 있지만 주님의 모습을 보면 하나님을 볼 수 있다. 주님의 인자하고 부드러운 모습을 생각하면 사모한다는 말의 의미를 알 수 있다. 주님의 모습이 너무 아름답기에, 너무 감동적이기에, 주님께 가까이 가고 싶고, 주님과 함께 있고 싶다. 그런 마음으로 묵상하다가 주님의 그림자가 되고 싶다는 생각이 떠올랐다. 어디든 좇아가는 그림자의 충성됨, 먼저 나서지 않는 그림자의 겸손함, 뒤에 숨는 것을 더 좋아하는 그림자의 수줍음, 모든 행동을 따라하는 그림자의 열심 등이 제가 주님과 맺고 싶은 관계를 그대로 보여준다. 늘 주님과 붙어 다니면서 주님과 같이 움직이고, 주님의 기쁨과 슬픔을 함께 나누고, 주님의 고난과 영광에 동참하고 싶다. 주님의 그림자로 살고 싶다.

25. 사모곡(思慕曲)

사모곡(思慕曲)

당신을 찾습니다

보이지 않아도 어디든 계시는 분
내 곁에, 내 안에 늘 나와 함께 하시는 분
내 의식에서 한 순간도 결코 지울 수 없는 분

당신은 끊임없이 제게 말씀하시는데
저는 당신의 음성을 듣지 못했고
당신은 항상 제 눈을 보시는데
저는 당신과 눈을 맞추지 못했습니다
당신은 늘 제 곁에 계시는데
저는 언제나 당신을 찾아 헤매었습니다

주님, 당신과 저를 묶는 이 끈의 정체는 무엇입니까
이토록 오래 엇갈리면서 만나지도 헤어지지도 못하는
이 안타까움의 이름은 무엇입니까

제 속에 커다란 그리움 하나 남겨 놓으시고
그 텅 빈 공간이 시리고 목말라 애태우게 하시는 주님
세상의 그 어떤 욕망의 채움보다도
채워지지 않는 이 갈망 자체를 더 사모하게 하시는
당신은 누구십니까

그 갈망의 포로가 되어
끝내 당신의 구애(求愛) 앞에 무릎 꿇기까지
하나 둘 제 손에서 모든 우상을 앗아가신 주님
"당신의 강제는 저의 해방이었습니다"*

제 안에 계시기에 더욱 그리운 주님
오늘도 저는 당신을 찾습니다

---

*"His compulsion is our liberation." - C. S. 루이스

26. 어떤 만남

오랜만에 P를 만났다. 신학교 동창생들의 모임에서였다. 들려오던 소식으론 어느 시골에서 조그만 교회를 목회한다고 했는데, 신학교 시절 촉망받던 것에 비해 친구는 그냥 파묻혀 있는 듯 했다. 동기들이 모인 자리에서 대화는 자연스레 각자가 목회하는 교회 이야기로 흘러갔고, 교인 수와 건축에 대한 고민이 주요 화제가 되었다. 한 친구가 최근에 인기를 얻고 있는 어떤 목회 프로그램에 대해 이야기하자 저마다 자기 경험들을 토로하면서 정보를 나누기에 급급했다. P는 말없이 한 구석에 앉아 웃고만 있었다. 우리 중 가장 목회에 성공했다고 여겨지는 K가 P에게 물었다.

"P목사, 그쪽은 좀 어때?"

"나야 뭐 여전하지."

"왜 자네는 거기서 썩고 있나? 자네 같은 친구가 좀더 크게 일해야지."

"…"

P는 싱긋이 웃기만 할 뿐 별다른 말을 하지 않았다. 아까부터 이런 대화에 식상했던 나는 P에게서 왠지 동질감을 느끼고, 모임 후

에 개인적으로 좀더 대화를 나눠야겠다고 생각했다.

"P, 자네는 어떻게 생각하나?"

"뭘?"

"솔직히 말해서 나는 이런 모임과 대화에 이젠 질려버렸어. 이게 뭔가? 목사가 무슨 종교 사업가란 말인가? 얘기들이 온통 교인 수, 교회 예산, 건물 자랑뿐이니. 신학교 다닐 때 순수했던 모습들은 다 사라지고 배에 기름 낀 당회장들 행세란…" 나는 속에 있던 울분을 터뜨리면서 P가 내 얘기에 당연히 동조해 줄 것을 기대했다. 하지만 이번에도 P는 조용히 웃기만 했다.

"자네는 그렇게 생각하지 않나?"

"…"

"나는 요즘 목회에 회의가 많아. 바른 진리를 외치면 사람들은 외면하기 마련이지. 도대체 한국교회는 언제나 기복주의, 물량주의를 벗어날 수 있겠는지…"

내 불평과 성토를 한참 듣고 있다가 P는 내게 조용히 물었다.

"그렇다면 자네는 무엇에 목마른가? 자네가 추구하는 것은 무엇인가?"

"나? 나는…"

막상 대답을 하려다 나는 말문이 막혀 버렸다. 내 대답이 진부하다는 느낌이 들었기 때문이다. 진리를 추구한다든지, 십자가의 길을 간다든지 하는 말들에도 식상감이 들기는 마찬가지라는 생각이 들었다. P는 조용히 내 눈을 들여다보며 말했다.

"나는 내 영혼의 목마름을 따를 뿐이야. 그것이 주님이 나를 부르시는 음성이라고 생각해. 나는 주님을 좀더 깊이 알고 싶고 교우들에게 내가 발견한 주님을 소개하며 사는 것으로 만족해. 주님의 은혜에 젖다보면 세상을 향한 절망감도 교회의 문제에 대한 분노도 나를 사로잡지 못해. 다만 감사하고 기쁠 뿐이야."

그의 대답은 너무도 평범했다. 나는 맥이 빠졌다. 도로 내 모순의 한 가운데에 남고 말았다.

27. 존재의미

내가 자주 가는 커피숍이 있는데, 거기 가면 거의 늘 만나게 되는 몇 사람이 있다. 그중 두 사람이 좀 특이해서 오늘은 그들 이야기를 좀 할까 한다. 한 사람은 랜디(Randy)라고 하는데 수줍음이 많고 항상 주눅 들어 있는 모습이다. 초라하고 꾀죄죄한 옷차림에 뭔가 잔뜩 들은 쇼핑 봉지를 늘 들고 다니는 그는 노숙자보다 조금 나은 형편인 것 같다. 탁자 위에 이것저것 잔뜩 벌려놓고 늘 뭔가 바쁜 것 같지만, 실제 하는 일은 별로 없다. 커피 한 잔 시켜놓고 하루 종일 죽치고 앉아 공상의 집을 짓는 것이 그가 하는 일이다. 그러면서도 몸 생각은 꽤나 하는 것 같아 보인다. 이런저런 건강식품을 잔뜩 늘어놓고 있으니 말이다. 나를 보면 반갑게 인사하는데, 때로 눈이 마주 치지 않으면 어떻게 주의를 끌어야 할 지 몰라 당황해 하는 기색이 역력하다. 물론 나도 그를 보면 꼭 반갑게 인사한다. 또 한 사람은 랜디의 친구인데, 왜소한 랜디와는 달리 체격이 크고 배도 많이 나왔다. 어울리지 않게 거의 항상 낡은 양복을 입고 코믹하게 야구선수 모자를 쓰고 다니는데, 그 모습이 꼭 덩치 큰 개구쟁이 같다. 게다가 무슨 멋인지 항상 기타를 들고 다닌다. 왜 멋이라고 하는가 하면 한 번도 기타를 치는 것을 본 적이 없기 때문이다. 아무튼 이 친구도 거의 매일 이 커피숍에 와서 시간을 보낸다. 이름을 모르니까 예술가 친구라고 부르기로 하자. 랜디와 이 예술가 친구는 주로 햇볕 다사로운 바깥 패티오(Patio)에 앉아 별하는 얘기도 없이 하루를 보낼 때가 많다.

오늘도 아니다 다를까 내가 도착했을 때 이 둘은 같은 자리에 앉아 있었다. 나는 이들이 잘 보이는, 평소 내가 늘 앉던 자리에 앉아 책을 읽기 시작했다. 그런데 평소에는 커피 외에 다른 것을 사먹는 걸 본 적이 없는 이 예술가 친구가 오늘은 배가 고팠는지 케이크 한 조각을 사 먹는 것이다. 그러더니 또 랜디가 쇼핑 봉지에서 자기가 가져 온 빵을 한 조각 꺼내 예술가 친구를 주는 것이 아닌가. 덩치 큰 예술가 친구는 왜소한 랜디의 손에서 그 빵을 덥석 받아먹었다. 그 모습을 보면서 50줄에 들어선 어른들이지만 마치 사이좋게 지내는 개구쟁이 어린이들 같아 빙그레 웃음이 지어졌다. 그런데 바로 그 순간이었다. 갑자기 내 가슴 한 구석에 뜨겁고 뭉클한 무엇이 찌르르 스쳐 지나가는 것이었다. 이 두 친구, 표현은 안 해도 정말 외로운 사람들이라는 생각이 든 것이다. 둘 다 사회적 기준으로 보면 평균에서 많이 뒤떨어진, 경쟁에서 낙오된 주변인이라고 할 수 있다. 직업도 없고 따로 하는 일도 없다. 사람들은 이들을 무시하진 않지만 (커피숍에선 이들에게 한 번도 싫은 기색을 보인 적이 없으니까) 그렇다고 관심을 가져주지도 않는다. 그들은 바쁘게 돌아가는 이 세상이란 그림 한 구석에 눈에 띄지 않게 조용히 머물고 있을 뿐이다. 서로 위로하며 다정하게. 그런데 그 모습이 갑자기 왜 그토록 쓸쓸하면서도 아름답게 느껴지는 것이었을까? 뜨겁고 뭉클한 무엇을 삼키면서 처음으로 그들에 대해 이런 질문이 떠올랐다. 이들의 존재의미는 도대체 무엇일까?

"존재의미라고? 그런 게 왜 필요하지? 그런 게 있다 해도 그걸 우리가 알아야 하나? 아니 알 수 있나? 중심인들의 입장에선 자신들이 하는 일의 중요성을 끊임없이 확인하고 싶어서 그런 걸 따져야 하는지 모르겠지만, 우리 같은 주변인들의 입장에선 애당초 그런 말이 부담일 뿐이다. 왠지 그런 말을 들으면 걸리는 게 있기 때문이다. "너희는 존재의미가 없으니 사라져 줘." 이런 말을 듣는 듯한 느낌일 것이다. 우리는 별 하는 일이 없으니 존재할 필요가 없다는 것일까? 우리의 존재의미는 햇볕을 즐기는 것이야. 서로 친구해 주는 거고. 그것으로는 부족하단 말인가? 하나님은 우리가 햇볕을 즐기는 것을 기뻐하시지 않을까? 그렇지 않다면 이렇게 다사로운 햇볕을 만드실 리가 없지 않은가. 내 친구는 나의 존재의미를 인정해 준다. 내가 옆에 있는 것을 좋아하니까 그렇다. 나도 그 친구를 그렇게 생각하고. 그것으로 충분하지 않을까? 행복하냐고? 글쎄. 우리는 그런 질문을 하지 않는다. 도대체 왜 그걸 따져야 하지? 한번은 내 친구가 어디가 아픈지 며칠 동안 보이질 않았다. 그때 나는 무척 우울했다. 그러면서 우리가 함께 햇볕을 즐기던 그 시간이 몹시 그리워졌다. 굳이 행복을 논한다면 나는 그 시간을 뒤돌아보게 돼. 내가 말하고 싶은 것은 우리는 아무 불만이 없다는 것이야. 그러면 행복? 그렇다면 그렇겠지 싶다. 하지만 나로선 그런 걸 따지고 싶지 않다. 행복을 논하기 시작하면 오히려 더 불행해 지는 것 같기 때문이다. 지금까지는 아무 문제없었는데 갑자기 뭔가 부족한 듯 생각된다."

두 친구는 뭔가 속삭이더니 주섬주섬 짐을 챙겨 일어났다. 아마 어디 함께 가자고 한 모양이다. 그렇다면 그들도 내가 모르는 할 일들이 있는 모양이지? 그건 그렇고 그들을 지켜보고 있는 내 존재의미는 무엇일까? 나도 별 뾰족한 대답이 있는 건 아니다. 그래서 이렇게 대답하고 싶다. 내 존재의미는 그들을 지켜보는 거라고. 물론 다정한 눈빛으로 말이다. 그들도 누군가 그렇게 지켜봐 주는 사람이 있어야 하지 않을까? 아, 물론 그들은 그런 일엔 관심이 없다. 오히려 부담을 느낄 지도 모른다. 그래서 나는 내가 그들을 지켜봤다는 걸 그들에게 말하지 않을 작정이다.

신앙으로 복음으로

지은이_ 김현회
판권_ ©겨자씨서원

초판발행_ 2018년 10월 10일

발행인_ 위남량
편집_ 박대영
디자인_ 김성애
관리_ 김선웅

펴낸곳_ 겨자씨서원
출판등록_ 제838-99-00603호(2018. 6. 25)
주소_ 경기도 구리시 장자대로 37번길 70, 104동 204호
전화_ 010-7657-7176
이메일_ mspkorea1@gmail.com

값 13,000원
ISBN 979-11-964148-1-8

* 잘못된 책은 바꿔드립니다.
* 이 출판물은 저작권법에 의해 보호를 받는 저작물이므로 무단 전재나 무단 복제를 할 수 없습니다.